W0040643

Vera Sandberg

Und morgen bin ich dich los

Das Buch
Der Trend zur Scheidung ist seit dreißig Jahren ungebrochen. Jede dritte Ehe wird geschieden. In Großstädten und Ballungsräumen ist es sogar jede zweite Ehe. Die Risikofaktoren sind zum großen Teil erforscht – und doch ist man als direkt Betroffene geschockt und entmutigt, wenn es passiert. Plötzlich stellen sich jede Menge Fragen: Gibt es noch eine Chance, die Ehe zu retten? Und wenn nicht, wer zahlt Unterhalt und wie viel? Wie wird das Sorgerecht geregelt? Wie funktioniert der Zugewinnausgleich?
Vera Sandberg lässt Frauen zu Wort kommen, die von ihren Erfahrungen im Trennungsfall berichten. Und sie sprach mit zahlreichen Experten u.a. über die Themen Paar- und Psychotherapie, Recht und Finanzen.

Die Autorin
Vera Sandberg ist seit 1990 Autorin für die Zeitschrift BRIGITTE und hat mehrere Bücher geschrieben. Sie ist Mutter von zwei inzwischen erwachsenen Kindern, dreimal geschieden und lebt bei Berlin.

Vera Sandberg

Und morgen
bin ich dich los

Das große **Brigitte**-Scheidungsbuch

FSC

Mix

Produktgruppe aus vorbildlich
bewirtschafteten Wäldern und
anderen kontrollierten Herkünften

Zert.-Nr. SGS-COC-1940
www.fsc.org
© 1996 Forest Stewardship Council

Verlagsgruppe Random House FSC-DEU 0100
Das für dieses Buch verwendete
FSC-zertifizierte Papier *München Super*
liefert Mochenwangen Papier.

BRIGITTE-Buch im Diana Verlag
Originalausgabe 09/2008
Copyright © 2008 by Diana Verlag, München,
in der Verlagsgruppe Random House GmbH
Redaktion: Regina Carstensen
Herstellung: Gabriele Kutscha
Umschlaggestaltung: © Eisele Grafik-Design, München
Satz: Leingärtner, Nabburg
Druck und Bindung: GGP Media GmbH, Pößneck
Printed in Germany 2008
978-3-453-35242-1
http://www.diana-verlag.de

Inhalt

Einleitung
»Fünfundzwanzig Jahre sind ja dann
auch genug!« 7

1 Keine Reue 10
»Ohne meine Scheidungen würde ich mich
nicht so gut kennen«
Ein Interview mit mir selbst

2 Carmen blieb – Maria ging 28
»Es gibt kein Richtig und kein Falsch«

3 Befreiung 43
»Scheidung ist ein Menschenrecht«
*Ein Gespräch mit der Soziologin Annelie Keil über
das Gesundheitsrisiko einer schlechten Ehe*

4 Maschas Häuserkampf 60
»Fehlt er dir auch nicht?«

5 Das ist mein Recht 93
»Wenn eine Neue im Spiel ist, erinnern sich Männer
an gar nichts mehr«
*Gespräch mit der Fachanwältin und Mediatorin Ulrike
Donat über das neue Unterhaltsrecht, Scheidungsfolgen
für die Kinder und tragfähige Kompromisse*

6 Mias Rettung 128
»Ihm verdanke ich meine wunderbaren Kinder!«

7 Kinder binden 145
»Eltern bleiben wir für immer!«

8 Katharinas Allein-Sein 159
»Ohne Ehe geht es mir besser«

9 Weiterleben 172
»Wir haben keinen Vertrag mit dem Glück«
Gespräch mit der Psychologin Eva Wlodarek über den
Umgang mit sich selbst nach der Scheidung und
die Rettung des Selbstwertgefühls

10 Christines schlechtes Gewissen 183
»Ich wollte die Ehe überhaupt nicht mehr retten!«

11 Gewinne! 199
»Wenn die Wut kommt, geht es bergauf«
Gespräch mit der Paartherapeutin Claudia Clasen-
Holzberg über Trennungsbewältigung und die
Beziehung danach

12 Evelinas Enttäuschung 212
»Wir haben charakterlich überhaupt nicht
zusammengepasst«

13 Verstehen 221
»Zeit heilt Wunden – das sagt man, weil es stimmt«
Gespräch mit dem Psychotherapeuten Oskar Holzberg
über den Nutzen einer Scheidung und über die eigene
Verantwortung

14 Beates Glück 231
»Ich bin das lebende Happy End!«

15 Eigenes Geld 245
»Träumen ist gut, planen ist besser«
Gespräch mit der Finanzberaterin Helma Sick über
die Frage der ökonomischen Sicherheit während und
nach der Ehe

Anhang 255
Hilfreiche Adressen und Websites
Literatur

»Fünfundzwanzig Jahre sind ja dann auch genug!«

Warum ein Buch über Scheidung? Dazu eine kleine Begebenheit. Als einmal eine Freundin seufzte: »Fünfundzwanzig Jahre! Und jetzt ist er einfach weg!«, habe ich in die betretene Stille der versammelten Frauentrösterrunde gesagt: »Fünfundzwanzig Jahre, das reicht ja dann auch.« Alle starrten mich an. Auch die Gastgeberin, die ihre Scheidung vor Augen hatte. Und auf einmal brachen wir alle in ein befreites Lachen aus. Ab da wurde der Abend lustig. Alle erzählten. Von Trennungen, Abschieden, Neuanfängen. Und von der Liebe. Die es immer wieder gibt. Ganz sicher auch für unsere alleingelassene Freundin.

Drei Monate später hatte sie einen neuen Freund. Einen, von dem sie sagt: »Ich wusste nicht, dass es genau das gibt, was ich immer wollte – zusammen schweigen, miteinander reden ... Sonst wäre ich nicht so lange bei meinem Mann geblieben.«

Fast alle meine Freundinnen sind geschieden. Ich auch. Ich war das schon mit einundzwanzig, ein Jugendirrtum, dem sich später weitere anschlossen. Und wenn heute einer sagt: »Die und die lassen sich jetzt auch scheiden«, setze ich keine erschrockene oder mitleidige Miene auf.

Scheidung gehört zum Leben. Wir sehen es täglich. Über 200 000 Ehen werden jedes Jahr geschieden. Tun wir also nicht so, als sei es ein Massenscheitern. So wie man zur Hochzeit JA! gesagt hat, sagt man nun NEIN! Und das hat Gründe. Und wer die immer wieder wegschiebt, der bleibt vielleicht länger verheiratet als andere. Bis es irgendwann doch nicht mehr geht.

Eine andere Freundin rief mich eines Tages an, vor lauter Tränen konnte sie gar nicht zusammenhängend reden. Wir trafen uns zu einem Spaziergang. Und sie erzählte von ihrem abtrünnigen Mann. Seine Neue sei so alt wie seine Tochter. Nun – man kann in einer solchen Situation wüten, lachen, leiden. Ändern kann man sie nicht. Wenn er sich einbildet, mit fünfzig dieses Glück noch einmal zu brauchen, ist er frei, es sich zu nehmen. Ich sagte auf diesem Spaziergang: »Eine Ehe ist nicht dazu da, Menschen unglücklich zu machen. Er ist verantwortlich für sich. Du bist verantwortlich für dich. Mach was draus.« Sie sah mich überrascht an und antwortete: »Jetzt weiß ich, warum ich es zuerst dir erzählt habe …«

Scheidung ist eine Befreiung. Mir ist es lieber, man geht etwas eher, und zwar möglichst, bevor es der andere tut. Dann hat man erstens mehr Zeit für das Leben danach und zweitens Stolz und Selbstbestimmtheit gewahrt, was wiederum eben jenem Leben danach zugute kommt. Natürlich spricht auch vieles dafür, es immer wieder miteinander zu versuchen. Und ich kenne zwei, drei Paare, die Krisen durchgestanden und konstruktiv gelöst haben und wieder etwas miteinander anfangen können. Aber das ist selten. Ich habe beobachtet: Diese Menschen können besonders gut mit sich selbst umgehen. Sie können verzeihen, verstehen und loslassen. Sie sind meistens nicht auf Gedeih und Verderb aufeinander angewiesen.

Andere brauchen eine Scheidung, um diese Eigenschaften zu entwickeln. Um sich besser kennenzulernen. Meine geschiedenen Freundinnen haben alle ein neues Leben begonnen. Manche sind glücklich, andere nicht so ganz. Sie sind frei, ihren Weg zu bestimmen. Und jeden Tag kann etwas Neues, Überraschendes passieren. Das allein macht sie als Freundinnen spannend.

Die Geschichten der Frauen in diesem Buch sind alle dicht an mir dran, sie sind vor meinen Augen und Ohren geschehen. Ich habe sie aufgeschrieben, um zu zeigen, wie Scheidung ins Leben passt, als Drama, als Kraftakt, als Erkenntnisprozess, als Entwicklung, als Start ins neue Glück. Und weil jede Scheidung einzigartig ist, genau wie jede Ehe, habe ich auch Experten und Expertinnen, die ich aus meiner Arbeit für die Zeitschrift BRIGITTE kenne, gebeten, das Ganze etwas zu verallgemeinern. Ob Anwältin, Finanzberaterin, Soziologin oder Psychologin: Sie alle haben Ideen und Ratschläge, wie man das Beste aus der Scheidung machen kann. Und jede, die in diesem Buch zu Wort kommt, gibt ihre persönlichen Erste-Hilfe-Tipps für die erste Zeit, in der erst mal noch Schmerz und Chaos herrschen.

1 Keine Reue

*»Ohne meine Scheidungen würde ich
mich nicht so gut kennen«*

Dies ist ein Interview mit mir selbst. Ich habe nur drei Fragen –
und meine Gedanken, Erfahrungen, Beobachtungen dazu.
Schließlich bin ich dreimal geschieden. Einmal als Studentin,
mit einundzwanzig Jahren. Ein zweites Mal mit achtundzwanzig.
Und zuletzt mit neununddreißig. Allerdings tat es nur einmal
richtig weh – als Kinder im Spiel waren.

Die erste Ehe war ein romantischer Jugendirrtum und blieb bis
auf ein paar Erkenntnisse folgenlos. Die zweite Ehe brachte mir
zwei Kinder ein und viele Erfahrungen, vor allem mit mir selbst.
Und die dritte Ehe war der Versuch, endlich wieder eine Familie
zu sein – eine Illusion. Die schlimmste Scheidung erlebte ich
ohne Trauschein und ohne Gericht. Es war die Liebe meines
(bisherigen) Lebens. Ich verlor sie an eine andere Frau.

Ich habe bei jeder Scheidung sämtliche Folgen getragen, meine
Kinder ohne Partner großgezogen, finanziell für uns drei gesorgt.
Mein Nutzen: Ich bin durch den Einsatz all meiner Kräfte immer
mehr ich geworden. Meine Kinder achten und lieben mich. Mein
Schaden: Ich musste alles allein schaffen und verantworten.
Manchmal weiß ich nicht, ob Nutzen und Schaden in diesem Fall
nicht ein und dasselbe sind. Für dieses Selbstgespräch habe ich
mir, wie gesagt, drei Fragen gestellt:

Verheiratete Partner leben gefährlich. Denn unsere Ehen basieren, anders als frühere, bei denen alle möglichen gesellschaftlichen Konventionen und ökonomischen Kalkulationen eine große Rolle spielten, auf einem der flüchtigsten Elemente, die das Leben zu bieten hat: der Liebe. Wir wissen das. Alle wissen das. Die Liebe ist aber nicht zu fassen, nicht zu zwingen, nicht zu halten. Liebe entwickelt sich, wo und wann sie will. Auch ganz unpassend, unzweckmäßig. Das macht sie so atemberaubend, das gibt ihr ihren hohen Wert. Vor der Liebe sind wir machtlos. Gehen wir in die Knie. Im Namen der Liebe überschreiten wir Grenzen, versetzen wir Berge, verletzen wir andere. Lassen wir uns verletzen. Warten wir, dass er sich endgültig entscheidet. Hoffen wir auf den erlösenden Antrag.

Die Liebe hat höchste Priorität. Um sie zu erleben, tun wir Dinge, die wir eigentlich lieber nicht tun sollten. Folgen dem Mann an seinen neuen Arbeitsort, ohne selbst an diesem eine Job-Perspektive zu haben, bleiben bei den Kindern zu Hause, ohne für später vorzusorgen. Pfeifen auf Absicherung und Ehevertrag.

Die Liebe. Ohne sie wären wir arm. Wäre aller Reichtum nichts. Liebe versüßt auch den kärgsten Alltag. Der Mensch ist für die Liebe gemacht. Manchmal hat er sich die Liebe auch konstruiert, um seinen jeweiligen Partner romantisch zu überhöhen. Was in diese Vorstellung passt: Liebe ist ein Mythos, den wir uns ins alltägliche Leben holen wollen. Aber kann das auf Dauer funktionieren? Muss zur Liebe nicht doch ein kluges Kalkül hinzukommen, um einen Bund fürs Leben zu begründen?

Es ist ja so: Jeder darf heiraten, wen er will. Das war ja nicht immer so. Es gab Zeiten, noch nicht allzu lange her, da waren Hochzeiten den Vermögenden vorbehalten, da mussten Leibeigene ihre Herren um Erlaubnis bitten, wenn sie jemanden ehelichen wollten. Bis vor einigen Jahrzehnten waren die Eltern zu fragen.

Clara Wieck hatte einen Prozess gegen ihren Vater angestrengt, weil er ihr die Heiraterlaubnis mit Robert Schumann verweigern wollte. Das war im Jahr 1839, in Leipzig. Es war Liebe zwischen den beiden. Aber dem Vater war der Schwiegersohn nicht vermögend genug. Das war eine Ausrede. Wahrscheinlich war er einfach nur eifersüchtig, wollte die Macht und den Einfluss über die hochbegabte Pianistin, die er selbst ausgebildet hatte, nicht abgeben. Später ließ Clara Schumann ihren geliebten Mann ins Irrenhaus einliefern, und sie besuchte ihn dort nie wieder. Die Liebe war aus. Sie lernte Johannes Brahms kennen.

Wir heiraten, wen wir lieben. Punkt. Und die Ehe soll der Liebe ein Zuhause geben. Aber die Liebe ist zickig. Manchmal ist sie schon beleidigt, wenn sie in eine Dreizimmerwohnung einziehen soll, statt bei Treffen am Feldrand oder beim Italiener zu blühen. Sie stößt an Grenzen, wenn sie sich am Herd und am Spültisch beweisen soll. Frisch Verheiratete erzählen, wenn sie ehrlich sind, von dem Schock, den ihre Verliebtheit erlitt, als sie das erste Mal als Eheleute miteinander schliefen. Der Gedanke, jetzt ist es Pflicht, ist sextötend.

Der nächste Liebestöter ist oft die Geburt des ersten Kindes. Schönes verkehrt sich in Belastung. Niemand gibt es gern zu. Niemand will es sehen. Kinder sollen glücklich machen. Aber so ist es nicht. Das Kind schiebt sich zwischen die Eltern. Ihre Lebenswelten driften auseinander. Meistens geht er weiter arbeiten, meistens steckt sie beruflich zurück. Heute noch.

Therapeuten wundern sich immer wieder, wie wenig Paare sich vor der Ehe Gedanken darüber machen, wie es bei ihnen mit der Arbeitsteilung aussehen soll. Kaum wird solches ausgehandelt. Heirat aus Liebe scheint von jeglicher Planung und Organisation abzulenken. Manche sind erstaunt darüber, dass sie nach dem Standesamt feststellen müssen: Der andere will gar keine Kinder. Man hatte so sehr auf Ähnlichkeit und Nähe vertraut, dass man gar nicht auf die Idee kam, es könnte Differenzen in so wesentlichen Fragen geben.

Da ist hohe Kommunikationskunst gefragt, die Fähigkeit, sich in den anderen hineinversetzen zu können, die Bereitschaft, zurückzustecken, ohne sich aufzugeben. Viel Reife und Menschlichkeit sind verlangt, soll eine Ehe glücklich sein. Und bleiben.

Aber wer ist schon so weise, besonders am Anfang? Wie viele Irrtümer bringen wir mit in die Ehe, wenn wir jung beginnen? Wie viele Frauen tauschen mehr oder weniger unaufgefordert ihre beruflichen Perspektiven gegen private Erfüllung? Wie viele sehen sich am Ende getäuscht, wenn die Erfüllung gar keine ist und der Mann an seinem Fortkommen bastelt, während ihre Chancen schwinden? Wie viele Frauen werden später gegen eine Jüngere ausgewechselt, weil sie selbst anscheinend so langweilig geworden sind? Wie viele Männer tauschen ihre Frau nicht aus, weil sie zu bequem sind? Oder werden in Rollen gedrängt, die ihnen widersprechen? Nur wenigen werden die Väterlichkeit und Fürsorglichkeit abverlangt und zugestanden, die in ihnen steckt. Wie viel Ungerechtigkeit und Vorurteile es auf beiden Seiten gibt! Und das alles im Namen der Liebe.

Man verliebt sich in seinen weichen Mund und seine zarten Hände. Und auf einmal soll der Mann vor allem das Konto füllen und pünktlich zu Hause sein. Und in der Erziehung am selben Strang ziehen. Und die paar Kilos, die im Lauf der Zeit dazugekommen sind, süß finden. Oder: Er begeisterte sich für ihre Eigenständigkeit und Spontaneität. Und auf einmal will sie alles nur noch mit ihm zusammen machen, wartet sehnsüchtig darauf, dass er vom Büro nach Hause kommt, telefoniert hinter ihm her. Mault, weil er Überstunden macht. Es fällt ihr nicht ein, sich ein eigenes Kulturprogramm zu machen. Früher war das mal selbstverständlich gewesen.

Eheliche Mutationen dieser Art sind besonders gut von außen zu beobachten. Immer wieder erzählen sich Freunde, wie sehr sich zwei in der Ehe verändern. Oft nicht zum Besten. Als ob sie verschmelzen, nicht mehr als Einzelwesen erkennbar bleiben. Man kann nicht mehr sie oder ihn treffen. Es gibt nur noch ein Wir. Verständlich, denn die Angst, den anderen zu verlieren, ist groß. Da kleben viele aneinander und tun genau das – den anderen verlieren. Eheforscher betonen zwar, dass ein ausgeprägtes Wir-Gefühl ein guter Ehe-Stabilisator ist. Aber sie meinen damit nicht, dass beide ineinander verschwinden. Im Gegenteil. Ein gutes Wir-Gefühl setzt ein abgegrenztes Ich und Du voraus.

Sind wir der Ehe überhaupt gewachsen? Eher ist davon auszugehen: Die Ehe ist uns nicht gewachsen. Unseren Ansprüchen ans Leben. Als da sind: Sicherheit und Freiheit. Aufregung und Geborgenheit. Selbstverwirklichung und Bindung.

Aber wir wollen die Ehe doch nur genießen, denken wir. Sie beruht auf Liebe. Und das muss doch ausreichen. Wenn Liebe das Größte ist, dann gibt es nichts über ihr, dann muss sie genügen, die Ehe zu tragen. So ist es nicht. Die wachsende Nähe in der Lebensgemeinschaft vertreibt Impulsivität und

Zwanglosigkeit. Es fehlt die Freiheit, sich immer wieder neu für den Partner zu entscheiden. Jetzt haben wir uns sicher: Das kann eine Zeit lang sehr angenehm sein. Manche gehen zusammen den Müll rausbringen. Manche geben Rechenschaft über jede verbrachte Viertelstunde. Weil sie alles voneinander wissen, alles teilen wollen. Die Liebe bläht sich auf, gefährlich, denn nach fest kommt lose. Nach dem Aufblähen der Zusammenfall.

Und die Liebe, die weiter hilflos in uns wohnt? Sie wird obdachlos, wenn die Ehe enttäuscht. Sie kuschelt sich in einen Winkel und wartet. Oft wartet sie vergeblich. Weil plötzlich so viel anderes wichtig ist. Voran die Arbeit. Die Job-Sicherung. Schließlich der Haushalt. Der ist der Liebe zwar völlig egal – sie braucht keine Mülleimer und Bankauszüge, keinen Sofakauf und keine Renovierung. Aber kaum ist man verheiratet, hat man einen Haushalt, der die Rolle eines Diktators übernimmt. Eine gute Ehefrau führt einen ordentlichen Haushalt? Das sagt keiner mehr laut, aber spüren wir nicht alle Reste der Feuerzangenbowle-Generation ist uns? Haben wir nicht Sehnsucht nach Biedermeier und Rollensicherheit? Es sind die alten Zöpfe, die uns anhängen und die Ehen befrachten. Mit Liebe hat das alles nichts, aber auch gar nichts zu tun.

Die Liebe, unser heiligster Heiratsgrund, wird jeden Tag verraten, wenn wir glauben, perfekt funktionieren zu müssen. Wenn wir trotz Fulltime-Job und reichlichem Eigenleben nach Hause hasten, um dem Ehemann sein Abendbrot zu richten. Ja, natürlich, kann man das aus Liebe tun. Dann ist alles gut. Aber als eingeübte Pflicht? Legt sich nicht allmählich Mehltau auf die schönen Gefühle? Wird nicht das Prickeln schal wie bei abgestandenem Champagner? Muss sich nicht bald darauf die heimliche Liebessehnsucht in einen kleinen Teufel verwandeln und uns in Gestalt eines neuen Kollegen den Kopf verdrehen? Den Weg danach zurückzufinden, zu den Anfängen des Glücks, zum Kern des anderen, zu der altvertrauten Liebe – was für eine Leistung. Meistens wird die eine Liebe durch die andere ersetzt. Mutige gehen ihren Weg in eine chancenreichere Zukunft auch, ohne schon den nächsten Partner zu haben – im Kopf das Bild von der Liebe, die sie in der Ehe verloren haben.

Was ist an einer Scheidung so toll?

Scheidung ist nicht das Ende, sondern der Anfang. Ich schreibe mit diesem Tag meinen Lebensroman neu. Da sich so viele trennen, ist Scheidung nicht mehr geächtet. Es ist so normal wie die jährliche Grippewelle. Ich treffe überall Leute, die es auch schon getan haben. Man kennt sich aus, man tauscht sich aus, man versteht sich.

Alle Opfer, die ich der Ehe gebracht habe, nur um sie zu erhalten, sind nun überflüssig. Ich kann schnarchen, essen, nicht essen. Ich kann meine Bequemlichkeit an erste Stelle setzen, muss nicht mehr die Alleskönnerin sein, keinen beeindrucken und bei der Stange halten. Kein Sex mehr, für den ich zu müde bin. Keine Vorwürfe mehr, dass ich für Sex zu müde bin. Kein Kochen, wenn ich auf Diät bin. Keine Schwiegermutter. Keine Routine. Ich werde wieder jünger. Kein Warten, keine Angst. Denn das, wovor ich Angst hatte, ist ja schon geschehen. Der andere ist weg. Und ich lebe noch.

Ich gebe zu: Ich war nicht mehr die, die er mal geheiratet hatte. Und er natürlich auch nicht.

Wer in der Ehe nicht schafft, *du* und *wir* zu sagen und doch *ich* zu bleiben, der trennt sich. Dem bleibt die Scheidung, um sich wiederzufinden. Scheidung ist der Ausgang aus einem Irrgarten. Ich gehe hinaus in die Welt, lasse Unlösbares, Unerklärbares, Unlebbares hinter mir. Und das Wunderbare: Ich kann daraus lernen. Was genau war unlebbar? Und warum? Was hat das mit mir zu tun?

Wer seine Beziehung analysiert, hat noch nachträglich einen hohen Nutzen aus ihr.

Die Ehe hatte ihre Zeit. Scheidung ist ihr natürliches Ende. Ich muss ihr nicht nachtrauern. Wenn sie gut und tragfähig gewesen wäre, gäbe es keine Scheidung.

Viele Trennungen vor Gericht sind einfach ein Missverständnis. Und zwar, weil die Heirat schon eines war. Eine Zeit lang trägt das angenehme Zuhausegefühl, die Sicherheit, das Angekommen- und Angenommensein. Doch dann melden sich die Differenzen. Eine Quirlige nahm einen Bräsigen. Und sie hoffte, er würde sich ändern. Die Scheidung folgt, wenn sie die Hoffnung aufgibt. Ein Geiziger wählte eine Verschwenderin. Und dachte, das würde er ihr austreiben. Das hat die Ehe ins Aus getrieben. Und so weiter. Irrtümer am Anfang wachsen sich aus. Die Scheidung liegt oft schon im Beginn begründet. Der Weg dazwischen ist das, was man Ehe nennt. Zum Glück kann man abbiegen, die Spur wechseln. Und sogar die Richtung.

Da ich die Freiheit der Scheidung genieße, fällt der Kampf um den Erhalt der Ehe kurz aus. Wir gehen auseinander, als hätten wir nichts zu verlieren. Das kann nur bedeuten, dass der vermutete Gewinn größer ist als der Verlust. Entweder ein neuer Partner, ein neues Glück, mindestens so schön wie die Liebe vor der Ehe. Oder ein freies, ich-bezogenes Leben, ohne die Lasten eines anderen.

Liebe hat ein kürzeres Verfallsdatum bekommen. Sieben Jahre verlobt, so wie einst Jenny von Westphalen mit dem jungen Habenichts Karl Marx – das bringe ich nicht. Sieben Jahre Liebessehnen und dann für immer ein Paar, nein, diese Geduld ist nicht mehr von dieser Welt.

Scheidung, das gerichtlich beglaubigte Liebes-Aus, ist meine Chance, immer wieder glücklich zu werden. Sie ist mein Recht. Ich muss nichts aushalten, nichts entbehren, nichts ertragen. Ich kann mich für mich selbst entscheiden. Ich kann alle Zumutungen von mir weisen – die Liste ist lang: Langeweile, sexuelle Unlust, Rücksichtslosigkeit, Illoyalität, Untreue, Süchte, Gewalt.

Und ich kann mich der Liebe erneut öffnen. Die Scheidungserfahrungen werden dabei Pate stehen, wenn es ein weiteres Mal eng wird. Ich werde die Zeichen eher erkennen, werde besser prüfen, behutsamer wachen – über die eigene innere Freiheit und Freiwilligkeit. Ich werde die Eigenarten des anderen besser genießen. Und ich werde besser wissen, was ich brauche und was ich absolut nicht brauche.

Scheidung nimmt und gibt. Der Verlust der anderen Hälfte kann wettgemacht werden, wenn ich dadurch die persönlichen, die unvergänglichen Werte bei mir entdecke. Da wäre eine lange Liste von Dingen, die nach der Scheidung aufgespürt werden können: Eigenständigkeit, Würde, Direktheit, Verantwortung für das Ich, Vertrauen ins Leben, Glücksfähigkeit, Selbstbewusstsein, Sehnsucht, Liebe, Erotik, Sex.

Das ist das Tollste an einer Scheidung: Sie ist Lernprozess und Beziehungsratgeber. Und Befreiungsschlag. Sie ist der Weg zu mir zurück, indem ich zugleich hinaus in die Welt gehe. Was dabei wehtut, ist zugleich das Gute daran. Wenn ich den anderen los bin, kann ich mir selbst begegnen. Über die

Trennung gelange ich zur Heilung – oft ist das ein sinnvoller Weg. Und wer sich nach einer Scheidung erneut gefunden hat, vergisst sich auch in einer neuen Beziehung nicht wieder so leicht.

Was ist an Scheidung so schrecklich?

Die Scheidung zertrümmert meine Welt. Nichts ist, wie es einst war. Gewohnheiten gelten nicht mehr. Ich springe in eine Rolle, die ich nicht kenne. Der Text fehlt. Die Regie fehlt. Gefühlte Katastrophe.

Scheidung sprengt das Dach überm Kopf, rammt den Hafen ein, zerstört das Zuhause. Scheidung vertreibt mich aus meiner Burg. In ihr konnte ich der Welt ganz gut trotzen, die mir meinen Platz streitig macht, die mir einredet, dass ich ab dreißig alt bin.

Jetzt bin ich allein. Ich trage die ganze Verantwortung. Niemand ist da für mich. Meine Bedürfnisse, meine Interessen, mein Lebensstandard – alles unwichtig. Die Familie zerfällt: mit Kindern, Schwiegereltern, später Enkeln. Eine Scheidung fährt wie ein Schwert zwischen all diese schützenden Beziehungen.

Eine Scheidung vereinzelt mich, wirft mich zurück auf mich selbst. Sie lässt mich wieder den kalten Wind im Gesicht empfinden, und sie macht arm. Sie nimmt mir die Hälfte von allem. Geld, Wohnung, Haus, sogar Kinder sind zu teilen. Alles ist jetzt halb. Ich selbst fühle mich halb. Amputiert. Der Phantomschmerz hält lange an.

Im angeschlagenen, ja, verwundeten Zustand muss ich wieder auf die Piste. Einen Job suchen, die Wohnung verkleinern, die Kosten senken, einen tröstenden Flirt auftun. Ich muss an mich glauben, an die eigene Attraktivität – wer's schafft, hat etwas Unglaubliches erreicht. Das Elend der Verlassenheit ummünzen in Aktivität, in Hoffnung, in Zuversicht. Eine Meisterleistung. Scheidung macht es notwendig, über sich selbst hinauszuwachsen.

Scheidung verlangt ungeheure Anstrengungen, die ich mir lieber erspart hätte. Was hätte ich mit der Kraft, die in die Trennung gesteckt wird, in der Ehe alles retten können. Vielleicht sogar die Ehe selbst. Zu spät. Ich bin gegangen, der andere ist gegangen. Wir sehen uns an und sehen nichts, was uns lieb ist. Ich sehe einen Abtrünnigen, seine geliebten Züge im Gesicht – sie sind noch da, aber er lächelt nicht mehr für mich. Er hat sich abgewandt, ihn reizt eine andere. Sie wird vorgezogen, ich bin abgeliebt, abgewertet. Ich bin ein Nichts.

Stopp: Dieser Weg führt ins totale Aus, in die Depression oder in eine schleichende Krankheit. Also noch einmal von vorn: Ich sehe die vertrauten Züge, er lächelt jedoch nicht mehr für mich. Seine Küsse gehören jetzt einer anderen. Hart. Aber es muss ertragen werden. Wer hat gesagt, das Leben ist Zuckerwatte? Wer hat gesagt, wir hätten einen Vertrag mit dem Glück? Und: Es gibt Schlimmeres. Und andere Küsser ... Aber das sehe ich im Moment natürlich noch nicht. Im Moment ist alles Schmerz.

Andere Variante: Ich nehme ein erloschenes Etwas wahr, den Mann, der mal alles für mich war. Wohin ist er gekommen? Was hat das Leben ihm getan, dass ich ihn nur noch stehen lassen, wegschicken kann? Was hat das Leben mit mir gemacht? Das Herz krampft auch hier. Die Bitterkeit des eigenen Versagens: In jeder Scheidung steckt sie, ob wir nun gehen oder verlassen werden. Ich war unzulänglich, habe die Liebe verraten. Im Bett, im Baumarkt, am Herd. Anderes war wichtig. Das Haus, der Wagen, der Urlaub. Oder: die eigene Selbstverwirklichung.

Habe ich mich wirklich eingelassen? Habe ich mich wirklich auf den anderen eingestellt? Haben seine Bedürfnisse tatsächlich Wichtigkeit gehabt? Oder habe ich seinen Computer gehasst, seine Kumpels verachtet, seine Klamotten lächerlich gefunden? Habe ich vielleicht einen gutmütigen Trottel gesucht, habe ich irgendwann gedacht: Sex ist nicht mehr so wichtig? Habe ich ihn vor Bekannten bloßgestellt? War er nur mehr ein Phantom, der Typ, der das gleiche Bad benutzt? War der Mann an meiner Seite das Bollwerk zwischen mir und der Notwendigkeit, mich um mich selbst zu kümmern? Hat er mich geschützt vor der nervigen Partnersuche? Vor der Erkenntnis, dass Rauchen und Fastfood nicht gerade hübscher und jünger machen?

Scheidung wirft hässliche Fragen auf. Sehr hässliche. Über mich, über den anderen. Sie macht auch verdammt viel Arbeit. Ich muss umlernen. Habe ich einen Job, der mich ernährt und sogar Spaß macht, bin ich fein raus. Ich quäle mich anfangs zur Arbeit, aber die Regelmäßigkeit, der Rahmen, die Pflicht, mich nicht allzu sehr hängen zu lassen, helfen schon viel. Wer berufstätig ist, verliert bei einer Scheidung nicht *alles*. Ich lebe vorübergehend auf privaten Trümmern, gehe aber jeden Tag ins gewohnte Leben, in den Job, zu den Kollegen.

Wer nicht arbeitet, sitzt in den Trümmern und muss fürchten, auch diese noch zu verlieren. Geld für zwei Haushalte, das will erst einmal verdient sein. Wer keinen Beruf hat, wird in den meisten Fällen vom Gericht dazu verdonnert, sich zu beeilen, einen zu finden. Das neue Unterhaltsrecht schickt alle Mütter, deren Kinder über drei Jahre alt sind, auf den Markt. Da hat man einst gedacht: wir drei, also unser Kind, du und ich. Und auf einmal heißt es nur noch: ich und das Job-Center. Und zudem gibt es die Suche nach der Kinderbetreuung. Grässlich. Man fasst sich an den Kopf und fragt sich: Warum war ich so blind? Warum habe ich nicht ein kleines, ein winziges bisschen mehr an mich gedacht?

Scheidung wirft Grundsatzfragen auf. Und wer sie nicht beantwortet, bleibt stehen und wiederholt dieselben Fehler. Geschiedene haben später, bei einer nächsten Ehe, ein noch höheres Scheidungsrisiko.

Scheidung ist eine Aufgabe. Eine, auf die ich nie vorbereitet wurde. Eine, deren Lösung ich ganz allein suchen und finden muss. Es gibt Ratgeber in allen Medien, es gibt Literatur, es gibt Therapeuten – überall kann ein Hinweis stecken, den ich für mich selbst verwerten kann.

Scheidung schickt mich in den Irrgarten. Wir eilen durch das Labyrinth des Lebens und versuchen zu begreifen. Was ist passiert? Was ist mit meinen Gefühlen los? Was fühlt der andere? Wie werde ich jemals wieder froh?

Scheidung zerstört alle Sicherheit. Vor allem die Sicherheit in mir selbst. Da war einmal eine Liebe, der erste Kuss, der erste Sex, die nie endende Lust. Da war das Standesamt, der erste gemeinsame Wohnungsschlüssel, da war die Geburt unseres Kindes, das wunderbarste Ergebnis unserer Liebe. Da war diese riesengroße Illusion: Wir beide machen es ganz anders als die anderen. Wir schaffen es.

Und jetzt ist alles nur noch Erinnerung – kaum auszuhalten. Filme und Fotos landen in Kisten, die in den Keller getragen werden, Erinnerungen kommen, wann sie wollen. Das Gehirn disziplinieren. Nein, ich denke jetzt nicht an all das Gute, das ich verloren habe. Ich rufe nicht an und frage, wie es ihm geht. Ich bitte um keine weitere Aussprache. Ich bezwinge mich. Jetzt, wo ich am schwächsten bin, hilft nur Stärke. Jetzt sind die Gefühle kein Wegweiser mehr durchs Leben. Jetzt muss der Verstand übernehmen. Er muss sagen: Aus! Es ist aus! Und je eher ich mich abwende, ganz und gar abwende, desto eher werde ich durch das Jammertal hindurch sein.

Ein neues Leben finden – nichts weniger verlangt eine Scheidung. Sie nimmt somit alle Bequemlichkeit. Routine ade. Der Kühlschrank ist leer, nur eine Schale Erdbeeren, eine Flasche Prosecco befindet sich darin. Was braucht schon ein geschiedener Single? Aber wenn Kinder vorhanden sind, dann heißt es: Gewohnheiten sortieren, manche davon beibehalten. Vorlesen am Bett. Mache ich jetzt, Papi ist nicht mehr da. Papi liest vor, wenn du bei ihm bist. Am Wochenende. Sonntagsfrühstück? Fällt aus. Das Kind ist bei seinem Vater. Ich bin allein, die Woche war hart, ich bleibe im Bett. Im Ehebett. Hier war er doch eben noch. Neue Bettwäsche ist das Mindeste, und in die Mitte rücken mit den eigenen Kissen. Seine Seite abräumen, ab in den Wäschekorb mit den Kissen für Gästebetten. Erobern von Raum. Und von Zeit. Das Sonntagsfrühstück ist also ausgefallen. Die Woche war schwer. Die nächste wird nicht leichter. Was aber soll ich jetzt mit meiner Zeit anfangen?

Solche Fragen wirft Scheidung uns unvorbereitet an den Kopf. Auf einmal gibt es Zeit, die vorher nie vorhanden war. Hätte man nicht einst genauso in die Ausstellung gehen und anschließend mit dem Eis in der Hand im Park bummeln können? Nein. Man war beleidigt, weil er nicht mit wollte, weil er ein Fußballspiel bevorzugte, weil er Rumliegen erholsamer fand. Da blieb man eben auch zu Hause. Oder man hat geputzt. Als Frau muss man für alles Mögliche sorgen, wann, wenn nicht am Wochenende. Da war keine Zeit. Jetzt scheint sie endlos zu sein.

Scheidung stellt alles auf den Kopf. Oder auch umgekehrt: Scheidung stellt alles vom Kopf auf die Füße. Das muss nun jeder selbst herausfinden. Auf jeden Fall lässt sich keiner aus Jux scheiden.

Scheidung ist eine ebenso starke Absage wie Heirat eine Zusage ist. Und meistens hat sie eine größere Endgültigkeit. Denn die Paare, die einander zweimal heiraten, sind eher selten. Scheidung gilt. Selbst wenn sie ein Fehler war. Sie teilt die Biografie in zwei Teile: vorher und nachher.

! Persönliche Erste-Hilfe-Tipps

Mein persönliches Anti-Unglücksprogramm half mir nach der Trennung von dem Mann, den ich hatte wirklich heiraten wollen. Ich empfehle es jeder Frau, die unter Liebeskummer leidet. Es hat mich nicht nur die Schmerzen durchstehen lassen, es wurde mein Glücksprogramm:

■ 1. Wieder jünger werden
   Ich mache alles, aber auch alles, was mir gut tut. Zuerst bin ich umgezogen. Meine neue Wohnung ist winzig, zwei Zimmer, aber die mache ich mir so schön wie ich kann. Rote, transparente Vorhänge im Schlafzimmer, weiße Couch, weißer Schreibtisch im Wohnzimmer. Großes Marmorbad. Mini-Küche. Ich werde noch mal jung. Meine Kinder leben schon in eigenen Wohnungen.

2. Soldaten aufstellen

Abends im Bett zähle ich nicht Schäfchen, sondern Soldaten. Es ist schließlich ein Kampf. Ein Kampf ums Weiterleben. Meine Soldaten sind all jene Menschen, die ich kenne
und von denen ich weiß oder annehme, dass sie mich gern
haben. Freundinnen, Verwandte, Kollegen. Leute, die mich
anrufen und fragen, wie es mir geht, die mich einladen zum
Reden, alle, die nur ein bisschen nett sind. Das sind ganz
schön viele. Ich stelle mir vor, wie sie einen Kreis um mich
bilden. Ich in der Mitte, sie mein Schutzwall. In diesem
Augenblick bin ich nicht mehr allein im Universum. Und
kann einschlafen.

3. Mein Leben verstehen

Zum Verstehen mache ich eine Therapie. Einmal die Woche
eine Stunde bei einer sehr klugen, sehr sympathischen Frau,
die mir empfohlen worden ist. Ich freue mich immer auf den
Tag, an dem ich sie sehe. Bis dahin können die schlimmsten
Gefühle und Gedanken warten. Die Gespräche gehen zurück
bis zur Kindheit. Sie sind der Kern meines Programms.

4. Gesundheit sichern

Nach einem Heulkrampf im Foyer eines Kinos gehe ich zu
einer Neurologin. Sie verschreibt mir Stimmungsaufheller.
Sie sagt: »Wenn Sie sich einen Knochen gebrochen haben,
warten Sie auch nicht ab, bis er wieder von allein zusam-
menwächst. Ähnlich ist es mit der Seele. Sie können ihr
medikamentös helfen.« Ich nehme vier Monate lang Tabletten. Sie füllen die tiefsten Täler etwas auf. Es gibt keine
Nebenwirkungen und keine Probleme beim Absetzen.

5. Verständnis suchen

Zum Jammern mache ich eine Selbsthilfegruppe ausfindig, eine sogenannte Trennungsgruppe. Einmal in der Woche sitzen wir im Kreis und erzählen, wie die letzten sieben Tage waren. Dabei wird geheult und zugehört. Ich sehe, dass es anderen noch schlechter geht. Ich bin nicht schadenfroh, kann aber meine Erlebnisse besser einordnen. Nach dem Heulen gehen wir zusammen in eine sehr schöne Kneipe, essen Salat und trinken Rotwein. Es ist seltsam lustig, mit Fremden über so Privates zu sprechen. Wir unternehmen auch gemeinsam Wanderungen. Und feiern eine Hochzeit. Zwei von uns haben sich ineinander verliebt. Das macht uns allen Mut.

6. Meinen Körper lieben lernen

Gegen mein Gefühl, nicht mehr attraktiv zu sein, melde ich mich im Fitnessstudio an. Und zwar im besten der Stadt. Dreimal die Woche Bauch-Beine-Po und Stepp-Aerobic. Zu Anfang denke ich, die spinnen mit dem Programm, das schafft doch keiner. Aber nach ein paar Wochen bin ich locker dabei. Später fange ich an, im Park zu joggen. Ich bekomme ein völlig neues Körpergefühl. Und eine bessere Figur.

7. Mich schön machen

Ich gehe zum Friseur und erhalte eine strahlendere Haarfarbe. Ich habe einen Termin bei einer Kosmetikerin und bekomme ein besseres Hautgefühl. Ich kaufe mir so viele neue Kleider, wie ich mir leisten kann. Und sogar ein bisschen mehr ...

■ 8. Viel arbeiten

Um das alles bezahlen zu können, arbeite ich mehr. Und ich habe mehr Erfolg. Und mehr Selbstbewusstsein.

■ 9. Lieb zu mir sein

An den Wochenenden setze ich mich statt ins Auto aufs Fahrrad und kaufe auf einem besonders schönen Markt Blumen. Und Obst.

■ 10. Wieder Spaß am Sex finden

Ich mache einen Tangokurs und lerne dabei meinen nächsten Sexpartner kennen. Es ist der schönste Mann, dem ich je begegnet bin. Als Lebensgefährte völlig ungeeignet, fürs Selbstwertgefühl aber erst mal ideal. Als er nach vier Monaten per Postkarte mitteilt, er gehe wieder zu seiner Ex zurück, will ich in Tränen ausbrechen. Aber ich besinne mich auf der Stelle, zerreiße die Karte in kleine Stücke und denke: Es gibt auch andere.

■ 11. Meine Träume selbst erfüllen

Ich bin nach meiner kleinen Wohnung zurück in meine Heimatstadt gezogen und habe mir einen Traum erfüllt: ein Bauernhaus mit Garten vor der Stadt.

■ 12. Dem Erlebten einen Sinn geben

Da sitze ich nun und schreibe dieses Buch. Und wenn ich mir heute vorstelle, es hätte diese Trennungen in meinem Leben nicht gegeben, dann wird mir sehr ungemütlich. Dann würde ich mich nämlich nicht kennen.

»Es gibt kein Richtig und kein Falsch«

Carmen (52) und Maria (53) sind Freundinnen seit vielen Jahren. Sie führen ein Gespräch darüber, was sie von ihren Ehen einst erwartet haben, was sie tatsächlich bekamen und wie sie mit den Enttäuschungen umgegangen sind. Ein weiteres wichtiges Thema: Wie sie ihre Kinder großgezogen haben – mit und ohne Ehe.

Die beiden Frauen machen einen langen Novemberspaziergang am Meer. Nasser Sand knirscht unter ihren Stiefeln, aus dem Nieselschleier schälen sich ab und zu ein paar graue Umrisse anderer Strandspaziergänger. Die beiden Frauen sind vertieft in ihr Thema: Scheidung.

Carmen und Maria kennen sich seit der ersten Klasse. Sie zogen zusammen Puppen an und aus, gingen gemeinsam zum Handarbeitsunterricht und zum Turnen, spielten bei Geburtstagen Topfschlagen. Am liebsten haben sie zusammen übernachtet, vor dem Schlafengehen in der Badewanne geplanscht und abends im Bett noch ganz lange geflüstert.

Später ging Carmen zum Studium ins Ausland und kam als Ehefrau zurück. Maria heiratete ebenfalls gleich nach dem Studium, ein halbes Jahr später als die Freundin. Ihre Kinder brachten die beiden Frauen fast zur gleichen Zeit zur Welt. Doch danach trennten sich ihre Wege. Maria ließ sich scheiden, als sie achtundzwanzig und ihre Kinder vier und ein Jahr alt waren. Carmens Ehe blieb stabil. Maria verließ mit den Kindern ihre Heimatstadt, die Freundin zog mit ihrem Mann auf einen anderen Kontinent. Fast drei Jahrzehnte später fanden sie sich in der Stadt ihrer Kindheit und Jugend wieder. Sie waren fast zu gleicher Zeit zurückgekehrt.

Bei ihren Treffen haben sie sich viel zu erzählen, immerhin geht es um zwei halbe Leben. Dabei erfährt Maria, dass Carmen kurz vor ihrer Scheidung steht.

Ein paar Tage nach Carmens gerichtlicher Trennung verreisen die zwei Frauen zusammen, blicken gemeinsam zurück: Was ist besser – frühe oder späte Scheidung?

Scheidung nach der Silberhochzeit

Der Anteil der Ehen, die nach fünfundzwanzig Jahren geschieden werden, liegt heute bei 20 Prozent, 2001 waren es noch unter zehn Prozent. Für Scheidungen nach einer langen Ehe haben Psychologen drei Erklärungsmuster:

1. Unerwarteter Konsensbruch: Einer der Partner fällt aus allen Wolken.
2. Trügerischer Konsens: Die Partner lebten viele Jahre in der Illusion, dass alles wunderbar sei, Probleme wollten sie nicht wahrhaben.
3. Streit von Anfang an. Schon zu Beginn der Ehe waren Konflikte spürbar, aber es war nicht möglich, darüber offen zu reden. Meistens fühlte sich einer von beiden Partnern nicht genügend wertgeschätzt, die Probleme wurden lange verdrängt.

Maria: Hast du deinen Mann eigentlich sehr geliebt?

Carmen: Ich weiß nicht, wahrscheinlich nicht genug.

Maria: Und jetzt greift dein Ex noch einmal nach dem großen Glück, glaubt, dass er es nicht versäumen darf. Jetzt, wo er ein Mann mit Macht und Silberschläfen ist, meint er, ihm stehe etwas anderes zu als die ewig gleiche, ewig nörgelnde Ehefrau. Wenn's nicht so traurig wäre, würde ich das für einen ziemlich banalen Fall halten.

Carmen: Männer können das, noch einmal in diesem Alter durchstarten. Und was ist mit uns? Unser Silberhaar interessiert kein Schwein. Und unsere Macht erst recht nicht.

Maria: Stimmt. Für Frauen ist es härter, älter zu werden. Besonders dann, wenn sie es von früher gewohnt waren, immer die Schönste zu sein. Den ersten Schrecken habe ich aber längst überstanden und fühle mich auch nicht mehr unsichtbar. Es gibt immer wieder Männer, die Erfahrung, Witz und Eigenständigkeit an uns schätzen. Und wir beide sehen wirklich nicht aus wie die typischen älteren Damen. Ich glaube, so etwas werden wir nie.

Carmen: Ich weiß nicht, ich fühle mich manchmal alt und grau.

Maria: Klar, das würde ich auch, wenn ich gerade eine Scheidung hinter mir hätte. Das ist einfach eine schwere Zeit. Aber die geht vorbei, bald lachst du wieder. Und nimmst dir einen Liebhaber. Oder zwei …

Carmen: Ich weiß doch gar nicht mehr, wie das geht. Ich hatte dreißig Jahre lang immer nur den einen.

Maria: Warst du wirklich die ganze Zeit treu?

Carmen: Ja, stell dir vor! Schön doof, nicht? Ich machte potenzielle Liebhaber immer zu Freunden der Familie und nahm damit jeder Möglichkeit zu einem Abenteuer die Spitze. Verehrer hatte ich eine ganze Menge. Die gehören heute noch zu meinem Bekanntenkreis.

Maria: Und warum hast du sie alle abblitzen lassen? Hat dich nie einer gereizt?

Carmen: Ich glaube, ich hatte Angst um meine Ehe. Ich wollte nicht geschieden sein – so wie du.

Maria: Die Angst brauchst du ja jetzt nicht mehr zu haben. Jetzt kannst du einiges nachholen.

Carmen: Davor habe ich total Schiss, ich bin immerhin nicht mehr so straff wie damals.

Maria: Denkst du denn, dass ich es bin? Das erwartet auch kein vernünftiger Kerl. Mich hat in diesem Punkt einmal ein Mann sehr beruhigt, als er sagte: »Würdest du mich weniger lieben, wenn ich einen dickeren Bauch und einen schlafferen Hintern hätte?« Ich habe erstaunt geantwortet: »Natürlich nicht!« Und er hat daraufhin erwidert: »Siehst du! Und warum sollte ich so blöd sein?«

Carmen: Das klingt gut, aber viele Männer sind anders. Meiner zum Beispiel …

Maria: Und genau die wollen wir nicht mehr! Was willst du eigentlich? Willst du ihn zurück?

Carmen: Ich glaube nicht. Ich brauche ihn nicht mehr. Das hat mich alles zu sehr verletzt.

Maria: Das verstehe ich. Aber ich verstehe auch ihn. Er ist ein freier Mensch. Er darf sich ein anderes Glück suchen. Das darfst du auch. Kein Mensch gehört einem anderen.

Carmen: Weiß ich doch, aber mich kränkt, dass er nicht mit mir redet, dass er mir nicht sagt, warum es aus ist, was ihm nicht gepasst hat. Ich brauche eine Erklärung, damit ich verstehen kann und zur Ruhe komme.

Maria: Kommunikation war nie seine Stärke, das hat er mit vielen anderen Männern gemeinsam. Und jetzt lässt er dich wortlos hängen, das ist wirklich gemein.

Carmen: Weißt du, was ich an meinem dreißigsten Hochzeitstag gemacht habe?

Maria: Nein, ich weiß ja nicht einmal mehr, wann der war.

Carmen: Letztes Jahr im Mai. Ich bin zur Anwältin gefahren und habe die Scheidung eingereicht. Die Papiere hatten wir schon vorbereitet, der Scheidungsfolgenvergleich, der die Trennung materiell-rechtlich regelt, war unterzeichnet. Alles

Finanzielle war notariell geklärt. Es gab keine Streitpunkte, wir waren beide bemüht, den anderen nicht über den Tisch zu ziehen. Ich musste die Scheidung nur noch formal einreichen.

Maria: Ausgerechnet an so einem symbolträchtigen Tag hast du das gemacht. Ganz schön hart.

Carmen: Mir war klar, dass der Hochzeitstag allein für mich sowieso hart wird, da konnte es nicht mehr schlimmer kommen. Mir war so hundeelend, wie ich da allein im Haus saß. Seit einem Jahr war mein Mann ja schon ausgezogen. Und in dieser Stimmung habe ich mir den ganzen Papierkram geschnappt und bin zur Anwältin gefahren.

Maria: Das hast du noch gar nicht erzählt. Wir hätten uns sinnlos mit Rotwein betrinken können. Oder mit Sekt anstoßen! Oder beides!

Carmen: Die schlimmsten Dinge mache ich immer zuerst mit mir allein ab.

Maria: Die Scheidung selbst war dann leichter für dich als der Gang zur Anwältin?

Carmen: Sie hat ganze sieben Minuten gedauert. Sieben Minuten, von denen ich nichts mitbekommen habe, außer, dass mir die Tränen unaufhaltsam aus den Augen schossen. Ich dachte in diesem Moment nur eines: aufs Klo und mir das Gesicht waschen. Ich habe mich, nachdem alles vorbei war, von keinem verabschiedet, bin einfach nur losgestürzt. Verrückt, damit hatte ich gar nicht gerechnet, dass ich so heulen würde.

Maria: Das ist normal. Ich wollte mich damals aus voller Überzeugung scheiden lassen. Trotzdem hatte ich weiche Knie und weinte etliche Tränen. Mein Mann, mein Ex-Mann, hat mich getröstet: »Sei nicht traurig, wir sind füreinander nicht aus der Welt. Wir haben die Kinder. Und da machen wir bestimmt immer mal wieder was zusammen.« Nach dem Gerichtstermin sind wir zusammen essen gegangen, und ich wusste kaum noch, warum ich mich eigentlich hatte scheiden lassen. Drei Wochen später traf ich ihn auf einer Faschingsparty. Mit seiner Neuen. Und ich wurde kaum noch begrüßt … Seitdem haben wir nie mehr etwas gemeinsam unternommen. Die Kinder holte er vorschriftsmäßig ab. Etwa alle vier Wochen.

Carmen: Wir versuchen, freundschaftlich miteinander umzugehen. Ich meine, man kennt sich so lange, man hat sich geliebt, wir haben zusammen Kinder, vielleicht auch mal Enkel, da kann man doch nicht so tun, als ob man sich gar nichts bedeutet! Es ist nur schwer, wenn etwas unausgesprochen bleibt, wenn über das Wesentliche nicht geredet wird: Warum haben wir es nicht geschafft? Ich dachte immer, wir beide seien etwas ganz Besonderes.

Maria: Wenn man den anderen nicht mehr erreicht, ist es möglich, eigene Antworten zu finden. Tief in sich selbst weiß man, warum alles so gekommen ist. Genau da, wo's wehtut, muss man suchen. Deswegen habe ich dich vorhin gefragt, ob du ihn wirklich geliebt hast. Du warst Studentin, hattest kaum Ahnung vom Leben, und in diesem Zustand entscheidet man sich für einen Mann. Und das soll dann fürs Leben stimmen. Eigentlich ganz schön unlogisch.

Carmen: Damals habe ich nicht einen Augenblick an unserer Liebe gezweifelt. Unser Anfang war toll. Wir sind ins Theater, in Konzerte gegangen, haben geredet und geredet.

Maria: Und der Sex? Warst du richtig verknallt?

Carmen: Na ja, ich hatte wenig Vergleiche. Aber ich fühlte mich gut mit ihm. Erst als die Kinder kamen, war die Lust nicht mehr so groß.

Maria: Genau wie bei mir. Und damals hat einem keiner gesagt: »Das ist normal, das wird auch wieder anders.« Mein Mann war beleidigt. Und ich hatte Schuldgefühle.

Carmen: Meiner wollte immerzu. Und ich war dauernd müde. Das war nervig.

Maria: Das kommt mir bekannt vor. Ich war bitter enttäuscht, weil sich die Romantik hinter Windeln und dem Abwasch versteckte. Bei mir hat das schnell ins Aus geführt, so wollte ich auf keinen Fall leben. Ich wollte glücklich sein und lieben. Weißt du, dass ich dich beneidet habe um deine heile Familie? Ich fühlte mich elend, kam mir gescheitert und irgendwie beschmutzt vor, wenn ich euch mit meinen beiden Scheidungskindern besuchte.

Carmen: Ehrlich? Du Arme! Und ich bewunderte dich für deine Eigenständigkeit und Kraft. In dieser Zeit dachte ich ebenfalls an Scheidung. Ständig zofften wir uns wegen Kleinigkeiten.

Maria: Was hinderte dich, diesen Schritt zu tun? Du hattest doch einen Beruf und ein eigenes Einkommen.

Carmen: Ich wollte das meinen Kindern nicht antun.

Maria: Bei meinen habe ich gedacht: Mein Glück ist auch ihr Glück. Und das wollte ich mit ihnen zusammen suchen gehen. Gefunden habe ich ein ewiges Auf und Ab. Verschiedene Partner und Zeiten ohne Liebe, viel Hoffnung, aber auch viel Enttäuschung.

Carmen: Vergiss auch nicht: Ich bin ganz anders als du erzogen worden. Familie ging bei uns immer über alles; bei deinen Eltern drehte es sich hauptsächlich um den Beruf. Deine selbstbewusste, fröhliche Mutter – so eine hätte ich gern gehabt.

Maria: Und ich deine Mutter: Wie die im Sommer immer Berge von Erdbeertörtchen gemacht hat! Sie kümmerte sich um euch. Du warst so umsorgt und gesichert. Ich dagegen fühlte mich ziemlich allein gelassen von meinen erfolgreichen Eltern.

Carmen: Dafür bist du stark geworden, und erfolgreich im Job. Ich war immer nur für andere da.

Maria: Ach, pfeif doch auf die Stärke. Ich wollte immer Liebe. Meine Stärke stand mir dabei oft im Weg.

Carmen: Das stimmt ja nun auch nicht ganz. Ich habe dich oft glücklich und genauso oft unglücklich erlebt. Langweilig war es bei dir nie.

Maria: Das ist wahr. Dennoch: Mir ging es kurz nach der Scheidung ganz schön beschissen mit den beiden Kleinen als Vollzeitkraft in einer Tageszeitung. Bei euch kam es mir immer so heimelig und kuschelig vor, während bei mir Hektik und Chaos vorherrschten. Ich weiß, dass du mich damals überhaupt nicht verstanden hast. Und dein Mann hat mich sehr verletzt, als er zu mir sagte: »Bring mir bloß meine Frau nicht auf dumme Gedanken!« Es klang, als wäre ich in seinen Augen eine Schlampe.

Carmen: Hat er das tatsächlich geäußert? Das weiß ich gar nicht mehr. Ich verstand jedenfalls nicht, wie du deinen Mann so einfach aufgeben konntest. Ich hätte den Mut dazu nicht gehabt. Dein Schritt kam mir richtig unheimlich vor.

Maria: Das kann ich mir vorstellen. Bei euch war ja auch alles mehr oder weniger okay. Dein Mann hat gut verdient, hat im Haushalt geholfen, dich auf Händen getragen, war dir sichtbar verfallen. Erinnerst du dich, du brauchtest nur zu sagen: »Das Zimmer ist mir eigentlich zu dunkel.« Sofort sprang er auf und fing an, ein Loch in die Wand zu schlagen für ein neues Fenster.

Carmen: Diese Geschichte wird immer gern erzählt, als Beispiel, wie toll er war. Klar, er hatte viele gute Seiten. Aber weißt du, er konnte sich auch ziemlich gut verstellen, wenn Besuch da war. Dann hat er Tee gekocht, den Tisch gedeckt, mit den Kindern gespielt, sich von der besten Seite gezeigt.

Maria: Und sonst war er ein Stiesel?

Carmen: Nein, das nicht gerade. Er hat mich verwöhnt, mich beschenkt, er war oft fürsorglich, hat nie einen Hochzeitstag vergessen. Ich fühlte mich geliebt. Das hat mich dann jeden Streit vergessen lassen. Dieses Geliebtfühlen, das war es, warum ich bei ihm blieb. Aber wenn ich mit ihm über ein Problem reden wollte, dann hat er gekniffen, dann war nie Zeit dafür. Immer wollte er alles mit seiner Harmoniesoße überziehen.

Maria: Das ist ja sonst eher Frauenart. Aber du hast dich gewehrt. Hast diskutiert, gestritten, geschimpft. Ich fand dich oft ganz schön ruppig.

Carmen: Ja? Ich war aber auch manchmal so außer mir. Wie unrealistisch und blauäugig dieser ansonsten so kluge Mann sein konnte. Wie er mir stets alles Unangenehme überlassen hat, sämtliche Schwierigkeiten mit den Kindern und der Schule. Das machte mich rasend. Konflikte durfte es nicht geben. Das hatte er aus seinem Elternhaus so übernommen.

Maria: Du hast dich also auch oft alleingelassen gefühlt! Ich habe mich deswegen scheiden lassen. Weil es keine echte Verständigung zwischen mir und meinem Mann gab. Ich hatte meinen ersten Job, und ich liebte meinen Beruf. Ein Jahr nach der Geburt von Paul ging ich wieder in die Redaktion. Ich weiß nicht, ob du dich noch erinnerst, aber mein Mann war in einer klassischen Hausfrauenehe groß geworden. Seine Mutter hatte sich völlig in den Dienst der Familie gestellt, war aber mit ihrem Leben völlig unglücklich. Das wusste er. Trotzdem hatte er die alten Muster so verinnerlicht, dass er meinen Wunsch, die alltäglich anfallenden Aufgaben zu teilen, lächerlich und kleinlich fand. Zum Thema Bettenmachen und Staubsaugen hat er gesagt: »Wen ungemachte Betten und dreckige Fußböden stören, der muss sich darum kümmern. Ich habe keine Probleme damit.«

Carmen: Das hätte auch von meinem Ex sein können. Ich habe in solchen Fällen getobt, als Scheidungsgrund reichte mir das aber nicht. Bei dir kam ja auch noch hinzu, dass du dich in einen anderen Mann verliebt hattest, während du noch verheiratet warst. Das fand ich ziemlich befremdlich.

Maria: Gesagt hast du das nie. Aber ich habe es gespürt, konnte es nur als spießig einordnen. Hattest du denn gar nicht verstanden, dass es bei mir um etwas anderes ging als um Staub und Wäsche? Ich fühlte mich nicht geliebt. Einmal fuhr mein Mann fröhlich winkend in unserem Auto an mir vorbei, während ich Tüten voll mit Kartoffeln, Flaschen und Waschpulver schleppte. Er wartete auf mich auf dem Parkplatz vor unserem Haus. Und selbst als ich alles herbeigeschafft hatte, kam er nicht auf die Idee, mir etwas abzunehmen. Ich war so gekränkt. Es ging mir um Anerkennung, Bestätigung, Liebe – das erwartete ich in der Ehe. Und genau das erhielt ich nicht. Wenn ich gewusst hätte, dass ich es auch bei anderen Männern nie ausreichend finden würde, hätte ich meinen Kindern vielleicht nicht den Vater nehmen müssen.

Carmen: Denk nicht so. Du wärst auf Dauer nie glücklich geworden mit diesem selbstherrlichen Kerl. Du warst viel zu stark für ihn. Er musste dich klein machen. Und so eine Ehe hätte den Kindern auch nicht gut getan.

Maria: Im Nachhinein weiß man das leider nie. Man kennt immer nur das, was tatsächlich passiert. Alle Schulprobleme, die meine Kinder hatten, sämtliche pubertären Verirrungen wurden immer auf die Tatsache geschoben, dass sie keine richtige Familie hatten, dass ich allein nicht in der Lage war, sie ordentlich zu erziehen. Du kannst dir nicht vorstellen, was für ein schlechtes Gewissen ich hatte.

Carmen: Wahrscheinlich nicht. Aber ich habe mich auch oft alleinerziehend gefühlt. Manchmal dachte ich, ich würde in meinem Mann noch ein drittes Kind haben.

Maria: Trotzdem haben sich deine Kinder ohne größere Einbrüche und Schwierigkeiten entwickelt. Sei froh, das ist ein dickes Plus deiner Ehe.

Carmen: Ja, wir hatten Glück. Wir haben anscheinend auch eine Menge richtig gemacht. Manchmal bin ich darauf richtig stolz.

Maria: Das kannst du auch. Alles, was eine lange Ehe leisten kann, das hat deine hervorgebracht: tolle Kinder und eine sichere materielle Existenz. Ich muss mich um jeden Cent selbst kümmern.

Carmen: Ehrlich gesagt, das würde mir besser gefallen als ein großzügiger Unterhalt.

Maria: Sicher, meine finanzielle Unabhängigkeit gefällt mir auch. Trotzdem hätte ich manchmal gern jemanden, der für mich sorgt.

Carmen: Das brauchst du überhaupt nicht, du hast doch alles geschafft. Deine Kinder lieben dich, dein Beruf macht dir Spaß, du hast ein schönes Haus. Und du hast einen Freund. Eigentlich müsstest du rundum glücklich sein.

Maria: Ich bin dankbar. Und ich bin genau wie du furchtbar stolz auf meine Kinder. Es sind eigenständig denkende und fühlende Menschen geworden. Aber wenn sie einen Vater gehabt hätten …

Carmen: … dann hätte der dich jetzt wahrscheinlich wegen einer Jüngeren sitzen lassen.

Maria: Meinst du, ich habe damals doch nicht alles falsch gemacht?

Carmen: Könnte es nicht sein, dass es richtig und falsch gar nicht gibt? Dass jeder es so macht, wie es ihm möglich ist?

Maria: Und dass sich Glück und Schmerz irgendwie die Waage halten?

Carmen: Weißt du, was ich toll finde?

Maria: Hm?

Carmen: Dass wir beide uns haben. Nach fünfundvierzig Jahren. Ist doch irre!

Maria: Wahrscheinlich werden Männer einfach maßlos überschätzt …

Die beiden Frauen kichern. Jetzt erst merken sie, dass es richtig zu regnen angefangen hat. Ihre Jacken, Stiefel und Kapuzen sind pitschnass. Die Hosenbeine kleben an den Knien. Und da taucht plötzlich mitten im düsteren November ein Strandimbiss auf. Es gibt scharfe Fischsuppe und heißen Glühwein. Sie sind glücklich. Beinahe wie damals zusammen in der Badewanne.

Erste-Hilfe-Tipps von Carmen und Maria

Carmen:
- Mit Freundinnen reden.
- Versuchen zu verstehen, warum der andere geht.
- Großzügig sein.
- Die Familie um sich scharen.
- Sich die Freude an vielen kleinen Dingen bewusst machen.

Maria:
- Das Leben organisieren.
- Optimistisch bleiben.
- Die Verantwortung für sich und die Kinder übernehmen.
- Die eigene Kraft spüren.
- Neues Glück suchen.

3 Befreiung

Ein Gespräch mit Professor Annelie Keil (68), Soziologin in
Bremen, über das Gesundheitsrisiko einer schlechten Ehe,
über Trennungsschmerzen, über den Unterschied von Liebe
und Beziehungen, über die eigene Verantwortung und über
die Chance, durch Verstehen und Verarbeiten wieder glücklich zu werden.

Annelie Keil traf ich zum ersten Mal im Jahr 2004 in ihrem
wunderschönen alten Bauernhaus am Deich. Sie hatte gerade ein sehr spannendes Buch geschrieben: *Wenn Körper und
Seele streiken*. Darüber wollten wir reden. Ich verfuhr mich
zweimal, ehe ich sie im Nebel vor ihrer Tür fand, mit dem
Handy am Ohr – so hat sie mich fast ans Ende der Welt diri-
giert. Sie hatte eine Suppe vorbereitet, Käsebrote und Süßig-
keiten. »Damit es Ihnen bei der Arbeit gut geht,« sagte sie, und
ich fühlte mich augenblicklich behaglich in dem Zimmer mit
dem großen Ofen, vor dem zwei Katzen schliefen. Wir spra-
chen bis zur Dämmerung. Und am Ende hatten wir uns fast
unsere beiden Leben erzählt. Sie ist geschieden, ich bin geschieden. Sie hat während der Scheidung Krebs bei sich entdeckt, hat ihn überwunden, lebt jetzt allein, aber nicht einsam.
Ich berichtete ihr von meinen beiden großen Kindern.

Als Wissenschaftlerin geht Annelie Keil immer vom Kon-
kreten aus. Sie illustriert alle ihre Gedanken mit Beispielen

aus dem banalen alltäglichen Leben. Das macht Gespräche mit ihr unterhaltsam und lehrreich. Und besonders glaubwürdig. Und fürs Herz fällt auch immer etwas ab. Als wir uns ein weiteres Mal trafen, um speziell über das Thema Scheidung zu sprechen, fragte sie ganz am Ende des Interviews: »Und wie geht es Ihnen in Ihrer neuen Beziehung?« Ich war erstaunt: »Woher wissen Sie das?« Sie beugte sich weit vor, sah mir lachend in die Augen und sagte: »So etwas sehe ich.«

Frau Keil, warum tut scheiden so weh?

Tut es das denn? Manchmal ist es auch einfach eine große Beglückung. Das kommt im Grunde darauf an, wer warum geht und wer warum gegangen wird. Im Übrigen halte ich Scheidung nicht für die allerschlimmste Erfahrung. Es gibt Schlimmeres.

Gibt es schwere und leichtere Scheidungen?

Viele Menschen drohen sehr schnell mit der Scheidung. Etwas passt ihnen nicht, sie haben sich die Sache anders vorgestellt, also trennt man sich. Sucht sich im Handumdrehen etwas Neues. Vor einiger Zeit setzte die bayerische Politikerin Gabriele Pauli die Idee in die Welt, dass man sich nach sieben Ehejahren wieder neu überlegen sollte, ob man überhaupt gemeinsam weitermachen will. Das klingt skurril, aber warum eigentlich nicht?

Ist es nicht ein entscheidender Unterschied beim Scheidungsschmerz, ob ich verlassen werde oder ob ich aus freien Stücken gehe?

Sicher. Allerdings ist es nicht immer so einfach, genau zu sagen, wer der Verlassene und wer der Verlassende ist. Manchmal bringt der eine den anderen in eine bestimmte Situation, sodass der Betroffene handeln muss und ihm die Scheidung als letztmöglicher Ausweg erscheint. Diese Person ist verlassen worden, vollzieht aber gleichzeitig die Schritte einer Trennung. Oft kommt es auch nur darauf an, wer den Mut hat, es als Erster zu sagen: »Es ist aus.« Dann ärgert sich der andere, dass er diese Worte nicht vor dem Partner ausgesprochen hat. Sein Stolz wird dadurch verletzt. Folglich fühlt er sich als Verlierer, als derjenige, der verlassen wurde.

Wer sich trennt, triumphiert selten wirklich. Meistens hat er Schuldgefühle.

Das liegt daran, dass der andere nicht sagt: »Toll, dass du dich so entwickelst, dass du dich aus einer schlechten Lage befreist, dass du für dich sorgst. Geh nur, lebe frei, glücklich und abenteuerlich – ich übernehme jetzt auch die Verantwortung für mich.« Es wird stattdessen eher erwartet, dass Partner, besonders Frauen, zurückstecken, dass sie zum Beispiel bei einem depressiven Stubenhocker oder einem ausgebrannten Workaholic bleiben. Aber niemand ist verpflichtet, einen anderen glücklich zu machen.

Schuldgefühle sind also unangebracht?

Schuldig wird man, wenn man lange in der falschen Ehe bleibt, wenn man sich gegenseitig entwürdigt, wenn man sich zum Opfer macht. Und wenn man dem anderen die Gelegenheit gibt, seine dunkle und böse Seite an einem auszuleben.

Es gibt unterschiedliche Scheidungsschmerzen. So wie jede Liebe einzigartig ist, so ist es auch jede Trennung. Wenn es nun aber tatsächlich sehr wehtut, warum ist dies so?

Trennung ist ein großes Problem. Jeder hat schon ganz früh eine erlebt, noch unbewusst, und zwar bei der eigenen Geburt. Wir müssen uns vom schützenden Uterus lösen, werden allein in die Welt geschleudert. Bei einer Scheidung kommen sämtliche Trennungserfahrungen – auch unbewusste – wieder hoch. Das ist ein tiefer, psychogener Beziehungsschmerz, der durchaus auch auf körperlicher Ebene seinen Ausdruck finden kann.

Und was ist es, das so verdammt schmerzt?

Das ist bei den einzelnen Menschen ganz unterschiedlich. Jeder geht mit bestimmten Erwartungen in eine Ehe. Waren sie sehr hoch gesteckt, ist meistens auch der Schmerz sehr hoch. Oder anders gesagt: Wer für sich eigenverantwortlich sorgt, sich also selbst Schutz und Erfüllung geben kann und diese wichtigen Bedürfnisse nicht allein dem Partner überlässt, der empfindet nur den halben Schmerz. Darin besteht überhaupt die große Schwierigkeit einer jeden Liebesbeziehung: Wir verlieben uns in einen Menschen, der uns völlig unbekannt ist – und erwarten, dass er alles über uns weiß. Dass er unsere früheren Defizite abdeckt und alte Wunden heilt. Ich denke manchmal: Interessieren sich die Partner eigentlich wirklich füreinander? Oder setzen sie einfach Übereinstimmung voraus? Da liegt dann der Keim der Trennung begründet.

Eine Heirat ist ein Versprechen: Ich bin für dich da! Sind solche
Schwüre unrealistisch?

Ja, und ebenso die Bereitschaft, solche Versicherungen erfüllen zu wollen. Die Ehe soll ganz viele Wünsche erfüllen: Wir
wollen erkannt werden, respektiert sein, toll gefunden werden, auch mal schwach sein dürfen. Wir brauchen Zärtlich-
keit, Fürsorge, Sicherheit, Achtung. Es sind eigentlich die
Menschenrechte, die wir in der Ehe erfüllt sehen wollen. Dazu kommen dann die kleinen individuellen Eigenheiten, die
jeder auf seiner Wunschliste mit sich führt. Frühere schlechte Erfahrungen sollen nun korrigiert werden. Die Vorstellung, es besser, zumindest ganz anders zu machen als die eigenen Eltern, nimmt einen mehr oder wenigen großen Raum
ein. Daraus entsteht dann ein riesiges Wunschpaket, das
schließlich mit der Realität konfrontiert wird. Dabei erfährt
man, dass für all diese Dinge viel zu wenig Zeit vorhanden ist.

Der Alltag ebnet also viele Hoffnungen ein?

Man geht nicht mehr klar und zielgerichtet mit den eigenen Erwartungen um. Sie werden weggedrängt, gesammelt in
einem Schatzkästlein, in dem Glauben, dass irgendwann einmal genügend Muße vorhanden ist, diese Wünsche zu verwirklichen. Bis dahin macht man das Notwendigste und beruhigt sich immer wieder zwischendurch: »Das andere, das
können wir immer noch …« Und auf einmal ist es zu spät.
Der eine hat sich neu verliebt, der andere lässt sich nicht mehr
mit den bekannten Drohungen in Schach halten. Die einsti-
gen Träume sind auf einmal gegenstandslos geworden.

Kein Wunder, dass wir uns elend fühlen, wenn wir sogar uns selbst enttäuscht haben.

Es ist zum einen eine bittere Selbsterkenntnis: Ich habe nicht realisiert, was ich wollte. Man hadert mit sich – ich habe nicht auf der notwendigen Beziehungsarbeit bestanden. Nun hat es keinen Zweck mehr. Zum anderen ist da die Wut auf den Partner. Dieser hat nicht genug getan. Zwei Dinge können nun passieren: Entweder wird der andere in dieser Situation überhöht beziehungsweise idealisiert. Im Verlust wird er erst richtig unersetzlich: »So einen tollen Partner finde ich nie wieder.« Oder man verteufelt den anderen: »Schade, dass ich meine Zeit mit ihm verschwendet habe.« Und nicht zuletzt macht uns ein Gefühl der Ohnmacht und Hilflosigkeit unglücklich. Vielfach hat man die Krise kommen sehen, möglicherweise hat man versucht, sie aufzuhalten, oft, indem größere Veränderungen vorgenommen wurden: ein Umzug, ein Kind, Paartherapie. Nichts hat genützt. Der Wurm saß tiefer. Und die Mittel, die bei den äußeren Umständen ansetzten, waren falsch. Natürlich ist diese Erkenntnis frustrierend.

Eine schlechte Ehe ist allerdings auch frustrierend – wann ist Scheidung »Menschenpflicht«, wie Sie es einmal ausgedrückt haben?

Wenn zwei Partner kein gemeinsames Leben und auch kein eigenes Leben miteinander hinbekommen, weil Demütigung, Gewalt, Achtlosigkeit und/oder Groll sich eingeschlichen haben. Wenn der Alltag nicht mehr läuft, wenn sich körperliche Signale zeigen, wenn das Ehe-Klima unwürdig wird, dann ist Trennung Pflicht. Denn solche Ehen machen krank.

Die häufigsten Scheidungsgründe

■ Anwälte bekommen bei etwa jeder zweiten Scheidung zu hören: »Mein Mann redet mit mir nicht über seine Probleme. Er hört mir nicht zu.« Männer beklagen, dass immer alles ausdiskutiert werden muss. Sie fühlen sich überfrachtet, sehen keinen Freiraum für sich.

■ Die falsche Vorstellung, dass Liebe ausreicht, um eine Ehe zu gestalten, verursacht Trennungen.

■ Die Arbeitswelt mit ihrem wachsenden Druck und ihren zeitlichen Anforderungen macht es schwer, zusammenzubleiben.

■ Wesentliche Bedürfnisse bleiben auf der Strecke: Nähe, Sex, Hilfe, Loyalität, emotionaler Austausch.

■ Enttäuschung über das Scheitern der Ehe dominiert, Fröhlichkeit schwindet, Lustlosigkeit überschattet den Alltag.

■ Chronische Konflikte machen einen oder beide Partner mürbe.

■ Andauernder Beziehungsstress macht einen oder beide Partner krank.

■ Das Selbstbewusstsein eines Partner wird deutlich schwächer, er fühlt sich immer kleiner und mieser.

■ Einer der Partner fühlt sich permanent einsam.

■ Ehekrieg, Streitigkeiten und gegenseitige Schuldzuweisungen erzeugen ein aggressives Klima.

■ Ein Partner sieht nur noch das Ehe-Elend, kann das Leben, das um ihn herum stattfindet, nicht mehr teilen.

■ Ein Partner verliert seine Interessen, entwickelt seelische Krankheiten wie Ängste, Zwänge, Depression.

Was ist das größere Gesundheitsrisiko: Eheunglück oder Trennungsunglück?

Schlechte Ehen sind einer der hauptsächlichsten Krankmacher, sie sind noch gefährlicher für die Gesundheit als Arbeitsstress. Das hat die Psycho-Neuroimmunologie eindeutig herausgefunden. Dieser Wissenschaftszweig erforscht, wie soziale und seelische Faktoren auf das Immunsystem wirken. In einem aggressiven Klima, das von Gewalt – das muss keine körperliche sein! – und Demütigung geprägt ist, wo ich nur funktionieren muss, wo ich nicht mehr wahrgenommen werde, sind das Immun- und das Nervensystem stark angegriffen. Es kommt zu Erschöpfungszuständen, zu hohem Blutdruck, zu Schlaflosigkeit. Irgendwann können diese Symptome in eine handfeste Krankheit umschlagen. Umgekehrt ist hinreichend bekannt, dass ein stützendes, liebevolles und anerkennendes Umfeld bei schweren Krankheiten große Heilungschancen bewirkt.

Dann wäre Scheidung in bestimmten Fällen auch eine Maßnahme der Gesundheitsvorsorge?

Das kann man so sagen. Obwohl dies nicht ausschließt, dass Scheidung ein Gesundheitsrisiko beinhalten kann. Geschiedene Männer leben beispielsweise nicht so lange wie verheiratete. Doch letztlich macht Scheidung nur dann krank, wenn sich eine giftige seelische Müllhalde in uns bildet, weil wir die damit verbundenen Gefühle und Erfahrungen nicht aufarbeiten. Nicht verstehen. Alles, womit man sich im Leben nicht ausführlich befasst – Verrat, Tod, Trennung –, findet sich später in den Krankengeschichten der Menschen wieder.

Die größten Krankmacher sind zwei niederschmetternde Gefühle, die in zerstörten Ehen und bei Trennungen oft auftauchen: Hoffnungslosigkeit und Hilflosigkeit. Also muss man zusehen, dass man sich nicht als hoffnungsloses, hilfloses Opfer fühlt. Aus der Betroffenenecke muss man unbedingt raus.

Wie schafft man das?

Indem man Verantwortung übernimmt. Indem man nicht sagt: »Ich kann nichts dafür, ich kann nichts machen, ich bin außen vor, jetzt bin ich diskriminiert. Ich arme, arme geschiedene Frau!« Diese Haltung schadet uns selbst ganz gewaltig.

Ein bisschen Selbstmitleid kann normal sein. Aber wie vermeiden wir es, unmerklich in die Opferhaltung zu rutschen?

Man muss durch eine Scheidung überhaupt nicht am Boden zerstört sein. Machen wir uns klar: Dreizehn Jahre Ehe, die meisten davon gelungen – das ist doch schon etwas. Als es noch verbindlich hieß: »Bis dass der Tod uns scheidet«, wurden die Menschen nicht so alt wie heute. Da gab es kaum Ehen, die vierzig, fünfzig Jahre hielten. Heute haben wir diese langen Perspektiven. Und die Liebe ist eine Energie, die sich jeden Tag verändert. Ihre Endlichkeit ist allgegenwärtig. Das macht sie so wertvoll. Nicht zu vergessen ist in diesem Zusammenhang die falsche Vorstellung, dass Liebe ausreicht, um eine Ehe zu gestalten. Erst die Liebe schafft Trennungen – mit ihren überhöhten Erwartungen. Bis zum letzten Atemzug werden wir den Partner nämlich niemals ganz kennen. Wir wissen nicht, wie er sich verhalten wird, wenn das gemeinsame Kind behindert zur Welt kommt, wenn er den Job verliert, wenn der Sohn in der Pubertät Drogen nimmt, wenn bei einem selbst die Diagnose Krebs gestellt wird. Dieses Fremde ist eine Herausforderung. Das zu verstehen, ist wichtig, um die Gründe für eine Scheidung, wenn sie von dem anderen als notwendig erachtet wird, zu begreifen. Wer sich ehrlich ans Einsehen, Lernen und Verarbeiten macht, ist kein Opfer mehr.

Wird so ein tapferer Lebensschüler auch schneller wieder froh?

Das kann durchaus sein. Wer verstanden hat, dass Liebe ein Kind der Freiheit ist, löst sich von falschen Erwartungen an die Ehe. Der kann in der nächsten Beziehung eher spüren, wenn etwas schiefläuft. Der kann sagen: »Dich, Problem, kenne ich doch. Und diesmal gehe ich anders mit dir um. Jetzt laufe ich nicht weg, jetzt äußere ich mich früher, jetzt überhäufe ich meinen neuen Partner nicht mit meinen Wünschen, sondern lerne, Liebe gemeinsam zu leben.«

Sollten wir Scheidung etwas leichter nehmen, wenn sie doch eine Rettung vor dem falschen Leben sein kann?

Ja. Vorrangig geht es doch darum, Leben besser zu begreifen. Vieles wird leichter, wenn ich begreife, dass ich durch eine Scheidung lerne, etwas über mich und meine Art zu leben in Erfahrung bringe. Ich kann mich etwa fragen, warum es für mich nicht mehr möglich war, mit diesem Menschen zusammenzuleben. Auch wenn man die Trennung nicht aktiv gestaltet hat, sondern verlassen wurde, ist diese Überlegung sinnvoll. Geht der andere, ist die Ehe ja nicht mehr lebbar. Also muss die Frage nach dem Warum in den Mittelpunkt gestellt werden. Wenn der andere jedoch nicht antwortet – das kommt oft vor –, dann hänge ich natürlich in der Luft. Auch in diesem Fall hilft nur eines: Man sollte von sich persönlich ausgehen, sich befragen, warum es eigentlich so schwierig ist, mit mir zu leben. Man erkennt bei einer kritischen Selbstreflexion Eigenschaften und Verhaltensweisen an sich selbst, die den anderen gestört haben könnten, die man aber nach eigener Einschätzung sehr wichtig findet. Eine Frau wirft sich vielleicht vor, sie hätte ihren Mann zu sehr umsorgt. Das kann ein Fehler sein. Andererseits: Wenn das eine ihrer wertvollsten Eigenschaften ist – für andere eine Heimat zu sein –, dann ist daran nichts zu ändern. Dann hat diese Ehe nicht für sie gepasst. Und sie ist ganz okay, so wie sie ist. Gut also, dass er weg ist!

Aber wenn einer ganz fürchterlich hadert, sich ausgenutzt und verraten fühlt, ist es da nicht sehr schwierig, einfach zum Leben-Lernen überzugehen?

Bei dieser Frage kann ich nur als Buddhistin antworten: Leben ist Wandel. Also sind Dinge, die vor zehn Jahren stimmten, möglicherweise in diesem Augenblick unpassend geworden. Wichtig ist bei jeder Scheidung, sich die realen Erfahrungen anzusehen, nicht nur die Bilder, die man von sich und dem anderen im Kopf hat. Dass etwas nicht gelungen ist, diese Feststellung schmerzt. Eine Hilfe ist dabei, das Leid zu verstehen, indem man sich mit sich selbst konfrontiert. Früher oder später treten bei allen Trennungen bestimmte Fragen deutlich hervor: Wie selbstständig bin ich, wie annehmbar, wie attraktiv? Sogar ganz alte Grundfragen ans Leben kommen wieder hoch: Meine Eltern haben mich nie geliebt. Mein Mann auch nicht. Bin ich überhaupt liebenswert?

Ist es nicht Schwerstarbeit, sich all diese Überlegungen zu beantworten?

Das ist es, aber es ist zugleich eine Chance. Das Leiden an der Scheidung hat nie nur mit dem Partner zu tun. Wir können eine Menge über uns herausfinden: Wie rund und ganz bin ich? Wovor habe ich eigentlich Angst? Dass ich mit weniger Geld als früher auskommen muss? Dass ich ohne den Partner nicht so anerkannt bin wie mit ihm? Dass ich nie wieder eine Liebe finde?

Manche stellen sich dieser Herausforderung nicht. Sie gehen schnell eine neue Beziehung ein und vergessen, was gewesen ist. Wie finden Sie das?

Das ist ein anderer Weg, aber er ist genauso in Ordnung wie der eben aufgezeigte. Nicht alle Menschen wollen in eine Vertiefung des Lebens einsteigen. Und das ist ihr gutes Recht. Man muss sie nicht beneiden, vielleicht gar denken: Jetzt hat der oder jene schon wieder eine neuen Partner, während ich noch leide und grüble. Scheidung ist die Auflösung zum Du. Und ein Weg zum Ich. Jeder geht ihn für sich. Auf seine Weise.

Was sagt ein endloser Scheidungskampf über die Ehe aus?

Ein Krieg beweist, dass auch vorher kein Frieden war. Wenn wir den anderen wirklich geliebt haben, müssen wir ihn in

Frieden ziehen lassen. Alles, was sich in der Scheidung zeigt, war vorher da. Nehmen wir zum Beispiel das Geld. Ein beliebter Streitpunkt. In der Ehe hätte es Friedensverhandlungen über dieses Thema geben können. Aber man hat sich nicht ausgetauscht. Man hat es umgangen. Zum Zeitpunkt einer Trennung bricht es hervor – natürlich härter, als es in der Ehe geschehen wäre. Und wenn es zu Streit über die Kindererziehung kommt, gab es die Differenzen schon während der Ehe. Nur hat man sie nicht offen diskutiert. Um den Frieden zu wahren. Oder aus Bequemlichkeit. Oder aus Angst vor einer Scheidung. Wenn Auseinandersetzungen in der Beziehung ausfallen, dann führt das oft zu Trennungen. Und dann werden die Kämpfe nachgeholt. Oft ohne Rücksicht und ohne Gnade.

Die Verluste bei diesen Gefechten sind ja nicht nur seelischer Natur.

Die Einbußen sind tatsächlich vielfältig. Bei der Lustebene fängt es an. Sex, Spaß, Genuss – das hat man in der Ehe geteilt. Das fällt nun weg. Dann, nicht zu unterschätzen, die Frage des Nachwuchses. Bei einer Scheidung hat dieses Thema auf einmal keine Bedeutung mehr. Wenn man sich Kinder gewünscht hat, es aber nicht dazu gekommen ist, dann wird man durch eine Trennung und bis zu einem neuen Partner möglicherweise länger darauf warten oder sogar verzichten müssen. Das ist hart. Und wenn es Kinder gibt: Wer sorgt nun für sie? Wer zahlt? Wird das Leben finanziell schwieriger, wenn ich die Tochter, den Sohn allein erziehe? Ist genügend Geld zum Verteilen da? Weiterhin existiert da noch die Beziehungsebene. Beide Partner hatten etwas voneinander. Er war vielleicht väterlich-fürsorglich, daran hatte sie sich gewöhnt, oder sie hat zum Beispiel geholfen, seine Eltern zu pflegen. Das alles ist nun nicht mehr gegeben. Lange hat man zudem geglaubt, sich im anderen zu erkennen, der andere war mithin ein Spiegel. Auch diese Antwort auf innere Fragen fehlt nun.

Warum haben wir noch kein Mittel entdeckt, eine Scheidung zu verhindern?

Weil es sich nicht vermeiden lässt! Das Leben setzt schmerzhafte Erfahrungen voraus. Alles Sein findet zwischen Lust und Angst, zwischen Liebe und Hass statt. Leben ist nicht planbar. Leben jenseits von Risiko und Überraschung gibt es nicht. Wer versuchen wollte, sich gegen Verluste abzusichern, der müsste in einem Ganzkörperkondom herumlaufen und alle Berührungen vermeiden. Liebe und Ehe verhalten sich zueinander wie Inhalt und Form. Die Ehe oder auch die Beziehung ohne Trauschein gibt der Liebe (dem Inhalt) eine Form. Die Crux dabei ist: Unsere ganze Liebesenergie findet keinen Platz mehr, wenn das Überraschende wegfällt. Wenn wir zu sehr auf Sicherheit setzen. Wenn wir die Lust auf Abenteuer vergessen, zu sehr eingebunden sind, dann geben wir die Freiheit auf. Die Ehe lädt genau dazu ein, sich gemütlich einzukuscheln. Aber irgendwann kommen die anderen Sehnsüchte wieder. Wer es nicht schafft, Nähe und Distanz innerhalb der Ehe zu gestalten, erlebt erst ausschließlich Nähe, also Symbiose, und dann ausschließlich Distanz. Also Scheidung. Das heißt: Unsere widersprüchlichen Bedürfnisse füttern die hohe Scheidungsquote.

Warum ist die Zahl der Scheidungen in den letzten Jahrzehnten derart gestiegen? Sind wirklich die ökonomisch selbstständigeren Frauen Schuld an dieser Entwicklung?

Der Anstieg der Scheidungen hat viele Gründe. In den letzten zweihundert Jahren hat es große Emanzipationsprozesse gegeben, für Frauen, aber auch für Männer. Viele persönliche Risiken – etwa Krankheit oder Jobverlust – werden von der jetzigen Solidargemeinschaft abgesichert, man braucht dazu keine Ehe mehr. Frauen als Gebärmaschinen – das ist auch vorbei. Sie haben ein Recht auf Lust, und sie können bestimmen, wann sie Kinder wollen. All diese Aspekte verhindern, dass die Ehe auf ewig verbindlich ist. Selbst unsere längere Lebenserwartung spielt, wie gesagt, in diesem Zusammenhang eine Rolle. Hinzu kommt: Früher war die Ehe ein Ordnungsinstrument, eine heilige Institution. Heute gibt es dagegen nicht mehr die Pflicht zur Ehe, man kann auch ohne Trauschein zusammenleben und Kinder haben – wenngleich der Staat ein Interesse an der gemeinschaftlichen Institution hat, weil er Kinder und Alte versorgt sehen will. Aber eine juristische Verbindlichkeit auf Dauer ist nicht durchsetzbar. Jeder hat ein Recht auf Irrtümer, und eines darauf, sich von einem Fehler zu befreien. Ich kann aber auch einfach nur sagen: »Ich habe keinen Bock mehr, ich will diese meine Ehe nicht mehr länger mitmachen.« Aus all diesen Gründen ist Scheidung für mich ein Menschenrecht. Die wachsenden Scheidungszahlen haben insofern etwas Positives, weil sie zeigen: Frauen können auch selbstständig und allein leben.

Aber eine hohe Scheidungsrate zu feiern, das wäre nun doch übertrieben?

Natürlich existiert auch die andere Seite dieser Entwicklung. Sie weist darauf hin, dass wir immer weniger fähig sind, unsere größer gewordenen Ego-Ansprüche zu kontrollieren. Folglich ist unsere Beziehungsunfähigkeit gewachsen. Es gibt immer mehr Menschen, die keine einzige intakte Beziehung erlebt haben, nicht einmal in der Kindheit. Weiterhin bedeutet dies, dass es uns an Geduld, Offenheit und Toleranz fehlt. Und wir haben vergessen: Liebe ist nicht Kontrolle eines anderen.

Wie sieht eine gute Scheidung aus?

Beide akzeptieren, dass eine Trennung wehtut. Und beide Partner haben die Fähigkeit, Lösungen für das eigene Leben zu finden. Im Nachhinein können sie folgende Fragen für sich beantworten: Was war gelungen? Was hat uns die Ehe gebracht? Wofür kann ich dankbar sein? Dazu gehört auch eine tröstliche Bestandaufnahme: Was stimmt noch in meinem Leben? Worauf ist Verlass? Zur Perspektive, wieder glücklich zu werden, gehört nicht gleich ein neuer Partner, sondern die Fähigkeit, eine Zeit lang allein leben zu können. Zu diesem umfassenden Prozess gehört, alles zu sammeln, was geblieben ist. Dazu gehört auch, zu verstehen, dass das, was weg ist, tatsächlich weg ist. Und die Einsicht: Eine Zweierbeziehung trägt mich nicht durchs Leben. Wichtiger sind neue Freunde, der Beruf. Ich weiß, dass ich auf meinen eigenen Füßen stehen kann. Oder ich fange ab sofort damit an.

Das ist das Gegenteil von Hoffnungslosigkeit und Hilflosigkeit.

Ja. Auch vor, während oder nach der Scheidung muss getan werden, was getan werden muss. Die Kinder, der Job – darum muss ich mich kümmern. Das ist der Weg in die Zukunft. Das ist der erste Heilungsschritt.

Erste-Hilfe-Tipps von Annelie Keil

- Tätig sein, die Betreuung der Kinder sichern, weiter funktionieren – das sind die ersten Schritte heraus aus der Hilflosigkeit. Anschließend sollte mit der Verarbeitung der Trennung begonnen werden, was bedeutet, dass man sich selbst die richtigen Fragen stellt: Wovor habe ich am meisten Angst? Was will ich von meiner Zukunft?
- Die Auseinandersetzung mit all diesen Aspekten ist auch mit einem Verstehen verbunden, das kann beispielsweise mit folgenden Überlegungen oder Erfahrungen geschehen: Die Liebe ist endlich. So gesehen sind dreizehn Jahre Ehe schon etwas! Meine eigene Rettung kam mit einer bedrohlichen Krankheit. Ich habe mich damals in mein eigenes Leben verliebt. Und das hält bis heute an.

4

Maschas Häuserkampf

Mascha (49) befindet sich im Trennungsjahr. Ihr Mann ist vor
fast zwölf Monaten – nach fünfundzwanzig Jahren Ehe – zu einer
anderen Frau gezogen. Jetzt sucht sie Antworten darauf, warum
sie so lange in einer lieblosen Ehe geblieben, warum sie vom
Verhalten ihres Mannes nach der Trennung tief verletzt und bisher keine faire Einigung über den gemeinsamen Besitz mit ihm
gelungen ist. Auch überlegt sie, wie sie es trotzdem schaffen
könnte, in dem Haus zu bleiben, das sie mit ihrem Mann mit viel
Freude ausgebaut und gestaltet hat, in dem die Tochter Anna
groß geworden ist. Anna hat gerade ein Baby bekommen und
lebt mit dem Vater des Kindes zusammen in einer anderen Stadt.

Ein weißes Haus am Waldrand. Buchsbaumhecken, ein See-
rosenteich. Grüne Fensterläden. Im Flur stehen Filzpantof-
feln für Gäste, die Küche ziert ein Biedermeiersofa, davor ein
Tisch, auf dem Tee dampft. Kerzen brennen. Eine weiße Ama-
ryllis blüht auf dem Fensterbrett. Mascha ist ein Stilfreak, sie
macht es sich und anderen schön. Mit leichter Hand, ganz
selbstverständlich. Sogar jetzt, da durch ihre bevorstehende
Scheidung das ganze Idyll bedroht ist. Ihr Mann ist vor knapp
einem Jahr ausgezogen. Er will, dass das Haus unter den Ham-
mer kommt, will Bargeld sehen für sein neues Leben. Mascha
möchte im Haus bleiben, kann ihren Noch-Ehemann aber mit
ihrem Einkommen aus einer Zweidrittelstelle nicht ohne Wei-

teres auszahlen. Jeden Tag überlegt sie: verkaufen, neu anfangen? Oder kämpfen um ihr Lebenswerk? Wenn sie aus dem Haus zieht, verliert sie nicht weniger als den gewohnten Boden unter den Füßen. Und wenn sie bleibt, vielleicht Nerven und Gesundheit in einem aufwendigen Rechtsstreit. Zweimal im letzten halben Jahr musste sie schon mit Herzattacken in die Notaufnahme. Zweimal wurde organisch nichts festgestellt …

Mascha erzählt und erzählt, raucht und raucht. Sie ist aufgeregt. Durcheinander. Ihre Gedanken springen. Nach zwei Stunden fragt sie: »Kannst du noch? Nerve ich?« Ab und zu schiebt sie ein Schriftstück über den Tisch, wie um zu unterstreichen, was sie gerade berichtet hat. Nicht immer sind die Mails und Briefe, die ich zu lesen bekomme, komplett und logisch nachvollziehbar. Dafür ist alles viel zu aufregend für Mascha. Sie verstrickt sich in Widersprüche. Sie sucht nach Antworten – und findet nur immer neue Fragen. Ein knappes Jahr nach der Trennung ein ziemlich normaler Zustand.

Hier ist Maschas Bericht:

So fingen sie an, unsere Trennungsquerelen. Mit einer harmlosen Mail von meinem Mann, die ich am Arbeitsplatz erhielt. Ich habe sie nie gelöscht:

Von: m_schwarz@t-online.de

An:
Betreff: Termin K./Bausparvertrag

Hallo Spatzi,
Herr K. hat am Freitag um 18 Uhr Zeit für unsere Fragen und kommt vorbei.
Gruß Hundi

Spatzi. Hundi. Heulen oder lachen? Zu diesem Zeitpunkt war die Trennung klar, und der offizielle Auszug von »Hundi« festgelegt. Herr K. ist von einer Bausparkasse, und es sollte bei dem Termin um Fragen eines Bausparvertrags gehen.

Ein kurzer Blick zurück: Vier Wochen zuvor machten Martin und ich noch gemeinsam Urlaub auf Bornholm. Bei einem Baumschulenbesuch war ich wie immer bei den alten Rosen stehen geblieben, und mein Mann überredete mich mit großer Leidenschaft: »Du kannst doch am Zaun zu unserem Nachbarn diese hoch wachsenden Rosenbüsche einsetzen, das sieht bestimmt gut aus.« Ich hatte nicht so recht Lust, zumal es Spätherbst war und andere Rosen schon den Platz einnahmen. Für mich bedeutete dies: umsetzen, neu pflanzen etc. Ich ließ mich dann doch von seinem Vorschlag anstecken, meine grüne Leidenschaft hatte mich gepackt.

Eine Woche nach Ende des Urlaubs kam sein Trennungswunsch an Tageslicht, und zwar über eine SMS auf meinem Handy: »Ich liebe Dich, Karl«. Der Absender: die Telefonnummer meines Mannes!

Zuerst dachte ich: Wieso schreibt er »Ich liebe Dich«? Und wieso »Karl«? Sofort ging ich zu ihm und las ihm die SMS vor. Zuerst meinte er, sie wäre nicht von ihm. Schließlich gab er zu: Ja, die Nachricht habe er auch gelesen, als er vorhin eine Nummer auf meinem Mobiltelefon suchte. Er habe sich schon gefragt, ob ich einen anderen hätte. So eine gequirlte Scheiße! Er hatte die Liebes-SMS für seine Neue an die falsche Nummer gesendet! Es dauerte eine Weile, bis ich das begriff.

Nächster Akt, deutliche Worte von meinem Mann: »In einer Woche bist du aus dem Haus raus. Weihnachten kannst du noch mal mit Anna herkommen. Wir können dann mit deinen Eltern hier feiern.« Meine Güte, wie stellte er sich das vor? Dass wir, seine Frau und seine Tochter, nach diesen knallhart vorgetragenen Sätzen selig mit ihm unter dem Weihnachtsbaum sitzen? Vielleicht auch noch gemeinsam mit seiner Neuen und ihrem Sohn? Und anschließend wird das Haus verkauft?

Was für eine Fantasie!

Ich habe mich so entwürdigt und entwertet gefühlt. Doch ich wollte nicht klein beigeben und widersetzte mich: »Ich bleibe im Haus!« Daraufhin schrie er: Er würde es hier nicht einen Tag ertragen, ohne mich an jeder Ecke zu sehen!

Als ich am Tag seines offiziellen Auszugs durch den Garten ging, fand ich meine Gartenschuhe, die sonst immer an der Terrasse stehen, weit voneinander entfernt im Gebüsch liegen. Martin musste sie mit aller Kraft weggeschleudert haben. Ja, es war ein Wegwerfen.

Dann ging es los mit praktischen, mit finanziellen Fragen. Keine Kommunikation über Gefühle. Wir wollten auseinandergehen, ja, aber wie? Wo lernt man so etwas?

Von: m.schwarz@gmx.info
An: m_schwarz@t-online.de
Betreff: Gütertrennung/Bestandsaufnahme

Guten Tag Martin,
zu Deinem Wunsch, eine fotografische Dokumentation über die eheliche Gütergemeinschaft am Freitag durchzuführen, um unredliche Handlungen meinerseits auszuschließen, möchte ich Dir Folgendes sagen: Es gab bislang von mir nichts, was solche Handlungsweise vermuten lässt, im Gegenteil. Du kannst morgen ohne meine Anwesenheit in Ruhe den Auszug vornehmen, ohne jegliches Misstrauen. Ich habe bereits im Vorfeld die Schlüsselüber-

gabe bestätigt, ohne zu wissen, wie viele Schlüssel überhaupt im Umlauf sind. Das dazu.

Ich möchte Dich darum bitten, dass mein Schlafbereich, ebenso das Bad mit meinen persönlichen Dingen, der »begehbare« Schrank mit meiner Kleidung, die Regale mit meinen Büchern und meine Bilder davon ausgenommen sind, ebenso das Dachgeschoss, in dem Anna gewohnt hat, mit ihren darin befindlichen Möbeln (Bett, Schreibtisch, ein Teil ihrer persönlichen Dinge). Sie hat mich darum gebeten, da sie es vergaß, es selbst zu tun.

Ich bitte Dich, die Grundlagen des Anstands zu akzeptieren. Danke.

Wenn die Räume aufgenommen werden, möchte ich, dass es davon nur eine Originaldokumentation in ausgedruckter Form gibt. Die Originale könnten bei unserem *gemeinsamen* Anwalt hinterlegt werden, das wäre dann ein faires Verhalten.

Ich bin auch gern bereit, zu gegebener Zeit einen Termin zu vereinbaren, um in Ruhe die Dinge aufzunehmen und zu fotografieren.

Betrachte bitte das Schreiben als inoffiziell und als persönliche Verständigung und Achtung zwischen uns beiden.

Mit freundlichem Gruß,

Mascha Schwarz

Warum bin ich eigentlich schockiert? Verletzt? Ich habe doch auch früher schon mal an Trennung gedacht. Schon kurz nach unserem Kennenlernen, und dann rhythmisch wiederkehrend, bis dieses Gefühl über die Jahre so selbstverständlich zu mir gehörte. Das Ablösen von Martin hatte schon längst stattgefunden.

Ständig musste ich jedoch an diese emotionale Armselig-keit meines Mannes denken, der sich nur absetzen konnte, in-dem er sich von einer anderen Frau wie eine Pflanze umset-zen ließ. Dieser Mann, der eine so lange Zeit mit mir oder bei mir oder »nebenbeimir« gelebt hatte, entwertete mit seinem Handeln auf einen Schlag fünfundzwanzig Jahre unserer Ehe – und damit auch mich.

Zudem musste ich mich dem Gefühl meines eigenes Versa-gens stellen: Jahrelang hatte ich in der Ehe verharrt, mich nicht gelöst, mich immer weiter auf das Haus und den Gar-ten konzentriert. Ich führte, wenn ich ehrlich bin, ein von ihm abgetrenntes Leben.

Wenige Tage nach Martins Auszug, beim Weihnachtsfest mit meiner Tochter, ihrem Freund und meinen Eltern – selbstverständlich ohne meinen Mann –, stellte Anna mir die entscheidende Frage: »Und? Fehlt er dir auch nicht?«

Ich hatte in dieser Zeit gemerkt, schon sehr schnell, dass ich auf einmal wieder durchatmen konnte. Geradezu körperlich empfand ich, wie sich diese Versteinerung auflöste, die au-genblicklich einsetzte, wenn Martin das Haus betreten hatte. Ich begriff, dass es ein Glücksumstand für mich war, dass es so passiert ist, dass er weg ist. Auf einmal war nicht alles halb, sondern übervoll. Das betraf meine Gedanken, meine Pläne, meine Kraft.

Ein einziges Mal, wirklich nur ein einziges Mal, überkam mich eine sentimentale Stimmung, weil ich mit diesem Mann nicht mehr zusammenlebte. Nur ganz kurz war dieser Mo-ment. Ich spürte Martin neben mir, mit seiner nasalen Stim-me, seiner festen Umarmung, wenn wir gemeinsam spazieren gingen. Erschreckend war, dass mich diese Rührung im Bau-markt überfiel, nicht in unserem Haus, auch nicht im Garten.

Und immer wieder »Ja«

■ 94 Prozent der Paare heiraten aus Liebe und als Zeichen der Zusammengehörigkeit; 36 Prozent sagen, sie wollen festhalten an traditionellen Werten; 16 Prozent heiraten, weil sie ein Kind erwarten; neun Prozent heiraten aus rechtlichen Gründen; drei Prozent wollen durch Heirat Steuern sparen.

■ Noch immer heiraten vier von fünf Frauen und Männer einmal im Leben.

■ Noch heute ist die »standesgemäße Ehe« geschätzt, das heißt, der »ökonomisch passende Partner«.

■ 50 Prozent der Paare, die heiraten, haben einen gleichwertigen Bildungsabschluss.

■ Je größer die Hochzeitsparty, desto geringer das Scheidungsrisiko – das besagt eine aktuelle Heiratsstudie von zwei Kölner Soziologen.

■ Es ist vielfach nachgewiesen: Heiraten ist eine lebensverlängernde Maßnahme. Aber auch Geschiedene haben eine höhere Lebenserwartung als ewige Singles.

■ Immer weniger Menschen heiraten. 2006 waren es mit 373 700 Paaren 3,8 Prozent weniger als im Jahr davor. Das liegt auch daran, dass die Zahl der Leute im klassischen Heiratsalter aus demografischen Gründen abnimmt.

■ Die Deutschen treten immer später vor das Standesamt: Männer mit durchschnittlich dreiunddreißig Jahren, Frauen mit dreißig Jahren.

An diesen Orten nehme ich ihn überhaupt nicht mehr wahr, nicht einmal, wenn ich persönliche Dinge von ihm sehe, ausgetretene Gartenschuhe, Werkzeuge, ein Stück Papier mit seiner Schrift.

Diese gefühlsduseligen Anwandlungen muss man sich einfach aus den Haaren kämmen. Eine Scheidung geht schließlich mit einer gewissen Trennung von sich selbst einher.

Martin verlangt eine Scheidung ohne ein Einbeziehen meiner Person. Er redet von einem »harten Schnitt«, als wenn es darum ginge, ein Stück Blutwurst abzuschneiden.

Kurz nach unserer beschlossenen Trennung saßen wir beide vor einem Anwalt, den wir gemeinsam ausgesucht hatten. In seiner Gegenwart besprachen wir alles, beispielsweise auch den Unterhalt für Anna. Ich sollte dafür Zeit haben, mir über verschiedene Banken Vorschläge für die Hausbewertung einzuholen. Der Anwalt machte den Vorschlag, unserer Tochter 20 Prozent vom Eigentum zu überschreiben. Wir thematisierten weiterhin den Trennungsunterhalt und überlegten, ob ich in dem Haus zur Miete wohnen könnte. Aber nach dem dritten Termin erschien Martin zu keinem weiteren. Ihm war bewusst geworden, was alles auf ihn zukommen würde. Es war ihm vorher nicht klar gewesen, dass er Unterhalt zu zahlen hat, und zwar für eine Weile auch für mich. Er begriff, dass er sein Geld teilen musste.

Am Ende unterschrieb mein Mann nicht das, was der Anwalt verfasst und errechnet hatte. Martin ließ mich auf den gesamten Anwaltskosten sitzen und hielt sich nicht an das, was wir zuvor schon vereinbart hatten. Statt 460 Euro Unterhalt legte er eigenmächtig 100 Euro fest. Das nahm ich noch hin, weil ich unsicher war, wie hoch der Wohnwertvorteil, also das bislang mietfreie Wohnen im eigenen Haus, anzurechnen sei. Ich wollte nicht klagen. Heute weiß ich, dass ich ein Greenhorn war. Doch bei dieser Festlegung blieb es nicht. Der Krieg ging erst richtig los, als ihm bewusst wurde, dass er uns nicht folgenlos verlassen konnte. Da war endgültig Schluss mit Spatzi und Hundi.

Von: m_schwarz@t-online.de
An: m.schwarz@gmx.info
Betreff: Schreiben von Rechtanwalt, Herrn U.

Hallo Mascha,
das Schreiben vom Anwalt wurde mir erst jetzt zugestellt.
Ich musste feststellen, dass sich rechnerische Fehler und
Formulierungsfehler in ihm befinden.
Nach Prüfung werde ich den Anwalt in Kürze über meine
Bedenken informieren.
Gruß
Martin

Es gibt noch jetzt viele Skurrilitäten in unserer Auseinandersetzung. Seine Mitteilungen zum gesetzlich vorgeschriebenen Trennungsjahr kommen per Fax bei mir zu Hause an. Jeden Abend liegen Seiten seines Schriftverkehrs auf dem Fußboden, weil das Gerät sie nicht mehr auffangen kann. Doch nicht genug. Alle Scheiben erhalte ich noch einmal per E-Mail, aber diese werden nicht nur an meine private Mailadresse geschickt, sondern auch an meine berufliche. Zu guter Letzt landen sie noch bei mir im Briefkasten. Mit anderen Worten: Ich erlebe eine vierfache Scheidung. Als ob sich mein Noch-Mann die Trennung selbst immer wieder bestätigen muss.

Nicht zu vergessen sind seine kryptischen Einschreibe-Mails, man könnte wahnsinnig werden, so kompliziert sind sie:

Für Sie liegt ein GMX Einschreiben zum Abholen bereit:
Von: m_schwarz@t-online.de
An: m.schwarz@gmx.info
Betreff: Fragwürdige Kreditabbuchungen durch die Bausparkasse
Attachments:

Um das GMX Einschreiben über eine gesicherte Verbindung abzurufen und an Ihre E-Mail-Adresse weiterzuleiten, klicken Sie bitte rechtzeitig vor Ende der Bereitstellungsfrist auf nachfolgenden Link und geben Sie dort den Abrufcode ein.
Abrufcode: HH7HRZYT4
→
https://service.gmx.net/de/cgi/g.fcgi/regmail/login?linkid=M2NkH7oPMVH13Ru2dZD59TCQsNc2ij
GMX Einschreiben ist eine Methode zum sicheren Versand von E-Mails im Internet. Ausführliche Informationen zu GMX Einschreiben sowie Sicherheitshinweise finden Sie hier:
→ http://www.gmx.de/einschreiben
Dies ist eine automatisch generierte Nachricht. Bitte antworten Sie nicht an die Absenderadresse dieser E-Mail.

Das ist zu viel. Ich wehre mich, will diesen Umgang so nicht hinnehmen.

Von: m.schwarz@gmx.info
An: m_schwarz@t-online.de
Betreff: Einschreibe-Mail

Martin,
diese Versandform ist für mich unverständlich. Bedeutet
das zukünftig, dass Deine Mails nur noch mittels eines spe-
ziellen Abrufcodes lesbar sind? Diese kann ich dann nicht
öffnen, da ich keinen Zugang zu GMX habe bzw. der auf Arbeit vorhandene gesperrt ist und ich derzeit auch über keinen privaten Internetzugang verfüge, wie Du weißt. Die von
Dir gesandte Mail kam dreimal an. Bitte um Klärung.
Mascha

Daraufhin erhalte ich folgende Antwort-Mail:

Von: m_schwarz@t-online.de
An: m.schwarz@gmx.info
Betreff: GMX

Mascha,
was heißt, kein Zugang zu GMX? Brauchst doch nur die Zei-
le unterm Code anzuklicken und sofort öffnet sich GMX. Vorher gehst Du auf den Code und klickst »copy« an, und wenn
die GMX-Seite offen ist, fügst Du den Code ein und gibst
den Befehl »Weiterleiten«. Die Mail liegt dann in Deinem
Postfach. Steht aber auch alles in der Benachrichtigung.
Martin

Es gibt, so wie in unserem Zusammenleben, nun auch keinen
Übersetzer für unsere Mitteilungen.

Ich fragte einmal meinen Mann, ob er mit seiner neuen Freundin zufrieden ist. Er antwortete: »Ich wohne zur Miete im dritten Stock.«

Martin ist überhaupt nicht mehr in der Lage, ruhig zu reagieren. Und sein Sicherheits- und Kontrollbedürfnis wächst ständig. Bevor er mailt oder faxt, teilt mir mein Telefon mit: »Für Sie liegt eine SMS-Sprachnachricht vor.« Unsere Kommunikation wird tatsächlich immer grotesker.

Aus einer Ehe wird ein Zahlenwirrwarr. Unterhalt, Bausparen, Abwasserrechnung. Oder war es das schon immer, und man hat es sich nur nicht bewusst gemacht? Damit man seine Ruhe hat?

Woher kommt bloß diese ganze Mistigkeit?

Richtig schmerzhaft war der Streit um den Unterhalt für Anna. Auf einmal schien sie ihm egal zu sein. In dieser Situation brach ich zusammen, heulte nur noch. Für Anna tat es mir unendlich leid, diesen Vater zu haben. Aber sie sagte: »Ich habe nur den einen Vater. Lass mich nur machen, ich will eine eigene Beziehung zu ihm haben.« Sie wollte auch nicht gegen ihn klagen – und ich konnte es nicht in ihrem Namen tun.

Von: m.schwarz@gmx.info
An: m_schwarz@t-online.de
Betreff: Mitteilung vom Rechtsanwalt

Martin,
Ende der vorigen Woche führtest Du mit meinem Rechtsanwalt ein Telefonat zu folgenden Punkten:
1. Abwasserzweckverband
Die dort festgelegte prozentuale Aufteilung gemäß unseren bisherigen Einkommensverhältnissen für die angefallenen

Kosten wird von Dir nicht akzeptiert. Du forderst eine Zahlung zu gleichen Teilen, bei Nichteinigung einen Anteil von zwei Dritteln des gemeinsamen Hausrats, da Du bislang ein höheres Einkommen hattest.

2. Unterhalt von Anna

Rechenfehler bezüglich der Unterhaltszahlung an unsere Tochter Anna – den konnte er mir nicht bestätigen. Anna hat für Dezember und Januar letztes Jahres noch immer nicht den ihr zustehenden Unterhalt erhalten. Ich bitte um sofortige Zahlung. Für diesen Dezember übernahm ich die volle Unterhaltszahlung, damit sie überhaupt leben konnte. Bitte darum, das beim Ausgleich zu berücksichtigen.

Mascha Schwarz

Auf diese Mail antwortete Martin:

Von: m_schwarz@t-online.de
An: m.schwarz@gmx.info
Betreff: Unterhaltszahlung für unsere Tochter Anna

Es ist durchaus nicht auszuschließen, dass es noch offene Verbindlichkeiten gegenüber Anna gibt, per Mail hatte ich Dich von rechnerischen und Formulierungsfehlern des Anwalts, Herrn U., informiert. Da ich das Schreiben von Herrn U. erhielt, werden meine Bedenken hierzu an ihn geschickt. Dies hatte ich Dir bereits mit genannter Mail mitgeteilt.

Ich werde versuchen, den von Dir gewünschten Zahlungstermin einzuhalten, kann ihn aber nicht zusagen.

Martin

Es ging sogar so weit, dass Martin Annas Mini-Studentenjob auf ihren Unterhalt anrechnen wollte. Dabei war sie inzwischen schwanger, konnte also bald nicht mehr arbeiten und brauchte das zusätzliche Einkommen, um ihr Cello abzuzahlen. Sie sagte in dieser Situation zu Martin: »Du hast genau noch eine Chance, als mein Vater dazustehen!« Daraufhin überwies er wieder das Errechnete. Für Anna zählt: Hauptsache, sie hat irgendwo noch einen Vater. Martin hat sie oft abgelehnt, sie war ihm, so jung sie war, überlegen. In ihrer Gegenwart fühlte er sich in der Familie noch mehr als Außenseiter.

Eigentlich hätte ich wissen können, wie Martin mit abgelegten Frauen und Kindern umgeht. Ich bin seine dritte Frau, und Anna ist nicht seine erste Tochter. Ein Kind aus erster Ehe hatte er bei seiner damaligen Trennung von heute auf morgen fallen lassen, er empfand nicht das geringste Bedürfnis, es zu sehen, es zu begleiten. Zu dieser anderen Tochter hält er keinen Kontakt mehr. Und die Mutter dieser Tochter verdrängte er ebenfalls aus der gemeinsamen Wohnung. Aber Letzteres habe ich erst vor einiger Zeit erfahren, von einer Tante von ihm.

Ich bin verwirrt. Schon lange. Was will ich eigentlich? Bleiben oder gehen? Unser Haus verlassen, meine Wurzeln ausgraben, etwas Neues für mich suchen? Oder das Geschaffene bewahren und damit auch meine Heimat behalten?

Der Wunsch zum Dableiben überwiegt. Ich versuchte nach dieser Feststellung, mit Martin zu reden. Er war ganz perplex, als ich ihn anrief und er meine Stimme hörte. Ich säuselte nicht, ich war klar und fest, wollte mich gütlich mit ihm einigen.

Mein Lockmittel bestand darin, auf Unterhalt zu verzichten. Im Gegenzug sollte er mir bei der Wertfestlegung des Hauses entgegenkommen. Vielleicht konnte ich ihn dann doch noch auszahlen. »Treib es nicht hoch«, gab ich ihm zu verstehen.

Anna sagte mir später, dass ich Martin doch immer gut lenken und leiten konnte. Vielleicht ist es doch möglich, ihn zu Zugeständnissen zu überreden?

Kurz nach dem Telefonat mit Martin rief ich eine Maklerin an, die in meiner Nachbarschaft ein Haus annonciert hatte. Für 250 000 Euro. Die Hälfte von 250 000 Euro – wenn unseres auch so viel wert sein sollte – könnte ich meinem Mann niemals auszahlen. Dabei ist unser Haus kein gewöhnliches Fertighaus wie dieses, das angeboten wurde, sondern ein Liebhaberstück. Mitten im Wald gelegen, mit einem riesigen Garten und drei Terrassen. Innen ist es mit viel weißem Holz ausgekleidet. Wir verwirklichten uns mit diesem Haus einen Traum. Da stimmt jeder Fenstergriff, jede Fliese. Nur jemand, der ein ähnliches Denken hat wie wir, wird es haben wollen. Der Ruhe sucht, naturversessen ist und ein Interesse an Design hat. »Das gibt es«, versicherte mir die Maklerin. »Aber es kann sehr lange dauern, bis sich in diesem Fall ein zahlungskräftiger Käufer findet.« Ich glaube nicht, dass mein Mann so lange auf sein Geld warten will.

Inzwischen geht unser Streit um die Betriebskosten des Hauses weiter. Im Trennungsjahr müssen sie gemeinsam getragen werden. Bislang hatte ich mich nie darum gekümmert, wann sie in welcher Höhe von welchem Konto abgingen. Aber mit der bevorstehenden Scheidung muss Ordnung in diese Angelegenheit kommen. Und das ist schier unmöglich, wenn es nicht fair zugeht.

Von: m.schwarz@gmx.info
An: m_schwarz@t-online.de
Betreff: Re: Abwasser-Rechtsstreit

Guten Tag Martin,
ich werde den von Dir eingeführten Ton nicht übernehmen
und hoffe weiter auf Sachlichkeit von Dir.
Zu 1.
Natürlich weiß ich, dass Du es mir mehrmals bestätigt hast,
aber woher sollte ich das Vertrauen zum gesagten Wort
nehmen.
Ich schicke Deinem Anwalt eine Kopie des Kostenvoran-
schlags vom Abwasser-Zweckverband zu, auch wenn die
tatsächliche Rechnung höher ausfallen wird. Übernimm
davon die Hälfte – und es ist okay.
Zu 2.
Auch hier ist für mich erkenntlich, dass Du nicht wirklich die
noch anstehenden langfristigen Verpflichtungen weiter im
Kopf hast und sie für das weitere Leben von Anna und mir
bedenkst. Sie können nicht sofort abgeschnitten werden.
Der Vorschlag, ab sofort den Streit zu »teilen«, würde bedeuten, mir einen eigenen Scheidungsanwalt zu nehmen.
Das aber würde auch zusätzliche Kosten bedeuten. Entspricht das deinem Wort, uns zu helfen?
Vielleicht hast Du nicht richtig verstanden, was ich möchte.
Es geht lediglich um folgenden Sachverhalt: Der Stand der
noch zu begleichenden Kosten sollte fixiert werden, um die
anteiligen Kosten bis zum Ende des Trennungsjahrs aus-
einanderdividieren zu können.
Dem Abwasseranwalt müsste mitgeteilt werden, dass nur
noch eine Person in unserem Haus wohnt!

Ich bitte Dich, mir den Stand der Zahlungen und Kosten ebenfalls zukommen zu lassen, damit ich alles nachvollziehen kann. Bislang konnte ich das nicht.
Mascha

Martins Antwort darauf:

Von: m_schwarz@t-online.de
An: m.schwarz@gmx.info
Betreff: Re: Abwasser-Rechtsstreit
Hallo Mascha,

1. Zum Kostenvoranschlag des Anwalts hatte ich mich bereits geäußert. Ich hatte zugesagt, mich an den Kosten zu beteiligen. Weshalb Du nun wieder den Anwalt dazu kontaktieren willst, verstehe ich nicht. Ich habe auch keine Lust, Kosten zu bezahlen, welche aus einer Laune von Dir entstehen.
2. Zum Abwasserzweckverband hatte ich Dir erklärt, dass erst der Bescheid im Januar abgewartet werden sollte. Dann gehe ich zum Anwalt, der bisher auch immer die Sache durchführt hat. Mit ihm werde ich durchsprechen, dass ein Vergleich mit dem Abwasserzweckverband ausgehandelt wird.
Solltest Du das nicht mehr so wollen, werde ich den jetzigen Stand zum Vergleich bringen. Du kannst dann auf deinen Namen eine eigene Vereinbarungen mit dem Abwasserzweckverband treffen und damit einen Schlussstrich unter die Angelegenheit ziehen – und dabei auch Kosten sparen! Wäre vielleicht auch das Beste. Gib mir bitte schnell Bescheid, denn der Monat ist nicht mehr so lang.

3. Die Abwasser-Kostentabelle solltest Du nach dem Erhalt der Niederschrift von Herrn U. bekommen. Dann wären auch gleich alle festgelegten Sachen für das Trennungsjahr eingearbeitet. Fand ich jedenfalls sinnvoll.

Martin

Das Haus ist zu meiner Liebe geworden. Zu meiner Ersatzliebe. Mit Martin konnte ich eigentlich nur über dieses und den Garten sprechen. Ich entwickelte all die Ideen und Pläne dafür, und mein Mann hat sie umgesetzt.

Ich hänge an Haus und Garten, beides ist ein Stück Leben für mich. Und er lässt einfach los und wohnt jetzt bei einer Schlampe mit Wachstuchtischdecken. Jedenfalls habe ich ein solches Bild in meinem Kopf. Ich kenne sie und weiß, wie sie sich anzieht.

Was ist da passiert? Wer ist Martin überhaupt? Wir kannten uns doch fünfundzwanzig Jahre! Nein, wir kannten uns nicht. Es stimmt, er hat mich nie erreicht. Und ich habe ihn nie geliebt. Warum habe ich trotzdem geheiratet?

Mir hat in der Zeit der Ehe nichts gefehlt. Ich habe meine Liebe ins Haus gesteckt. Und ins Kind. Ich habe nichts vermisst, ich war treu. Wem eigentlich?

Hat er etwas vermisst? Er hat nie etwas gesagt. Er ist einfach gegangen. Da erhält er seinen Sex, klar. Und wird angehimmelt, denke ich. Aber wie kann er nach mir nur so eine Frau nehmen? Mir ist das ein Rätsel.

Diese Frau gehörte zu unserem Bekanntenkreis. Und nachdem die beiden abgeschwirrt waren, sagten mir mehrere Männer: »Bei mir hat sie es auch versucht.« Sie wollte einen Mann aus der Ehe herausholen und für sich haben. Und meiner hat mitgemacht. Wie dumm, wie doof, wie peinlich. Ich nenne ihn jetzt nur noch Hanswurst, Achtung kann ich nur wenig für ihn empfinden. Er ist nicht mehr der, den ich kannte. Aber vielleicht kannte ich ihn auch nie. Was weiß ich.

Soll er doch gehen. Ich wünsche ihm Glück. Aber warum zerstört er mein Leben? Warum will er meine Existenz vernichten? Mich aus dem Haus jagen? Er weiß, wie sehr ich daran hänge. Er kennt mein Einkommen, und ihm muss bewusst sein, dass ich ihm nicht einfach 100 000 Euro oder mehr auf den Tisch legen kann. Im Grunde ist das alles unglaublich, wenn man bedenkt, dass er in der Zeit, als er Anna den Unterhalt kürzen wollte, dem Sohn seiner Neuen die Wohnung finanzierte. Eine Schande ist das. Was für ein Niveau!

Manchmal frage ich mich, warum ich mich so gedemütigt fühle. Ich empfand doch keine Liebe mehr für ihn. Wie konnte ihm diese tiefe Verletzung gelingen? Ich weiß es nicht. Bin ratlos. Alles ist offen. Unklar. Manchmal will ich nur einen Rucksack aufsetzen und weggehen. Weg von hier. Von allem.

Von: m.schwarz@gmx.info
An: m_schwarz@t-online.de
Betreff: Diverse Sachverhalte

Martin,
zu unserem letzten Schriftverkehr folgende Mitteilungen:
1. Die Kopie der Lohnbescheinigung lege ich bei.
2. Trinkwasseranschluss
Hier habe ich mit der Frau Sch. vom Wasserwerk vereinbart, dass ich für meine anteilige Hälfte in Höhe von 668,36 Euro einen gesonderten Antrag auf Ratenzahlung stelle, was ich mit heutigem Datum erledigt habe. Du kannst dasselbe auch tun.

3. Abwasser

Vom Abwasserzweckverband haben wir eine Mahnung für die Abwassergebühren erhalten, Kopie beiliegend. Was ist damit? Müssen wir das bezahlen oder gehört das zu der Summe, die bereits überwiesen wurde?

4. Dein Zahnarzttermin

Ich habe nicht gewusst, dass Du dieses Zahn-Ersatzteil noch brauchst. Ich habe den Schrank mit alten Medikamenten usw. komplett geleert und dabei leider auch das Teil mitentsorgt. Tut mir leid, kann es nicht mehr ändern. Den gewünschten Gold-Ring suche ich raus und sende ihn dir zu.

5. Rechnungsbegleichung von Herrn Rechtsanwalt U.

Auf meine Anfrage, wie wir bezüglich der Anwaltskosten verbleiben, kam von Dir eine sehr unverständliche Antwort. Ich hoffe nicht, Martin, dass Du die Absicht hast, mich mit der Rechnung des Anwalts sitzen zu lassen. Das wäre so etwas Schändliches, das traue ich Dir auch nicht zu. Du bist gegangen. Du willst dich scheiden lassen, und Du hast mich vorgeschickt, einen für uns gemeinsamen Anwalt zu suchen, um die Kosten gering zu halten. Das habe ich getan. Oder war das so geplant, dass ich damit hängen bleibe? Bislang habe ich nicht um meinen gesetzlich festgelegten Unterhalt geklagt, und ich möchte auch erst einmal den Weg der Klage nicht beschreiten. Sollte Dein Diskurs jetzt in diese Richtung gehen, muss ich ganz deutlich sagen, dass die Tür bei mir dann ein für alle Mal zu ist. In der Folge wird es keinen Konsens und keine Verständigung mehr geben. Aber davon gehe erst einmal nicht aus.

Unser Interesse sollte vernunftorientiert sein. Das bedeutet auch für Dich ein Umdenken. Es geht nicht um ein rechthaberisches starres Verhalten, sondern um Toleranz und soziales Verhalten. Im weiteren Verlauf der Trennung sollten wir versuchen, die Dinge vernünftig zu regeln und Möglichkeiten finden, gerade die Kosten so gering wie möglich zu halten.

Ich hoffe, Martin, dass wir die Vergangenheit ordentlich abschließen können.

Mascha

Drei Sachen waren und sind noch immer während dieses Trennungsjahrs zu besprechen: Hausrat und Unterhalt. Und das Haus. Die vielfältigen Mitteilungsformen und die Nachrichten auf dem Anrufbeantworter hören nicht auf. Mehr und mehr merke ich, wie schwer ihm alles fällt. Martin hofft vielleicht, dass die Trennung in dieser endgültigen Form nicht stattfindet, obwohl er sie selbst geplant hat.

Was hat sich in seinem Innern abgespielt? Liegt seine einzige Chance, von mir loszukommen, darin, mich herabzusetzen? Er hat mir mein Unvermögen aufgezeigt, von mir aus wegzugehen. Das ist für mich entscheidender als sein Unvermögen, mit mir zu leben. Denn von ihm kann ich weg, von mir nicht.

Was hat mich gehalten? Das kann ich immer noch nicht beantworten. Ich weiß nur: Ich kann in Situationen verharren, auch wenn sie für mich unerträglich sind. Kann sie für mich schön reden. Das habe ich schon als Kind gekonnt. Schmerzliche Dinge nicht so deutlich wahrnehmen, das habe ich früh gelernt. Meine Eltern haben gelacht, mich nicht ernst genommen, wenn ich mich bei traurigen Dingen hinter meinen Malstiften verschanzte.

Ich habe mir in meiner Ehe immer meinen Freiraum geschaffen, gleichsam eine Parallelwelt aufgebaut. Ich habe neben Martin gelebt, und er hat mir dieses Leben ermöglicht. Das war die Chance für mich, bei ihm zu bleiben.

Es war nur dann schrecklich, wenn er mich mit seinen Problemen derart konfrontierte, dass ich gar nicht mehr ich selbst sein konnte. In solchen Phasen suchte ich Zuflucht im Hausbau, im Garten. Mit ihm zu arbeiten, war die einzige Gemeinsamkeit. Er fand seine Erfüllung, wenn er meine Ideen mit seinen Händen umsetzen konnte. Aber einen wirklichen Bezug gab es nicht zwischen uns.

Unsere Ehe war eine Zweckgemeinschaft, eine Art Zwangskommune, in der wir nebeneinander unsere eigenen Leben lebten – und das von Anfang an. Liebe? Ich kann nicht sagen, was unter diesem emotionalen Gebilde eigentlich zu verstehen ist. In den vielen Jahren unseres Zusammenseins haben wir uns auch nicht weiter angenähert. Wir passten einfach nicht zusammen. Durch unsere Tochter wurde diese Tatsache jahrelang überdeckt. Und weil wir in dem Haus und in dem Garten viel Platz hatten, bestand nie die Gefahr, dass wir zu eng aufeinanderhockten und uns auf die Nerven gehen konnten. Wäre das Bauen am Haus nicht gewesen, hätte man sich mit der Frage konfrontieren müssen: Was können wir überhaupt miteinander anfangen? Wir hätten gemerkt: Wir können nichts miteinander anfangen.

Doch unglücklich war ich dabei nicht. Ich habe zwar geahnt, was man an Nähe und Verbundenheit mit einem Mann haben könnte, aber das besaß für mich keine so große Priorität. Nach leidenschaftlicher Liebe habe ich nie gesucht. Mir hat wirklich nichts gefehlt, ich war mir auch selbst genug.

Andere Männer waren nicht wirklich verlockend. Es gab zwar Möglichkeiten, aber es war mir nicht wichtig, sie wahrzunehmen. Der Reiz war nicht stark genug. Wieder begehrt werden – das Bedürfnis hatte ich nicht. Heute kann ich mir nicht mehr vorstellen, mit jemandem zusammenzusein, ohne eine körperliche Ebene.

Bei Martin war es damals, was Sex betraf, wohl nicht so anders. Bis er diese Frau näher kennenlernte. Und er ist ja auch nur gegangen, weil sie ihn genommen und aus seinem Leben herausgezogen hat. Er ist der Typ, der geleitet werden möchte. Die Lust, von sich aus emotionale Verbindungen einzugehen, ist bei ihm nicht besonders ausgeprägt. Das sieht man auch daran, dass er keine Freunde hat.

Wie konnte ich nur mit so einem Automaten von Mensch zusammenleben? Anna gegenüber hat er auch keine großen Gefühle gezeigt. Ich fand das nicht besonders toll, aber ich habe seine Grenzen gesehen. Empfindungen waren für ihn ein Berg, den er nicht überschreiten konnte. All das ist zu verstehen, wenn nicht die Kehrseite dieser Gefühlssituation jetzt zum Vorschein kommen würde. Dieses harte Agieren gegen mich, sein Wunsch nach Rache, das demonstriert sein emotionales Unvermögen. Wahrscheinlich muss er so handeln, weil er nie an mich herangekommen ist. Zahlen, Geld – das ist von unserer Ehe übrig geblieben.

Von: m_schwarz@t-online.de
An: m.schwarz@gmx.info
Betreff: Re: Fwd: >>Fehler<< Gehaltsnachweise

Mascha, der Ordner mit Deinen Gehaltsabrechnungen ist bei Dir. Von diesen Unterlagen, welche ich Herrn U. übergab, habe ich keine Kopie gemacht. Ich möchte nur sicher sein, dass kein Rechenfehler beim Addieren aufgetreten ist. Es reicht mir auch, wenn Du diese zwölf Gehälter summierst und mir Bescheid gibst.

Bitte schau mal beim Fax nach, ob vielleicht das Papier ausgegangen ist oder bei der Rechnermontage ein Kabel (graue Kiste unter Schreibtisch oder am Gerät selbst) nicht eingesteckt ist. Ich erhalte immer wieder eine Fehlermeldung.

Martin

Ich antworte nicht, er kennt mein Einkommen doch längst. Und hat mir Rechenfehler zu meinen Gunsten unterstellt. Und ich habe genug von dieser Schein-Kommunikation.

Von: m_schwarz@t-online.de
An: m.schwarz@gmx.info
Betreff: Re: Fwd: >>Fehler<< Gehaltsnachweise

Mascha, ich hatte eigentlich gedacht, dass wir uns gütlich einigen wollten. Eine Einigung mit deinem/unserem Anwalt war doch angestrebt?

Entschuldige bitte, aber wer einen Rechenfehler macht, dem traue ich auch weitere zu. So weit solltest Du mich eigentlich kennen. Ich weiß nicht, ob Du das Schreiben einfach weggeheftet hast oder ob Du Dir nach dem Lesen dieses Briefes ein paar Gedanken gemacht hast. Diese durch Dich hiermit geschaffene Basis ist für mich das unterste Niveau, und ich hoffe, dass es nicht noch schlimmer wird. Ist es für Dich wirklich so schwer, zwölf Zahlen zu addieren und mir dein Einkommen zu benennen?

Ich verstehe Dich nicht. Du zwingst mich mit dieser albernen Art, mir Deine Unterlagen *selbst* zu beschaffen? Geht es wirklich nicht mehr *anders*?
Martin
PS: Bitte nur eine konstruktive Antwort!

Es folgt noch eine weitere Mail:

Von: m_schwarz@t-online.de
An: m.schwarz@gmx.info
Betreff: Re: Fwd: >>Fehler<< Gehaltsnachweise

Mascha,
entschuldige, mein Schreiben von gestern war fehlerhaft. Noch zwei Bitten:
1. Wenn Post für mich bei Dir ankommt, erwarte ich, dass diese verschlossen an mich weitergeleitet wird.
2. Noch einmal zu Deinem Faxgerät, welches noch immer Fehlermeldungen an den Absender schickt: Solltest Du es bewusst abgeschaltet haben, so teile mir das mit und ich mache mir dann auch keine Gedanken mehr dazu.

Ich kann nicht mehr. Ich will das Hin und Her einfach nicht mehr.

Von: m.schwarz@gmx.info
An: m_schwarz@t-online.de
Betreff: Re: Fwd: >>Fehler<< Gehaltsnachweise

Martin,
Es ist damit genug und beendet.
Gruß Mascha

Von: m_schwarz@t-online.de
An: m.Schwarz@gmx.info
Betreff: Deine Mail

Mascha,
Ich glaube, das ist nicht der richtige Weg!
Du wirfst schon genug mit Schmutz. Ich habe eben auch
nur bis zu einer gewissen Grenze Verständnis dafür. Bitte
lass es. Das sollte auch in unserem gemeinsamen Interesse sein.
Martin

Ein später Groll richtet sich jetzt gegen mich. Martin hat mich
nie erreicht, das hat er stets gespürt, auch wenn ich mich im
Lauf der Ehe immer kleiner gemacht habe. Ich traute mich
kaum noch, mich zu äußern, damit er nicht merkt, wie wenig
er mit Menschen klarkommt, damit er nicht sieht, was ich
von ihm denke, damit es nicht immer wie eine Klage gegen
ihn erscheint. Trotzdem war er immer außen vor. Weil wir,
Anna und ich, nicht so sind, weil wir andere Möglichkeiten
haben.

Das hat er all die Jahre ertragen. Aber ich ja auch. Doch
umso lauter wurde er. Er wurde regelrecht ordinär, er wurde
sogar handgreiflich. Er brach den Anstand, den ich immer
wahrte. Ich habe ihn nie gedemütigt. Aber er mich. Und jetzt
hat er die Chance, mich zu treffen. Dennoch gibt es nichts zu
zerstören, was zwischen uns war, weil es da erst gar nichts gab.

Der Kampf um das Haus ist seine einzige Möglichkeit, mir
wehzutun. Martin kann nur über das Materielle agieren. Damit kann er mich erreichen, mich verletzen. Auf diese Weise
kann er zum Ausdruck bringen: Ich habe auch eine Stärke.

In seiner neuen Beziehung ist das Geld auch eine wichtige Dimension. Ein Ersatzangebot für die fehlende emotionale Basis.

Also geht die Rechnerei weiter.

Von: m.schwarz@gmx.info
An: m_Schwarz@t-online.de
Betreff: Bausparvertrag/Autoverrechnung

Die *Zahlung* meines Anteils am Bausparvertrag ist von mir noch nicht erfolgt, da mir die Unterlagen dazu nicht vorliegen. Die letzte *Zahlung* an Dich ist gemäß Deiner Aufforderung erledigt. Bitte sende mir eine Kopie der Vertragsunterlagen und teile mir mit, zu welchem Termin die Abbuchung vorgenommen wird.

Zu deiner Mitteilung, den Bausparvertrag in Kürze zu kündigen: Ich mache dich darauf aufmerksam, dass Du Entscheidungen, die das eheliche Vermögen betreffen, nicht einseitig treffen kannst. Dies gilt auch für eine allein von Dir vorgenommene Verrechnungshandlung.

Die Verrechnung der Autofinanzierung wird natürlich gemeinsam geklärt. Könntest Du mir, damit ich nachvollziehen kann, wie der Wagen finanziert wird, mitteilen, welcher Abzahlungsstand erreicht ist und wie hoch die Zinsgebühren des Kredits sind?

Mascha Schwarz

Früher hatte ich kein Misstrauen. Unser gemeinschaftlicher Bausparvertrag ist von meinem Konto abgebucht worden. Er diente als Puffer, sollte am Haus eine Reparatur notwendig sein. Jetzt hat Martin diesen Vertrag aufgelöst und das Geld für sich behalten. Ich erfuhr davon nur, weil ich den Mann von der Bausparkasse gut kenne. Er hat es mir am Telefon mitgeteilt, gesagt, dagegen könne man rechtlich nichts machen. Ich wollte das nicht einfach hinnehmen und konsultierte zusätzlich eine Anwältin, die mir empfohlen worden war. Sie meinte zu mir: »Ich habe in meiner Kanzlei schon eine Menge erlebt, aber Ihr Mann gehört zu der ausgekochten Sorte. Wahrscheinlich hat er es gewusst, dass es in der Ehe per Gesetz keinen Diebstahl gibt. Das heißt: Die Chance, an Ihr Geld zu kommen, ist gleich null.«

Zum Thema Hausrat hat sie mir folgenden Tipp gegeben: »Verkaufen Sie alles, verschenken Sie Dinge, bringen Sie sie weg. Wenn Sie das so handhaben, ist es ihm nicht mehr möglich, sie für sich zu beanspruchen.« Doch ich kann das nicht. Warum aber? Weil ich Hoffnungen habe, dass es doch noch zu einer gütlichen Einigung kommt? Er kann Hunderte von solchen *dirty tricks* durchziehen – doch wenn ich so etwas mache, dann wird es nie etwas mit einem einigermaßen gemeinsamen Weg bei der Scheidung.

Martin ist aber nicht nur mit dem Bausparvertrag abgehauen, er wollte mich ebenso mit dem Jahreslohnsteuerausgleich übervorteilen, auch hier einfach das Geld einbehalten. Anna sagt: »Schieß doch zurück!« Aber ich kann nicht Gleiches mit Gleichem vergelten. Ich schaffe das nicht. Woher kommt es bloß, dass ich immer noch denke: Es lässt sich vielleicht noch alles im Guten regeln, er könnte sich besinnen? Dabei war er stets der selbstgerechte Holzkopf. Er hat das Telefon nach seinem Auszug gekündigt, er hat die Zahlung fürs Heizöl gestoppt. Wann empfindet er endlich Genugtuung? Wird er erst Ruhe geben, wenn ich aus dem Haus ausgezogen bin? Geht es um verschmähte Liebe? Wenn ich jemanden hätte, dem ich mich neu zuwenden wollte, dann dürfte er es nie erfahren. Das würde zu einer wahnsinnigen Eskalation führen, denn dies würde für ihn eine weitere Ablehnung bedeuten. Mein Gefühl sagt mir das. Gleichzeitig frage ich mich: Müsste er nicht milder werden, wenn er sich bei der Neuen glücklich und aufgehoben fühlen würde?

Ich will das nicht mehr. Ich will nichts Emotionales mehr über das Materielle austragen. Aber ich besitze keine Macht. Er hat sie. Er sucht zielgerichtet nach etwas, das mich verletzt. Beispielsweise seine lächerliche Haushaltsliste: Er hat sämtliche Gegenstände im Haus aufgeschrieben und mit einem Preis versehen. Bilder, die ich gemalt habe, listete er als Kunst auf, entsprechend wurden sie bewertet. Sogar eine Fotografie von meinem Schwiegersohn, die ich gerahmt und aufgehängt habe, schätzte er ein. Er gab den Stühlen, die wir vom Sperrmüll geholt und die ich bemalt und aufgearbeitet habe, ein Preisetikett. Selbst Grünpflanzen. Jetzt will er noch Servietten zählen und aufteilen. Ich bot ihm angesichts dieser schrecklichen Aktionen an: »Nimm zwei Drittel von unseren Sachen.« Doch das will er nicht. Er will die Schwierigkeit des Aushandelns und Teilens.

Er schrieb mir, dass wir eine Bibliothek mit einer bestimmten Anzahl von Büchern besitzen. Diese soll nun geteilt werden. Ich antwortete ihm: »Was willst Du denn mit ihnen? Du hat doch in Deinem ganzen Leben außer Fachliteratur nie ein Buch angefasst.« Daraufhin erwiderte Martin, es würde ihm reichen, wenn er die Hälfte des Wertes bekommt. Für die Bücher setzte er einen hohen Wert an, der völlig überschätzt war. Zudem gab er mir noch zu verstehen, dass ich weiterhin eine umfangreiche Sammlung von Gartenbüchern hätte. Das stimmt. Diese Werke bedeuten mir viel. Ich habe ihm die

Hälfte davon angeboten, sollte er mit ihnen etwas anfangen können. Er lehnte ab. Es geht ihm um ganz andere Dinge. Er will Geld sehen für sein neues Leben. Und mich treffen.

Was habe ich gemacht, dass es so gekommen ist? Ich weiß nur, dass ich immer stillgehalten habe.

Ich konnte nie zeichnen, wenn er in der Nähe war – aber es war mein wichtigstes Hobby. Je länger er fern von zu Hause arbeitete, oft auch in anderen Städten, umso freier fühlte ich mich, konnte endlich meine Dinge tun. Dann habe ich geschnitzt, gemalt. Aber nur, wenn er nicht anwesend war. Wenn er wieder mit seinem blöden Grinsen das Haus betrat, konnte ich nicht mehr an meinen Sachen weitermachen. Statt ihn rauszuschmeißen, statt zu sagen: »Da ist die Tür, geh«, blieb ich stumm.

Warum haben wir geheiratet? Aus heutiger Sicht hätte ich Martin nie das Ja-Wort geben dürfen. Anna war schon auf der Welt, und weil sie meinen Namen trug und nicht den ihres Vaters, gab es immer Fragen. Der ausschlaggebende Anlass war dann die Aufnahme eines Kredits, um das Haus weiter ausbauen zu können. Das war nur als Ehepaar möglich. Es gab nach der Trauung keine Feier, es war nur ein Zusammenschreiben der Namen. Davor dachte ich immer, wenn ich mich mal fest binde, sollte es eine Liebesheirat sein.

Er hat mich benutzt, wie ich ihn benutzt habe. Er musste immer handwerklich tätig sein, und dazu brauchte er meine Ideen. Umgekehrt benötigte ich ihn für die Umsetzung meiner Vorstellungen. Nachdem ich feststellte, dass ich schwanger war, fassten wir den Entschluss, der Stadt den Rücken zu kehren. Wir wollten aufs Land. In den nächsten Jahren machten wir fast nie Urlaub, bastelten immer nur am Haus und im Garten herum.

Dass nichts als Streit von unserer Ehe geblieben ist, ist schlimm für uns. Wenn man viele Jahre gemeinsam etwas geschaffen hat, sollte man sich in irgendeiner Art und Weise mit Achtung begegnen. Wäre er zu mir gekommen und hätte gesagt: »Ich kann so nicht weiterleben, ich habe da jetzt jemanden kennengelernt, ich will ab heute meinen eigenen Weg gehen«, für mich wäre das vom Verstand her fassbarer gewesen. Damit hätte ich umgehen können. Aber ich bin letztlich bei ihm aufgelaufen. Ein Jahr lang hat er im Stillen seinen Auszug vorbereitet, und als es dann so weit war, nicht ein einziges Wort der Erklärung abgegeben. Im Grunde wäre es jedoch seltsam, wenn man am Tiefpunkt einer Beziehung erwartete, dass sie über sich hinauswächst. Warum sollte das möglich sein?

Trotzdem ist es schwer, mit einem Menschen wie Martin in einer solchen Situation umzugehen. Es muss doch zwischen ehemaligen Partnern so etwas wie gegenseitigen Respekt geben. Ich weiß, meine Seele war genauso zementiert wie die seine. Ich habe mich in mich selbst eingeschlossen, er hat mich belächelt. Wenn man normal auseinandergehen, wenn man eine gewisse Größe zeigen könnte, dann wäre alles halb so schlimm.

Oft frage ich mich: Was war das nur für eine Ehe? Ich konnte mit ihm zusammen wunderbar kochen. Er hatte ein Gefühl dafür, hübsch den Tisch zu decken, das Frühstück zu bereiten – das war schön. Allerdings haben wir bei den Mahlzeiten kaum miteinander gesprochen. Nun frühstücke ich allein, und allein ist es besser. Natürlich ist es besser! Ich bemerkte das ziemlich schnell. Ein, zwei Monate habe ich gehadert, aber dann war ich froh, dass er aus dem Haus war. Endlich. Ich konnte ihn nämlich nicht mehr riechen. Zum Schlafen war er schon seit Jahren ins leere Kinderzimmer gezogen. Und zuletzt arbeitete er so viel auswärts, dass er nur noch am Wochenende nach Hause kam.

Der Kampf ums Haus ist jetzt der letzte Akt. Ich will ihm gegenübersitzen, will herausfinden, ob er wirklich an gar nichts hängt. Nicht einmal an Dingen, die er mit seinen Händen geschaffen hat. Wie wichtig ist ihm eigentlich, dass man das erhält, was wir gemeinsam aufgebaut haben, dass man das nicht einfach Fremden zum Fraß vorwirft? Dass er seinen Anteil ausbezahlt haben möchte, ist verständlich. Aber er könnte doch wenigstens wollen, dass man es gemeinsam trägt. Könnte mehr Milde zeigen, angesichts der Tatsache, dass von mir nichts zu holen ist. Doch er gönnt es mir nicht, in dem Haus zu bleiben. Er selbst will aber auch nicht wieder einziehen, das hat er mir deutlich zu verstehen gegeben. Gleichzeitig ist er nicht in der Lage, großzügig zu sein.

Kann ich ihn vielleicht doch noch mit ins Boot holen? Ich würde ihm gern sagen: »Lass uns die ganze Angelegenheit nicht mit Anwälten auf die Spitze treiben.« Kürzlich hat er mir gesagt, dass er den Unterhalt wieder neu berechnen lassen will. Ich antworte ihm immer noch ganz persönlich, ohne Anwalt.

Bei meinem letzten Telefonat mit Martin ließ er das erste Mal mit sich reden, meinte, wir sollten uns treffen. Ich sagte zu ihm: »Lass uns vernünftig auseinandergehen.« Als ich das ausgesprochen hatte, war bei ihm die Stimme weg. Ob er mit Tränen gekämpft hat, weiß ich nicht. Er hat gestammelt, er würde wieder anrufen; vor einem halben Jahr hätte er mich nur beschimpft.

Freunde von mir bezeichnen Martin als »armes Schwein«. Es ist so offenkundig, dass er nicht aus seiner Haut herauskann. Und ich? Ich bin doch auch ein armes Schwein. Als er das Auto bei seinem Auszug mitnahm, war es ihm vollkommen egal, wie ich mich aus dem Wald fortbewegen konnte. Er hat alle Konten abgeräumt, als er wusste, dass er sich trennen würde. Ich hatte mich vorher nicht groß um das Geld gekümmert, habe nur meine Bücher gekauft, viel mehr brauchte ich nicht. Nachdem Martin weg war, verlangte ich die Kontoauszüge. Nach zwei Monaten bekam ich sie endlich. Als ich sie mir ansah, stellte ich fest, dass seit geraumer Zeit wöchentlich 500 Euro auf ein anderes Konto überwiesen wurden. Wofür, das konnte ich nicht in Erfahrung bringen. Ich kann schlecht mit solchen Dingen umgehen, es ist meine erste Trennung.

Kurz vor seinem Auszug kaufte er mir noch Gartenwerkzeug. Wollte Martin überhaupt wirklich fortgehen? Oder war das alles nur ein Wunschbild? Er hatte die Trennung vorbereitet, ohne sich im Klaren zu sein, was der Schritt real bedeutet. »Deine Mutter hat nicht einmal um mich gekämpft«, das hat er zu unserer Tochter gesagt.

! Erste-Hilfe-Tipps von Mascha

- Freundinnen einladen.
- Erklärungen suchen.
- Pläne machen.
- Stark sein.
- Genießen, was es zu genießen gibt.
- Sich ausprobieren, ausflippen, austoben.
- Sich einem neuen Mann zuwenden.

5

Das ist mein Recht

»Wenn eine Neue im Spiel ist,
erinnern sich Männer an gar nichts mehr«

Ein Gespräch mit Ulrike Donat (52), Fachanwältin für Familienrecht und Mediatorin in Hamburg, über das neue Unterhaltsrecht, Scheidungsfolgen für die Kinder, Vorteile der Mediation
und tragfähige Kompromisse

Nahe der Hamburger City hat Ulrike Donat ihr Büro in
einem modern ausgebauten Hof inmitten alter Häuser.
Eine schmale Steintreppe führt nach oben, dann fühlt man
sich wie beim Arzt im Warteraum. Blauer Veloursteppich, ein
paar Fotos von der Hamburger Speicherstadt, eine kleine
Spielecke für Kinder mit Holzspielzeug. Nur: viel weniger
Stühle für Wartende. Termine werden hier exakt eingehalten.
Ulrike Donat macht den Tee selbst, in schwarzen Jeans, Stiefeln und grüner Filzjacke geht sie vor mir her in ein Bera-
tungszimmer mit vier Sesseln – jeder in einer anderen kräfti-
gen Farbe. Noch ehe ich meine erste Frage stelle, beginnt sie,
über das neue Unterhaltsrecht zu reden. Sehr kritisch und
sehr engagiert – für die Frauen natürlich:

Seit dem 1. Januar 2008 gilt das neue Unterhaltsrecht. Es ist
eine längst fällige Anpassung an die veränderten gesellschaftlichen Verhältnisse. Das ist die gute Nachricht. Die schlechte:
Die konkrete Anwendung ist für uns Anwälte und auch für

die Richter noch ziemlich verworren. Für neue Ehen, das heißt für Ehen, die ab dem 1. Januar 2008 geschlossen wurden, ist bei späteren Scheidungen die Sachlage klar. Jedoch bei Ehen, die vor diesem Datum eingegangen wurden, also mithin den meisten, weiß keiner so genau, wie diese neue gesetzliche Regelung zu handhaben ist.

Sie sind also eine Gegnerin dieser Neuerungen?

Überhaupt nicht. Sie zielen endlich auf das Gleichberechtigungsprinzip ab, und für dieses plädiere ich sehr. Aber ohne ein Übergangsrecht für die Alt-Ehen sind sie eine Gemeinheit, weil es für Frauen, die nach altem Recht geheiratet haben, keine abgestuften Regelungen gibt. Ein Beispiel: Bei einer Scheidung nach zwanzigjähriger Ehe und zwei großgezogenen Kindern hatte die Frau früher einen Unterhaltsanspruch bis ans Ende ihrer Tage. Es war zwar vorgesehen, dass die Frau nach einer Trennung arbeiten ging, aber wenn sie zum Beispiel nur eine Tätigkeit als Verkäuferin in einer Boutique gefunden hat, dann konnte sie durch die gesetzlich geregelten Zuzahlungen des Mannes weiterhin auf einem relativ hohen Niveau leben. Heute sagt man: »Die Frau muss dahin zurück, wo sie herkam.« Wenn sie vor der Ehe eine Putzfrau war, muss sie wieder putzen gehen. Und wenn Sie einst Layouterin war, aber keinen Job in diesem Beruf findet, weil sie durch die Ausfallzeiten mit den Kindern nicht mehr auf dem neuesten technischen Stand ist, ist es ihr auch zuzumuten, sich etwa als Empfangsdame in einem Hotel bewerben. Es gibt Ausnahmen, was die Zumutbarkeit betrifft, aber die Kriterien sind in diesem Punkt schwammig.

*Entscheidend ist, dass von den Frauen jetzt erwartet wird, sich
wieder selbst zu ernähren. Kann man es so einfach sagen?*

Es gibt drei große Unterschiede zum alten Recht. Der erste
betrifft die Gleichstellung von ehelichen und nichtehelichen
Müttern. Früher war es so, dass Ehefrauen, bis das jüngste
Kind das Alter von acht Jahren erreichte, gar nicht arbeiten
mussten, und bis es fünfzehn war, nur halbtags. Danach hatten
sie einen lebenslangen Rest-Unterhaltsanspruch in Höhe der
Differenz zum »ehelichen Lebensstandard«. Nichteheliche
Mütter hatten dagegen nur einen Unterhaltsanspruch bis das
Kind drei Jahre alt war, und auch nur dann, sofern sie wegen
der Kinderbetreuung nicht arbeiten konnten. Nach dem neu-
en Recht sieht es so aus: Die Frauen sollen wieder auf den Arbeitsmarkt. Und zwar schnell. Damit sie den Männern nicht

Die neuen Unterhaltsregelungen nach Rängen

- *Im ersten Unterhaltsrang* stehen allein die Kinder, die
  minderjährig sind oder – bis zum Höchstalter von ein-
  undzwanzig Jahren – noch zur Schule gehen und im
  Haushalt eines Elternteils leben.
- *Zweiter Unterhaltsrang:* Kinderbetreuende (geschiedene)
  Elternteile, kinderbetreuende nichteheliche Väter und
  Mütter; nicht betreuende Ehepartner nach langer Ehe-
  dauer.
- *Dritter Unterhaltsrang:* Ehegatten, die keine Kinder
  (mehr) betreuen, soweit sie nicht wegen langer Ehedau-
  er in den 2. Rang fallen.
- *Vierter Unterhaltsrang:* Kinder, die nicht in den ersten
  Rang fallen, etwa Studierende.

auf der Tasche liegen. Und weil die gut ausgebildeten Frauen auf dem Arbeitsmarkt wieder gebraucht werden. Insgesamt drei Jahre lang kann seit Januar 2008 eine getrennt lebende Mutter – ganz gleich, ob sie vorher verheiratet war oder ohne Trauschein mit dem Partner zusammenlebte – selbst entscheiden, ob sie das Kind betreuen oder gleich Geld verdienen will. Wenn das Kind dann ins Kindergartenalter kommt, wird von ihr jetzt erwartet, dass sie sich eine Arbeitsstelle sucht. Oder sie muss dem Gericht vortragen: »Ich kann keinen Job annehmen, weil ich keine Betreuungsmöglichkeiten habe.« Oder: »Ich finde wegen dieser Betreuungsnotwendigkeit keine Anstellung.« Mit anderen Worten: Das Mami-Privileg ist weggefallen.

Der zweite große Unterschied zum alten Recht bezieht sich auf den schon erwähnten Punkt, welche Arbeit als »zumutbar« angesehen werden kann: nämlich jede, die ungefähr der eigenen Ausbildung entspricht. Früher galt dagegen die Devise: »Einmal Chefarztgattin, immer Chefarztgattin.« Die Frau musste nur solche Arbeit annehmen, die dem ehelichen Lebensniveau entsprach. Eine soziale Degradierung ist heute aber möglich.

Und der dritte Unterschied zeigt sich in den eingeführten Rangverhältnissen. Das heißt: Nach dem neuen Unterhaltsrecht werden die verschiedenen Berechtigten in Ränge aufgeteilt, nach denen der – meist begrenzte – Unterhalt gezahlt wird. Erst wenn alle aus dem ersten Rang befriedigt sind, kommen die aus dem nächsten an die Reihe. Der erste Rang umfasst alle minderjährigen Kinder, dann folgen sämtliche betreuenden Mütter oder Väter. Erst am Schluss sind die geschiedenen Frauen aus früheren Ehen an der Reihe, die zuvor neben den Kindern und vor den neuen Müttern und Ehefrauen kamen.

Trifft das neue Gesetz auch für Unterhaltsregelungen zu, die längst gültig sind?

Alle Unterhaltstitel aus Alt-Ehen – sie legen nach individuellen Kriterien fest, wie viel der jeweilige Partner monatlich an Unterhalt zu zahlen – kann man jetzt durch die neue Rechtslage abändern lassen. Daher sind die Frauen die Verlierer, wenn die Männer dies beabsichtigen. Man hätte eine Übergangsfrist einbauen müssen, damit sich die Frauen darauf vorbereiten können. So wie es jetzt aber aussieht, kann ich nur allen Frauen mit alten Unterhaltstiteln raten, sich beraten zu

Der benachteiligte Partner

■ Gerade der materiell schwächere Partner lässt sich oft auf Regelungen ein, die ihn stark benachteiligen. Grund: emotionale Überforderung oder Unkenntnis der Rechtslage.

■ 40 Prozent der verheirateten Mütter kehren nach der Geburt nicht in den Beruf zurück, obwohl sich 60 Prozent Frauen mit Kindern wünschen, wieder zu arbeiten.

■ Drei Jahre nach der Geburt des ersten Kindes arbeiten weniger als 20 Prozent der Mütter wieder wie vorher.

■ Nur 20 Prozent der Väter erwägen, laut einer Studie des Bamberger Staatsinstituts für Familienforschung, sich ernsthaft an der Kindererziehung zu beteiligen, Elternzeit nehmen weniger als fünf Prozent.

■ Nur 13 Prozent der Ehefrauen verdienen mehr als ihre Männer.

■ 35 Prozent der Menschen, die unter der Armutsgrenze leben, sind alleinerziehende Mütter.

lassen und eine wilde Bewerbungshektik zu entfalten. Auch auf Aushilfstätigkeiten im Dienstleistungsbereich. Das gilt für alle geschiedenen Frauen, deren Kinder über drei Jahre alt sind.

Haben Sie solche Fälle schon in Ihrer Kanzlei?

Es fängt an! Ich erhalte mehr und mehr Schriftsätze von Männern, in denen sinngemäß steht: »Wunderbar. Endlich muss ich nicht mehr zahlen.« Ich kenne allerdings auch solche, die in einer neuen Ehe leben, Kinder ernähren und bei denen es wegen des Unterhalts für die Ex-Ehefrau immer knapp war. Die werden durch die neue Rechtssituation wieder besser von ihrem Gehalt leben können, wenn die geschiedene Frau für sich selbst sorgen muss.

Die Bedingungen für Mütter, die zu Hause bleiben, werden also ökonomisch härter?

Ja, denn es gibt nach der Scheidung keine Lebensstandardgarantie mehr. Diese war früher häufig ein Grund, weshalb Frauen nicht in den Job zurückgegangen sind, da es den Rechtsanspruch auf Lebensstandardgarantie gab. Frauen, die nach altem Recht geheiratet und sich auf dieser Basis für die Betreuung der Kinder entschieden haben, stehen jetzt bei einer Scheidung vor einer harten Situation. Ein Beispiel: Die Kinder sind fünf und sieben Jahre alt, nach altem Recht musste die geschiedene Mutter nicht arbeiten gehen. Seit dem 1. Januar 2008 kann der Ex-Mann sagen: »Nun geh mal wieder als Verkäuferin jobben, so wie früher. Mit dem Haus ist es auch vorbei, selbst wenn ich Oberarzt bin. Such dir eine kleine Wohnung, die du dir leisten kannst.«

Es ist also vertrackt. Einerseits kann man, wenn man auf der Seite der Frauen steht, sagen: Die Richtung stimmt. Andererseits ist es verdammt ungerecht, bei der Scheidung so kalt erwischt zu werden, wenn man einst von ganz anderen Annahmen ausging.

Wir müssen begreifen: Das Mutter-Modell ist endgültig vorbei. Leider hat es viele Frauen über lange Zeit lahmgelegt. Die veränderten gesellschaftlichen Realitäten müssen endlich ins Bewusstsein der Menschen dringen. Und dazu gehört, dass die bequeme Absicherung in den mittelständischen Familien, wie sie früher üblich war, nicht mehr gegeben ist. In den letzten zehn, fünfzehn Jahren brach der Mittelstand weg. Ärzte, Zahnärzte, Handwerksfirmen, Architekten, überhaupt Selbstständige stehen heute wirtschaftlich immer mehr unter Druck. Viele Väter aus diesen Berufssparten haben einfach nicht mehr so viel Geld wie einst, um bei einer Trennung ihre Familien abzusichern.

Es ist verständlich: Viele Männer brauchen natürlich das Geld für die neue Familie, aber müssen sie deswegen der alten das Lebensrecht absprechen? Ich kenne völlig verantwortungslose Väter, die überhaupt kein Verständnis dafür zeigen, dass die erste Frau und die gemeinsamen Kinder auch leben müssen. Ich bin allerdings auch garstigen Frauen begegnet, denen der Mann nicht gut genug war und die keine Hemmungen haben, den Neuen sofort mit ins Haus zu bringen. Das Feld der Gemeinheiten ist groß, die Abgründe sind tief. Da werden viele alte Rechnungen aufgemacht.

Eigentlich sind die Neuregelungen zeitgemäß, denn Frauen werden stärker darauf hingewiesen: Du bist, ob verheiratet oder nicht, für dein Schicksal selbst verantwortlich. In künftigen Ehen wird es dadurch vielleicht öfter eine neue Arbeitsteilung geben.

Na ja, ob immer so klar gedacht wird? Viele Frauen sind am Anfang einer Beziehung sehr verliebt, da wird nicht immer so rational gehandelt.

Männer sind mit Sicherheit auch verliebt. Stimmt es aber, dass sie sich später oft an nichts mehr erinnern wollen, was gemeinsame Absprachen betraf?

Männer versprechen viel, wenn sie verliebt sind. Und wenn sie entliebt sind, können sie sich oft an nichts mehr erinnern. Wenn bei der Trennung eine neue Frau eine Rolle spielt, dann braucht er das Geld für sich und fürs Repräsentieren. Aber natürlich gibt es auch ganz andere Väter, die sich auch während und nach der Trennung verantwortlich fühlen. Sie sagen: »Meine Kinder kommen zuerst.« Gerade in der Mittelschicht, wenn noch genügend Geld vorhanden ist, ist dieses Denken ausgeprägt. Hier ist es vielfach selbstverständlich, dass der Nachwuchs fair behandelt werden soll. Aber ich kenne auch Väter, die sich noch nie richtig verantwortlich gefühlt haben. Die wissen gar nicht, was Kinderbetreuung bedeutet, weil sie das immer der Frau überlassen haben. Da treffe ich manchmal auf ziemlich resistente Fälle. Besonders ausgeprägt ist die Hartnäckigkeit bei Männern, bei denen die Frau die Scheidung verlangt – vielleicht sogar deshalb, weil er sich nicht genug an der Kinderbetreuung beteiligt hat (neben der Tatsache, dass er ein Verhältnis mit der Sekretärin hat). Diese

Männer bereiten die meisten Probleme in Unterhaltsverhand-
lungen, weil sie keine Ahnung haben, was für ihr Kind gut und
richtig wäre. Kinder sind grundverschieden. Die einen verkraften es ohne Schwierigkeiten, dass man sie dauernd zu einer
Fremdbetreuung bringt oder dass sie zwischen zwei Elternteilen pendeln. Sie sind vital und lustig und außenorientiert.
Und bei anderen ist es ein Verbrechen, sie hin und her zu schicken. Wie soll man das in einem Gerichtsverfahren deutlich
machen? Das ist kompliziert. Ich erlebe viele Männer, die
nicht trennen können zwischen Mutter und Kind. Die wollen
dann die Mutter über die Kinder treffen.

Was bedeutet das für die betroffenen Frauen?

Viele Ehepaare einigen sich beispielsweise darauf: Bis das
Kind zur Schule kommt, arbeitet die Mutter nicht, sondern
bleibt zu Hause. Nun scheitert die Ehe, das Kind ist dreiein-
halb. In dieser Situation kann die Frau niemals beweisen,
dass es diese Absprache gab, wenn sie keinen Ehevertrag geschlossen hat. Daraus entstehen dann im Scheidungsfall die
schlimmsten Konflikte.

Ein häufiger Streit: Der Wochenend-Vater macht Remmi-
demmi mit den Kindern und bringt sie viel zu spät am Sonntag zurück, sodass die Mutter große Mühe hat, sie wieder in
den Alltag einzufädeln. Oder man kämpft miteinander darum, ob alle Nahrung Bio sein muss. Oder ob der Vater dem
Kind mit sieben Monaten schon Schokolade geben darf. Häufig bekomme ich auch zu hören, dass es bei dem Ex-Mann zu
dreckig sein soll – wobei ich denke, die Kinder leiden darun-
ter bestimmt nicht. Und wenn sie größer sind, dann gibt es
häufig den Konflikt, dass die Kinder den Vater doof finden,

weil er immer nur die Neue im Kopf hat. Oder weil er zur Mutter gemein ist. Die Mütter transportieren dabei die Klagen der Kinder, dass der Vater sich abwendet – gerade in Zeiten der Pubertät passiert das nicht selten. Ich bearbeite gerade einen Streitfall, bei dem es um einen Hund geht. Der Vierbeiner wurde der Tochter geschenkt. Aber der Vater ist der Meinung, nach der Scheidung bräuchte er den täglichen Hundespaziergang für sein Seelenheil, aus diesem Grund holt er das Tier jeden Tag bei seiner Familie ab. Die Tochter beschwert sich nun, dass der Vater den Hund mit Eis füttert.

Viele Frauen verlassen sich immer noch auf Versprechen, obwohl sie wissen, wie gefährlich das ist. Das neue Gesetz könnte sie davor bewahren, bei Weichenstellungen in der Ehe zu blauäugig zu sein. Was raten Sie Frauen? Wie können sie sich schützen?

Keine Frau sollte mehr ein Kind bekommen, ohne vorher zu regeln, wer zu Hause bleibt und wer das Geld verdient. Dazu gehört auch, zu klären, wie es bei einer eventuellen Scheidung mit dem Unterhalt aussehen soll. Das heißt, es ist notwendig, gleichzeitig mit der Betreuungsregelung einen notariellen Ehevertrag abzuschließen. Die meisten Männer werden das als Angriff empfinden. Aber man muss ihnen klarmachen: Das ist einfach nur eine ökonomische Notwendigkeit. Wenn ich mich fürs Mutter-Modell entscheide, muss ich rechtzeitig bedenken, was das im Fall eines Scheiterns der Ehe ökonomisch für mich bedeutet. Und wenn ich mir das genau vergegenwärtigt habe, dann überlege ich mir wahrscheinlich zweimal, wie lange ich zu Hause bei dem Kind bleibe. Wenn beide Partner wollen, dass einer von ihnen, Mutter oder Vater, den Nachwuchs betreut, dann hat das wirtschaftliche

Konsequenzen, die von beiden getragen werden müssen. Sonst gibt es bei einer Trennung einen gigantischen Streit.

Bei dem meistens die Frau für ihr Vertrauen bestraft wird.

Richtig. Für ein modernes Rollenverständnis in der Partnerschaft kommt das neue Gesetz nämlich zwanzig Jahre zu spät. Wenn eine Frau vierzig oder fünfundvierzig Jahre alt ist, nach dem alten Recht geheiratet hat, die Ausbildung nicht weiter vervollständigte und keinerlei Berufserfahrung vorweisen kann – wie soll da ihr beruflicher (Wieder)Einstieg aussehen? Eine solche Frau kann höchstens als Kinderfrau für junge Mütter oder Ähnliches arbeiten.

Frauen sollten sich also bei der Heirat schon auf die Scheidung vorbereiten?

Das kann ich nur unterstreichen. Scheidung gehört zu unserer Gesellschaft, sie ist normal geworden. Jeder Frau sollte bekannt sein, dass eine Heirat keine Versorgungsgarantie mehr bietet. Bei einer Eheschließung muss jede wissen, wie stehe ich da, wenn ich nicht mit meinem Partner bis »ans Ende unserer Tage« zusammenbleibe? Wie gesagt, es sollten Regelungen getroffen werden: Wie wollen wir es bei einer eventuellen Scheidung mit den Kindern handhaben, wie mit dem Unterhalt? Ein Beispiel: Wenn eine Frau sich entschließt, mit dem Mann nach München zu ziehen und dort vielleicht keinen Job findet, was wäre ihr finanzieller Ausgleich hierfür? Was ist, wenn die Beziehung schiefgeht? Häufig ist es so, dass ein Partner Zugeständnisse macht, um die Ehe zu ermöglichen. Und da sollte man sich schon überlegen, was das für spätere Zeiten bedeutet.

Und das direkt bei der Eheschließung?

Genau dann – auch wenn diese Vorstellung nicht sehr beliebt ist. Speziell Frauen, die sich Kinder wünschen, sollten dringlichst mit dem künftigen Vater tragfähige Unterhaltsvereinbarungen treffen. So könnte eine mögliche Variante aussehen: Bis das jüngste Kind sieben Jahre alt ist, stehen der Frau mindestens 1500 Euro für den eigenen Lebensunterhalt zu. Sollte sie selbst Geld hinzuverdienen, wird das Einkommen ganz oder teilweise von dieser Summe abgezogen. Eine andere Möglichkeit: Die Frau braucht nur Teilzeit zu arbeiten, bis das jüngste Kind das Alter x erreicht. Gerade wenn die Frau nicht gleich wieder erwerbstätig sein oder mehrere Kinder großziehen will, dann sollte sie sich Gedanken über den späteren beruflichen Wiedereinstieg machen, auch darüber, was als Kompensation nötig ist, sollte dieser misslingen. Eine Altersversorgung müsste etwa abgeschlossen werden, die dann nicht beim Zugewinn oder beim Versorgungsausgleich berücksichtigt wird, weil sie die Funktion hat, die Karriereeinbußen auszugleichen.

Vereinbarungen dieser Art sollte man unbedingt notariell beglaubigen lassen. Eheleute treffen diese ja auch über den Güterstand beziehungsweise ob sie in einer Zugewinngemeinschaft oder in Gütertrennung leben wollen. Es ist also ganz normal, Eheverträge zu schließen. Den Frauen sollte klar sein, dass sie ihre Interessen in der Ehe so vertreten müssen wie im Geschäftsleben. Wir sind das nicht gewohnt, in anderen Rechtskreisen ist das aber völlig üblich. Im Islam handelt man vor jeder Heirat einen Ehevertrag aus, die Morgengabe. Das ist zwar der Preis für die Jungfräulichkeit, aber gleichzeitig eine Absicherung, wenn die Verbindung scheitert. Und wenn man möchte, dass die Frau geachtet wird und nicht so schnell einen Fußtritt von ihrem Mann erhält, dann ist der Brautpreis besonders hoch. Der ist übrigens nur zum Teil bei der Eheschließung fällig, der größere Part ist zu zahlen, wenn die Ehe scheitert. Gleichsam als Strafsteuer. Ausgehandelt wird das von den Eltern, Verliebte würden das nicht hinbekommen. Doch selbst in unserem Kulturkreis war es einst üblich, die ökonomischen Eckdaten der Ehe für den Fall des Misslingens abzusichern. Vor der Zeit der Industrialisierung gehörte dies zum Alltag. Mit der bürgerlichen Liebesheirat haben wir das einfach ausgeblendet.

Müssen wir da umlernen?

Unbedingt. Das Happy-End-Denken ist ein großer Quatsch. Die Ehe hat immer finanzielle Konsequenzen, und man muss sich gut überlegen, wer von den Partnern die Zeche zahlen soll, gerade auch bei Märchenhochzeiten zwischen ökonomisch verschieden gestellten Partnern.

Also ist eine Scheidung momentan für viele Frauen finanziell gesehen ungünstig?

Ja, wenn sie schlechtere Karrierechancen haben und nicht vorher für ihre ökonomische Existenz gesorgt haben. Wer an Scheidung denkt, weil er in einer Ehekrise steckt, sollte lieber so lange wie möglich verheiratet bleiben. In der Trennungszeit gilt zwar noch die Lebensstandardgarantie, nach der Ehescheidung aber nicht mehr.

Trennung und Scheidung sind ein gestufter, zeitlich gestreckter Prozess in Etappen: Krise – Trennungsentschluss – räumliche Trennung – Auszug – gesetzliche Trennungszeit (mindestens ein Jahr) – Scheidungsantrag – Scheidungsprozess – rechtskräftige Scheidung. Die Phase bis zur Rechtskraft der Ehescheidung wird gesetzlich als »Trennungszeit« angesehen. Für diese Monate gelten die Regeln des Trennungsunterhalts. Jeder Partner darf demnach noch auf die Wiederherstellung der ehelichen Lebensgemeinschaft hoffen. In der Grauzone bis zum Scheidungsantrag muss eine Frau sich nur nach und nach auf veränderte finanzielle Verhältnisse einstellen, im ersten Trennungsjahr noch gar nicht. Danach muss sie Bemühungen zeigen, für sich selbst zu sorgen, diese Anforderungen steigen mit der Dauer der Trennungszeit.

Rechtlich gilt in der gesamten Trennungszeit die Garantie, dass die Frau ihren gewohnten Lebensstandard halten kann. Sie erhält ihren Anteil von dem Einkommen des Mannes. Wenn die Frau keinen Verdienst hat, beläuft sich dieser auf drei Siebtel seines Einkommens. Wenn sie etwas dazuverdient, stehen ihr drei Siebtel der Einkommensdifferenz zwischen beiden zu. Erst allmählich muss sie sich eine Arbeit suchen, von der sie eigenständig leben kann. Nach der Scheidung hat sie die Pflicht, einen Job zu finden, falls sie nicht, wie gesagt, Kinder unter drei Jahren hat. Im Moment ist aber noch nicht genau geklärt, wie sich dieses neue Recht auf den Trennungsunterhalt auswirkt, ab welcher Trennungszeit die Richter die strengeren Regeln des nachehelichen Unterhalts auch auf den Trennungsunterhalt anwenden werden.

Trotz dieser Schwierigkeiten hält der Trend zur Scheidung an. Betrachten Sie die hohe Scheidungsquote als ein positives Zeichen für die wachsende Unabhängigkeit der Frauen?

Natürlich ist es zu begrüßen, dass die Frauen nicht mehr so abhängig sind, nicht mehr bei ungeliebten Männern bleiben müssen. Aber für das System Familie ist es weniger gut, dass immer mehr Ehen zerbrechen. Für Kinder ist die Trennung der Eltern, wenn sie mit Kampf und Streit verbunden ist, ein Trauma.

Man sagt, dass Kinder, die in zerrütteten Ehen aufwachsen, mehr Schwierigkeiten haben als Kinder, deren Eltern sich einigermaßen friedlich getrennt haben.

Das stimmt. Paare, die von vornherein gleichberechtigt erziehen, wo der Vater neben der Mutter einen halben Platz bei den Kindern beansprucht, bei denen verläuft die Trennung weniger gruselig beziehungsweise aggressiv. Durch die neuen Familienbilder, mit denen die Kinder aus diesen Familien aufwachsen, haben sie andere Möglichkeiten, die Trennung zu verarbeiten. In traditionellen Familien, mit alten Familienbildern (die Mutter ist zu Hause, der Vater verdient das Geld), zahlen die Kinder mehr drauf, weil ihre sicheren Bindungsvorstellungen, mit denen man sie bislang erzog, erschüttert wurden.

Viele dieser traditionellen Ehen scheitern entweder in der Kleinkindphase oder in der Pubertät – weil die Frauen dann ihre Schuldigkeit getan haben. Man muss sich nicht mehr so intensiv um den Nachwuchs kümmern. Diese Mütter sind zwischen fünfundvierzig und fünfzig und müssen sich nun überlegen, wie sie ihre Tage sinnvoll ausfüllen. Wenn dann der Mann auch noch fremdgeht oder der Sex eingeschlafen ist, findet man in einer solchen Ehe nicht mehr viel Glück. Man hat vielleicht materiell einiges geschafft, weil der Papa ordentlich Karriere gemacht hat, für die Mutter und die Kinder ist diese Situation im Scheidungsfall aber nicht gut. Bei einer Trennung zerbrechen gerade für die Kinder alle Werte auf einmal, die die Eltern bislang vorlebten. Sie müssen die Mutter vielfach stützen oder sie wenden sich von ihr ab und entwerten sie wie der Vater.

Wieso verläuft das bei Kindern anders, wenn die Eltern gleichberechtigt auftreten?

Ich habe beobachtet, dass gleichgestellte Paare eher davon ausgehen als traditionelle Paare, dass etwas schiefgehen kann und dass bei einer Trennung sowohl Vater wie auch Mutter weiterhin als verantwortliche Eltern auftreten. Besonders bei jüngeren, gut ausgebildeten Paaren, die sehr kooperativ mit der Kindererziehung umgehen, habe ich das festgestellt. In vielen Akademikerfamilien engagieren die Frauen lieber eine Nanny, als dass sie ihren Job aufgeben. Sie wissen, dass Arbeit zur Identität gehört. Diese Ehen halten zudem häufig länger. Auch weil sie diese typischen, kindbezogenen Krisen nicht haben. Und wenn die Beziehung doch in die Brüche geht, fallen nicht gleich alle Lebensbereiche auf einmal weg. Da ist immer etwas, was bleibt: Job, eigenes Geld, Eigenständigkeit, Selbstbewusstsein.

Wenn eine derartige Verhandlungsbasis existiert, können kreative Vereinbarungen getroffen werden, die über den reinen Unterhalt hinausgehen. Sinnvoll ist es zum Beispiel, ein Kinderkonto für Kleidung oder Ausbildung einzurichten.

Wer zahlt die Klassenreise, wer geht los und kauft Turnschuhe, wer geht zum Arzt? Das alles kann man so verteilen, dass es für beide Partner gerecht ist. Da kann auch der eine 50 Euro mehr zahlen, denn dafür gibt der andere seine Zeit her, geht mit dem Kind einkaufen oder auf den Fußballplatz.

Warum sind manche Frauen so schwach, wenn es darum geht, sich selbst zu vertreten?

Viele Frauen aus Mütter-Ehen werden mit der Scheidung völlig hilflos, weil der Mann immer alles geregelt hat. Sie lassen sich aus diesem Grund auch leichter über den Tisch ziehen. Oder sie wollen eher ihre Ruhe haben, als dass sie genau nachfragen, wie viel der Mann denn eigentlich verdient. Sie wissen, dass er dies sofort als Angriff auf seine Männer-, seine Herrschaftsrolle auffassen könnte. Frauen sind auch dann schwach, wenn sie davon ausgegangen sind, sie hätten ihren Prinzen geheiratet und fürs Leben ausgesorgt. Diese Frauen befinden sich in einem tiefen Konflikt. Einerseits wollen sie den äußeren Frieden retten, andererseits müssen sie um ihre Rechte kämpfen. Oft wollen sie dem Kind lieber den Vater erhalten, gute Stimmung bewahren, noch ein bisschen in dem teuren Haus bleiben, Kompromisse schließen, als den Kampf zu wählen. Häufig ist der Preis fürs Stillhalten die Selbstaufgabe. Diese Frauen sind in Gefahr, depressiv zu werden.

Warum wird man depressiv, wenn man aufreibende Auseinandersetzungen meidet?

Es gibt Beziehungen, da suggeriert der Mann: Wenn du mehr von mir willst, ist Krieg angesagt. In solchen Konstellationen stecken die Frauen meistens zurück. Sie denken: Der Mann gewinnt sowieso, weil er clever ist, weil er zum Beispiel die Beratungskosten beim Anwalt aufbringen kann, die sie eher scheut. In dieser Situation verzichtet sie auf den Streit um ihre Rechte. Das schwächt ihr Selbstvertrauen und ihren Lebensmut noch mehr. Es ist schon kränkend genug, wenn man verlassen wird. Und wenn der Mann zudem noch gut verdient und sagt: »Sieh zu, wie du klarkommst«, dann wird man gleich mehrfach abgewertet. Man erlebt schmerzlich, dass man nicht auf eigenen Füßen steht. Die Frau von Mitte vierzig oder darüber fühlt: Ich habe beruflich, vielleicht auch privat keine Chancen mehr. Das stimmt häufig gar nicht, aber solche Empfindungen machen mutlos.

Kennen Sie scheidungswillige Frauen, die besser verdienen als ihr Mann?

Es gibt diese Frauen, vielfach haben sie keine Kinder. Dabei habe ich schon erlebt, dass der Mann nichts von seiner Frau annehmen wollte. Oder eher einen gewissen Betrag, der auf einmal ausgezahlt wird, anstelle eines monatlichen Unterhalts. Ich glaube, kaum ein Mann erwartet, von seiner Frau über Wasser gehalten zu werden. Nur bei aktiven Vätern mit einer besser verdienenden Frau ändert sich das langsam.

Ist unsere Art der Ehe überhaupt noch zeitgemäß?

Ob man heiratet oder nicht, das ist eine höchst persönliche Entscheidung. Die Ehe als Versorgungseinheit gibt es nicht mehr, deshalb sollte man die ökonomische Seite der Liebe durch Verträge absichern.

Die ökonomische Seite der Liebe?

Glückshormone in der Verliebtheitsphase legen diese Seite zwar nicht gerade nahe, aber es gibt sie. Kinder sind ein Faktor, der diese Dimension der Liebe bestimmt, und zwar ein Risikofaktor, der meist zu Lasten der Frauen geht. Erst wenn die Väter der Ansicht sind, sie müssen beruflich kürzer treten, weil das Kind vielleicht gerade Schwierigkeiten macht, erst dann wird dieses Risiko gerechter verteilt. Und Kinderbetreuung muss – viel mehr als bisher – auch eine gesellschaftliche Aufgabe sein.

Seit dreiundzwanzig Jahren üben Sie Ihren Beruf aus, haben Sie in dieser Zeit Veränderung festgestellt?

Die persönliche Erschütterung, weil eine Liebe zu Ende gegangen ist, weil man einem Menschen nicht mehr vertrauen kann, dem man immer vertraut hat – die bleibt immer gleich. Aber es gibt bei dem Thema Scheidung keinen gesellschaftlichen Makel mehr, wie er früher einmal bestand. Heute kennt jeder jemanden, der geschieden ist. Und es existiert nicht mehr die absurde Vorstellung, dass eine Ehefrau und Mutter kein eigenes Leben haben darf.

Gleichzeitig nehme ich eine gewisse Verbitterung wahr. In Zeiten der Vollbeschäftigung war es leichter, nach einer Scheidung wieder einen Job zu bekommen, jetzt heißt es, ich muss putzen gehen, obwohl mein Mann leitender Angestellter ist. Das Absinken der Löhne, die Tatsache, dass Ältere kaum noch berufliche Chance haben, belastet Scheidungsumstände sehr.

Kommen zu Ihnen mehr Paare oder mehr Einzelpersonen zur Beratung?

Letzteres. Aber ich stelle immer gleich zu Anfang die Frage, ob eine anwaltliche Betreuung, also eine parteiliche Betreuung gewünscht wird, oder ob das Paar nach gemeinsamen Lösungen sucht – das geht besser mit einer Mediation. Dabei werden alle Fragen zu dritt so sachlich und fair besprochen, dass dabei eine tragfähige Win-Win-Lösung herauskommt, bei der es keine Verlierer, sondern nur Gewinner (engl. *to win* = »gewinnen«) gibt und die auch ausprobiert und korrigiert werden kann. Häufig entscheiden sich die Klienten aber erst einmal für eine Rechtsberatung.

Wenn ich vollkommen blauäugig zu Ihnen komme, weil ich eine Anwältin suche, was passiert bei diesem Termin?

Ich frage zuallererst, ob Sie eine Rechtsberatung oder eine Mediation wollen. Eine Anwältin oder eine Mediatorin. Ist das geklärt, versuche ich herauszufinden, was die Gründe der Trennung sind, ob eine streitige Auseinandersetzung wahrscheinlich wird. Anschließend berate ich über die Kosten. Danach erkläre ich, was es langfristig für einen Sinn macht, sich zu einigen, auch wenn man sich gerade über den Partner total echauffiert hat. Die Kosten bei einem Scheidungsverfahren mit zwei Anwälten können sehr hoch ausfallen, wenn man sich beispielsweise um jede Vase vor Gericht streitet. Hat man in einem solchen Verfahren gerade mühsam 20 000 Euro Zugewinnausgleich erstritten, kann man einen Großteil dieses Geldes gleich wieder in die Anwaltskosten stecken. Das Honorar richtet sich nämlich nach dem Gegenstandswert.

Was man zum Thema Mediation wissen sollte

Was kostet sie?
Eine Erstberatung wird oft mit etwa 190 Euro berechnet, jede weitere Sitzung mit rund 150 Euro pro Stunde.
Es gibt in verschiedenen Bundesländern Zuschüsse zur gerichtsnahen Mediation. Siehe dazu im Internet unter: www.bmj.de/enid/Mediation.

Wie lange dauert sie?
Manchmal genügen drei Stunden, wenn man gut vorbereitet ist und klare Vorstellungen hat. Viele brauchen zwischen fünf und acht Sitzungen. Emotional verwickelte Paare oder solche mit vielen kleinen Vermögensbestandteilen und mehreren Kindern benötigen etwa zwölf Stunden. Insgesamt dauert eine Mediation zwischen drei Monaten und eineinhalb Jahren.

Was bringt sie?
Am Ende gibt es einen Vergleich, der als Einigung einem Notar überantwortet werden kann. Beide Partner ändern ihren Streitstil, verstehen den anderen besser.

Wie läuft sie ab?
Zuerst wird eine Basis für ein Gespräch geschaffen. Zwischen den Parteien wird wechselseitiges Verständnis hergestellt, um Wut und Aggressionen zu mildern.

Wenn es etwa um die Ehewohnung geht, zählt der Jahresmietwert. Wenn es um Vermögen geht, die Höhe der Forderung, und wenn es um den Unterhalt geht, wird der Jahresbetrag zugrunde gelegt. Da hat man schnell Streitwerte, die hohe Gebühren auslösen.

Kommt man sich stattdessen aber außergerichtlich Schritt für Schritt entgegen oder findet gute Argumente, seine Ansprüche dem Partner verständlich zu machen, dann wird es viel kostengünstiger. Außerdem: Die selbst erarbeiteten Lösungen tragen viel länger als die gerichtlich festgelegten, die Kooperation von Eltern wird dabei gefördert. Keiner ist »der Verlierer«. Darum bin ich sehr für die Mediation, die versucht, diese Lösungen zu erstellen.

In welchem emotionalen Zustand kommen die meisten Scheidungsentschlossenen zu Ihnen? Verwirrt? Fair gestimmt, voller Hass?

Das hängt davon ab, in welcher Trennungsphase sie sich befinden. Ob man als Frau gerade erst begriffen hat, dass sich der Partner trennen will, ob man als Mann noch nicht lange weiß, dass die Ehefrau einen anderen hat. Bei diesen sehr frischen Erkenntnissen lässt man seine Schmerzen nicht vor der Tür. Oft erlebe ich einen Cocktail aus Traurigkeit und Orientierungswunsch. Klientinnen wollen zuerst wissen: Was kann mir im schlimmsten Fall passieren? Ihr Verhalten hängt auch davon ab, ob sie der treibende Faktor bei der Trennung sind oder die Person, die verlassen wurde. Wer geht, hat immer schon eine mentale Vorlaufphase von etwa anderthalb Jahren. Und der andere fängt gerade erst an, darüber nachzudenken. Die Kunst in der Scheidungsberatung und in der

Mediation besteht darin, diese Zeitdifferenz in Einklang zu bringen, sodass man auf einen Stand kommt, der es ermöglicht, miteinander zu reden. Vielfach will der eine Partner die Scheidung schneller durchziehen als der andere. Ersterer wird dann wütend, wenn Letzterer zögert und sagt: »Das kann ich jetzt noch nicht entscheiden.« Anwälte und besonders Mediatoren vermögen die starken Gefühle ein wenig zu versachlichen.

Gibt es viele Tränen?

Ja! Als junge Anwältin habe ich oft sehr schnell Scheidungsanträge gestellt, weil ich dachte, wenn so viele Emotionen hochkommen, dann muss man diesen Zustand rasch beenden. Inzwischen habe ich einen großen Respekt vor der Zeit. Es gilt, Trennungsphasen wie beim Tod eines lieben Menschen durchzustehen – das schließt ein Nicht-Wahrhaben-Wollen bis zur Trauer ein. Jeder erfährt dies individuell. Dafür ist das vorgeschriebene Trennungsjahr sehr wichtig. Kluge ökonomische Lösungen, die langfristig halten, kann man erst in einer späteren Trennungsphase treffen, wenn der Kopf wieder klar ist. Wenn die Wut noch im Vordergrund steht, kann man eigentlich nur Naheliegendes zu klären versuchen: Wovon lebe ich morgen, wie schaffe ich die nächsten zwei Monate, wie überstehe ich den Auszug aus der ehelichen Wohnung? Erst wenn ich meine Emotionen verstehe und akzeptiere, wenn ich eine Existenz unter den Füßen habe, kann ich weiterdenken.

Scheidung ist ein Prozess. Und der Vorteil der Mediation ist, dass man nicht nur das bespricht, was durch das Gesetz bestimmt ist, sondern auch normale Alltagsfragen: Wer führt den Hund aus? Wer bringt Opa das Essen? Bei wem bleibt Omas Kommode? Soll man sofort aus der Wohnung ausziehen oder erst in einem Jahr? All diese Fragen kann man einvernehmlich in der Mediation klären. Manche Paare brauchen aber den Streit, um endgültig voneinander loslassen zu können. Die sind noch nicht miteinander fertig. Da muss Zeit vergehen, ehe sachlich diskutiert werden kann.

Sind Sie manchmal auch Mediatorin und Anwältin zugleich?

Nein, die Klienten müssen sich entscheiden, mit welcher Rolle sie mich beauftragen wollen. In einem Scheidungsverfahren bin ich parteiliche Vertreterin eines Mandanten. Wenn ich die andere Seite auch beraten würde, würde ich Parteienverrat begehen. Deswegen wird genau zwischen Mediation und Rechtsberatung unterschieden. In der Mediation halten wir uns zurück mit einer Rechtsberatung, da geben wir höchstens allgemeine juristische Informationen und verweisen auf andere Anwälte.

Worum geht es bei der reinen Rechtsberatung?

Wenn die Trennung ansteht, sind viele Details von Bedeutung: Wer bekommt die Möbel, wer das Geld? Wie ist das mit den Kindern, darf ich meinen neuen Partner mit in die Wohnung nehmen? Da ist dringender Beratungsbedarf. Auch bei den Steuern ändert sich mit der Trennung einiges. Es erfolgt – was ich furchtbar finde – bereits im Jahr nach der Trennung eine sofortige Steuerklassenänderung. Das heißt, das Ehegattensplitting endet damit. Dabei ist dies genau die Zeit, in der die Menschen mehr Geld benötigen, allein schon durch die zwei Haushalte, für neue Anschaffungen, für eine Mediation. Und gerade dann haben sie weniger im Portemonnaie. Aber man muss auch wissen: Die notwendigen Kosten von Trennung und Scheidung sind teilweise von der Steuer abzugsfähig.

Wichtig ist auch, dass man den Tag, an dem die Trennung vollzogen wird, am besten schriftlich festhält. Natürlich gibt es hier Gestaltungsmöglichkeiten, aber es könnte anderweitig auch als Steuerbetrug ausgelegt werden.

Doch es geht ja nicht nur ums Geld, auch Gefühle spielen eine Rolle.

Und auf denen kann die Mediation aufbauen. Wenn man sich mal geliebt hat, dann gibt es eine Basis. Man bleibt in gewissem Sinn eine Familie, wenn man lange zusammen war. Wer das bewahren will, tut gut daran, Hass und Rache irgendwann beiseitezulegen. Es gibt durchaus Anwälte, die derartige Emotionen forcieren – ich versuche das zu vermeiden, versuche, eine Perspektive für die Zukunft zu entwickeln, notfalls erst einmal über Notvereinbarungen. Manchmal allerdings sind Partner so hässlich zueinander, da bleibt nur der Kampf. Etwa dann, wenn die Frau von ihrem Mann geschlagen wurde. In einem solchen Fall muss sie auch parteilich und engagiert vertreten werden. Oder wenn einer der beiden Eheleute das Konto abräumt, den neuen Partner sofort in die Wohnung mitbringt, den Streit verschärft, dann muss man auch mit entsprechenden Mitteln reagieren. Das heißt aber nicht, dass man sich nicht in einem Jahr wieder friedlich an einen Tisch setzen kann.

Was sind die Hauptstreitpunkte? Die größten Sorgen der Frauen?

Die meisten Frauen haben zwei große Ängste: Wovon kann ich leben? Und: Nimmt er mir die Kinder? Das neue Unterhaltsrecht verstärkt diese Sorge sogar noch, besonders hinsichtlich der Kinder. Ist das Kind drei Jahre alt, hat die Frau nach diesem Gesetz ja keinen Unterhaltsanspruch mehr. Es sei denn, sie kann nachweisen, dass sie keinen Betreuungsplatz findet. In diesem Fall könnte der Mann sagen: »Ich nehme das Kind.« Oder: »Meine Mutter übernimmt die Betreuung.« Dazu gibt es bislang aber noch keine Gerichtsentscheidungen.

Ich habe auch erfahren, dass Kinder von Vätern bestochen werden: »Bei mir behältst du dein Zimmer.« Kinder wollen instinktiv die Trennung vermeiden. Wenn man sie fragt: »Zu wem willst du?«, antworten sie oft: »Weiß ich nicht, ich will hier bleiben.« Und »hier bleiben«, also in der familiären Wohnung, kann immer nur der, der das bessere Gehalt hat. Oder der, der den anderen auszahlen kann. Und das ist häufig der Mann. Dieser Aspekt hält auch viele Frauen von einer Trennung ab, weil sie Angst haben, das Kind zu verlieren. Wenn das Geld eindeutig bei dem Besserverdienenden bleibt, stürzt der andere häufig in der Beziehung zum Kind ab. Das wird, befürchte ich, in Zukunft immer häufiger vorkommen.

Scheidung ist immer ein Armutsrisiko. Kinder in zwei Wohnungen aufzuziehen, ist immer teurer als in einer. Die Mütter verlieren vielfach ihren sozialen Status (es sei denn, sie haben gleich wieder einen neuen Partner). Da kann es schon sein, dass das Kind sagt: »Ich bleibe lieber bei Papa. Der kann mir alle zwei Jahre einen neuen iPod kaufen.«

Alleinerziehende Mütter sind grundsätzlich arm. Häufig objektiv, aber auch subjektiv gesehen. Die Zeit ist knapp, das Geld ist knapp. Die Familie lebte zuvor in einem bestimmten sozialen Umfeld. Und das kann beispielsweise eine alleinerziehende Frau meistens nicht mehr halten. Sie muss vielleicht in einen anderen Stadtteil umziehen, wo die Mieten günstiger sind. Aber auch wenn sie weiterhin in der Wohnung bleiben kann, dann ist es ihr vielleicht nicht mehr möglich, den Tennis- und Musikunterricht der Kinder zu bezahlen. Das alles erlebt sie subjektiv als Abstieg. In solchen Situationen muss man kreativ werden, Großeltern fragen, möglicherweise überlegen, ob man einen Kredit für eine Ausbildung aufnimmt, um später besser verdienen zu können.

Wann ist es eigentlich gefährlich, auf einen eigenen Anwalt zu verzichten?

Der Anwalt ist immer Vertreter des Antragstellers, ein Paar kann nicht gemeinsam die Scheidung einreichen, selbst wenn sie sich für einen Rechtsberater entschieden haben. Genau genommen gibt es also den gemeinsamen Anwalt gar nicht.

Nach meiner Erfahrung würde ich sagen, dass es in 50 Prozent der Scheidungsfälle richtig ist, nur einen Rechtsberater zu nehmen. Bei den anderen 50 Prozent zieht der Mann die Frau damit über den Tisch. Mein Rat: Auf einen eigenen Anwalt sollte man nur nach einer persönlichen Rechtsberatung verzichten. In dieser kann man abklopfen: Was ist in der Ehe erwirtschaftet worden? Wie ist das Gesamtvermögen zu verteilen? Sind die Vorstellungen von meinem Mann richtig? Und wenn man sich wirklich über alles einig ist und alles so verteilt hat, dass jeder zufrieden ist, dann genügt ein einziger

Anwalt. Angesichts einer solchen Situation kann man sich auch einigen, wer von beiden den Anwalt beauftragt. Das sollte immer der Schwächere sein. Der andere Partner kann zu jeder Beratung mitgehen und zuhören und vertrauen, weil es eine Transparenz bezüglich aller Fragen gibt. Zugleich sollte man sich darüber verständigen, wie man die Kosten teilt, sonst trägt diese der Auftraggeber.

Wo Unsicherheiten bleiben und von Fairness nicht geredet werden kann, da muss man anscheinend in den sauren Apfel beißen. Das heißt: zwei Anwaltshonorare?

Das Familienrecht ist so komplex, deshalb kann ich bei schwierigen Scheidungen nur zwei Rechtsberater empfehlen. Wer als Frau vorher nicht gearbeitet hat, muss sich in einem bestimmten zeitlichen Rahmen bewerben, sich um Kinderbetreuungsmöglichkeiten kümmern – und das alles dokumentieren. Wenn man das nicht macht beziehungsweise nicht richtig macht, kann der Anwalt des Mannes ein halbes Jahr später sagen: »Sie müssten ja schon längst wieder berufstätig sein!« Wenn man sich tatsächlich um eine Stelle bemühte, das aber nicht nachweisen kann, hat man ein Problem. Eine Anwältin kann ihrer Mandantin in schwierigen Fällen gute Tipps geben und Absprachen treffen, damit deren Rechtsposition geschützt werden kann.

Warum ist Scheidung überhaupt so teuer?

Die Gerichtskosten selbst sind nicht allzu hoch, die Scheidung hat einen Gegenstandswert von drei Monaten des Familieneinkommens. Die Anwälte sind dagegen nicht ganz billig, ihre Honorare beginnen ab 150 Euro pro Stunde. Und da die Berechnung des Versorgungsausgleichs beispielsweise sehr kompliziert ist, kommen einige Stunden zusammen. Die Leute denken oftmals, es ist doch egal, ob ich später 30 Euro mehr Rente erhalte oder nicht. Aber das kann am Ende viel Geld sein. Um 100 Euro Rente zu erhalten, müssen vorher 25 000 Euro eingezahlt sein. Wir Anwälte haften für die Richtigkeit unserer Beratung, das macht sie teuer.

Welche Kosten kann man auch bei der friedlichsten Einigung nicht vermeiden?

Der Streitwert der reinen Ehescheidung beträgt, wie eben schon gesagt, drei Monate des Familieneinkommens. Dazu kommen die Kosten für den Versorgungsausgleich, dieser Streitwert beträgt pauschal 2000 Euro. Alle anderen Ausgaben hängen davon ab, worüber das Paar sich noch vor Gericht oder außergerichtlich mittels Anwälten streiten will.

Ist Mediation in jedem Fall billiger?

Die meisten Kolleginnen arbeiten nach einem Stunden- beziehungsweise einem Sitzungshonorar, vergleichbar wie bei einem Psychotherapeuten (siehe S. 113). Gegebenenfalls wird für die Abschlussvereinbarung zusätzlich ein streitwertbezogenes Honorar fällig. Das neue Unterhaltsrecht verlangt nämlich, dass Unterhaltsvereinbarungen nur noch notariell geschlossen werden können – ein neuer Schutz, damit man die Reichweite seiner Entscheidungen erkennt.

Sollte man lieber zu einer Anwältin oder zu einem Anwalt gehen?

Viele männliche Kollegen können Frauen gerade in finanziellen Dingen sehr gut beraten. In jedem Fall sollte es ein Fachanwalt für Familienrecht sein oder einer, der viel damit zu tun hat. Wer mich bei einem Verkehrsunfall gut vertreten hat, ist noch lange nicht ideal für eine Scheidung.

Was raten Sie Frauen, die sich keine Anwältin leisten können?

Wer knapp bei Kasse ist, muss sich nicht schämen – Anwälte sind darauf eingestellt. Wer es günstig haben will, kommt am besten mit gut vorbereiten Fragen in die Beratung und bringt gleich alle Belege über Einkommen und so weiter mit. Natürlich ist eine Kosten-/Nutzenanalyse zu machen. Was ist mir wichtiger, meine Angelegenheiten zu regeln oder ein neuer Rock? Ein Tipp an verheiratete Frauen: immer ein eigenes Konto führen, auf dem mindestens 500 Euro für den Notfall sind.

Es gibt auch eine staatliche Prozesskosten- und Beratungshilfe. Wer die Scheidungsausgaben nicht allein tragen kann, gemessen an den wirtschaftlichen Verhältnissen, erhält eine Unterstützung vom Staat. Nach dem Prozesskostenhilfegesetz ist jemand arm, der monatlich 382 Euro für sich zum Leben hat – nach Abzug der Kosten für alle Versicherungen, der Freibeträge für die Kinder, der Warmmiete und der Kreditraten. Wer erwerbstätig ist, darf 174 Euro mehr besitzen. Sind diese Bedingungen gegeben, wird Prozesskostenhilfe gewährt. Geht das verbleibende Einkommen darüber hinaus, gibt es auch eine Prozesskostenhilfe auf Raten. Daneben existiert weiterhin die Einrichtung der öffentlichen Rechtsauskunfts- und Vergleichsstelle.

Was halten Sie von einer Beratungspflicht vor der Scheidung, wie sie in Australien eingeführt wurde?

Viel, aber ich würde früher ansetzen. Bei Paaren kommt es häufig zu Rollenkonflikten, deshalb wäre hier schon eine Beratung angebracht: Wer wickelt das Kind? Wer bleibt zu Hause, wenn es Keuchhusten hat? Wenn man ein bisschen mehr Verständnis für den anderen entwickeln würde, dann ließe sich manche Ehe erhalten. Viele Paare finden von selbst Lösungen, wenn sie gelernt haben, wieder richtig miteinander zu reden. Wenn man möchte, dass Familien zusammenbleiben, müsste man mehr Wissen über Partnerschaft und über Konfliktlösungen vermitteln. Beim Scheidungsanwalt ist es dafür ein bisschen zu spät, aber für manche noch nicht ganz.

Was halten Sie von einer Scheidung per Internet?

Absolut gar nichts. Im Internet kann man auf klare Fragen klare Antworten bekommen; so lässt sich darüber der Unterhalt berechnen. Aber die Frage, ob es noch Nebeneinkommen, Vermögen und Nachweise darüber gibt, die wird erst gar nicht gestellt. Details, die für juristische Abwägungen oder die Interessen der Mandanten wichtig sind, gehen unter. Ganz zu schweigen davon, dass bei dieser Form der Scheidung die wichtige Dimension der Emotionalität wegfällt. Und billiger ist das Web auch nicht. Die Scheidung selbst ist per Netz sowieso nicht möglich, sie kann nur von einem Richter ausgesprochen werden. Also: Auch wenn man vorher alles im Internet geregelt hat, muss man letztlich mit einem Anwalt zum Gericht gehen, noch dazu mit einem, den man persönlich noch gar nicht kennengelernt hat. Das ist doch gruselig. Ich habe schon öfter erlebt, dass Leute zu mir kamen und sagten: »Ich will nur geschieden werden, alles ist bei uns ganz unproblematisch.« Und nach einigem Nachfragen zeigte sich, dass es eine Menge an ungeregelten Dingen gab. Richtig einfach sind Scheidungen nur, ökonomisch gesehen, wenn beide Hartz IV erhalten. In einem solchen Fall muss man nur überlegen, wer bleibt in der Wohnung und mit welchem Geld zieht man um? Der Staat zahlt hier über die Prozesskostenhilfe die Ehescheidung.

Was ist ein wünschenswertes, ein gutes Scheidungsverhalten?

Sobald sich eine Trennung abzeichnet, sollte zuerst eine Bestandsaufnahme über die finanzielle Situation gemacht werden, das betrifft die Konten, die vorhandenen Lebensversicherungen und die Kredite. Solange man noch in einer gemeinsamen Wohnung lebt, rate ich jeder Frau: Machen Sie sich schlau über all diese Dinge. Machen Sie sich Kopien davon. Das größte Problem ist immer, später nachzuweisen, dass es dieses Auto oder jene Lebensversicherung einmal gegeben hat. Jede Frau tut gut daran, sich entsprechend abzusichern. Wünschenswert ist, schon innerhalb der Ehe immer einen genauen Überblick über die ökonomische Lage zu behalten.

Was ist der größte Fehler im Scheidungsfall?

Nicht informiert zu sein. Und eigenmächtig gemeinsame Konten oder die des Partners abzuräumen – das ist verbotene Selbsthilfe. Von den Gerichten wird ein derartiges Verhalten im Streitfall negativ ausgelegt. Ein weiterer gefährlicher Fehler: eigenmächtig mit den Kindern umzuziehen. Das kann als Kindesentführung gelten. Nach einer Scheidung besteht in aller Regel ein gemeinsames Sorgerecht. Wenn ich mit den Kindern jedoch schon vorher ausziehen will, muss ich sofort zum Gericht gehen, einen Antrag auf eine Eilentscheidung stellen und gute Gründe für diesen Schritt vorlegen können. Eigenmächtigkeit kann bei gleicher Erziehungsfähigkeit beider Eltern als großer Minuspunkt ausgelegt werden. Das wurde früher anders gesehen, da sagte man den Frauen: »Wohnung ausräumen und mit den Kindern abhauen.« Heute geht man davon aus, dass man sich auf irgendeine Weise einigen muss. Es gibt sicher Extremsituationen, da kann das anders sein. Aber für diesen Fall sollte man sich besonders gut beraten lassen.

Existiert überhaupt Gerechtigkeit, wenn zwei sich trennen und alles auseinanderreißen, was einmal zusammengehört hat?

Eine Scheidung ist immer ein Scheitern, selbst für denjenigen, der geht. Die Verlassenen sehen häufig nicht, dass auch der, der alles initiiert hat, Schmerzen hat. Scheidung ist ein großer innerer Konflikt. Wenn die Leute trotzdem ihre Emotionen in den Griff bekommen, dann ist es durchaus möglich, fair zu teilen. Gerechtigkeit ist, dass jeder so leben kann, wie es für denjenigen individuell angemessen ist.

Haben Sie schon einmal alles rausgeholt, was ging? Auch wenn's nicht ganz fair war?

Ein einziges Mal. In diesem Fall wurde ein Vergleich geschlossen, bei dem ich gedacht habe, als Mann hätte ich mich nicht darauf eingelassen. Und zwar aus dem Grund, weil er für die Zukunft Fallstricke enthielt. Und diese haben sich später für die Ex-Frau auch als sehr lukrativ erwiesen. Ich muss dazu sagen, dass der Mann kein gutes Haar an seiner Partnerin gelassen hatte. Ansonsten finde ich einen solchen Streitstil nicht richtig. Fiessein, ein derartiges Verhalten benutze ich nur als Gegenwehr. Manchmal ist dies nötig, um für den Anfang ein Gleichgewicht herzustellen. Nach dem Motto: »Wenn du mies wirst, dann können wir das auch.«

Ich biete lieber eine Einigung an. Wenn Kinder vorhanden sind, dann kann es auch Enkelkinder geben, dann muss man sich irgendwann wieder in die Augen blicken können. Und je eher das passiert, umso besser für alle. Ich bevorzuge eine gewisse Konfliktfreudigkeit, aber stets mit dem Fokus: Wie kann man sich einigen? Ich vergleiche das immer gern mit Israel und Palästina. Entstehen erst einmal unüberbrückbare Konflikte, so wie bei diesen beiden Ländern, Konflikte, die man nicht rechtzeitig in den Griff bekommt, dann werden sie furchtbar. Deshalb muss jeder das Existenzrecht des anderen anerkennen. Ein Mann, der versucht, den Kindern und der Frau das Geld wegzunehmen, das geht nicht. Und eine Frau, die den Mann ausnehmen will, das geht auch nicht. Es muss so geteilt werden, dass alle es als fair empfinden.

!

Erste-Hilfe-Tipps von Ulrike Donat

■ Wenn Sie verlassen wurden: heulen, heulen, heulen, und zwar immer, wenn einem danach ist. Oder sich jemanden suchen, bei dem man sich einmal in der Woche ausweinen kann. Sich sagen: »Ja, das tut weh.« Zum Friseur gehen, Geld ausgeben, für eine Rechtsberatung zum Beispiel. Und wenn zu viele Sorgen auftauchen, sollte man sich orientieren: Wo stehe ich? Wo sind meine Sicherheiten? Was hält noch, was steht noch? Dafür sind Information das Wichtigste, um wieder sicheren Boden unter die Füße zu bekommen. Sie helfen gegen Ängste und Ungewissheit. Man kann auch aktiv werden und sich fragen: Wo will ich wohnen? Wovon kann ich leben? Und wenn der Schmerz so groß ist, dass gar nichts mehr geht, dann rate ich zu einer therapeutischen Begleitung.

6

Mias Rettung

»Ihm verdanke ich meine wunderbaren Kinder!«

Mia (40) erzählt ihre Geschichte. Wie sie ihre große Liebe verlor, wie sie es lange nicht wahrhaben wollte, aber am Ende doch den Absprung schaffte. Wie sie nach einer Therapie und einer Reise ins Unbekannte aus dem tiefen Loch wieder herauskam – und wie schließlich eine neue Liebe vom Himmel fiel.

Ein Bioladen mitten in einem Szeneviertel einer Großstadt. Zwischen Weinregalen und Käseauslagen stehen ein paar Tische zum Kaffeetrinken und Frühstücken. Das Radio spielt Musik von Johann Sebastian Bach. Es duftet nach Croissants. Ein Mann an einem der Stehtische starrt auf seinen Laptop. Mia, die Ladenchefin, befindet sich hinter dem Tresen und schäumt Milch auf. Sie trägt einen dicken blauen Strickpulli und schwarze Hose. In dem Stadtviertel ist sie eine Institution, jeden zweiten Kunden begrüßt sie wie einen Freund, zwinkert diesem zu, schenkt jener ein Lächeln und Nicken. Wer draußen vorbeiläuft, schaut durch die Scheiben, winkt, schickt ein Luftküsschen. Mia kennt man. Mia liebt man. Kaum jemand ahnt, wie schlecht es ihr noch bis vor ein paar Monaten ging. Dass ihre Ehe, in der drei Kinder geboren wurden, eine Katastrophe geworden war. Dass ihr Mann sie betrog, mit ihrer Freundin, die seitdem nicht mehr ihre Freundin ist. Dass er ihr einredete, sie sei selbst schuld daran, dass sie glaubte, er habe recht, dass sie versuchte, etwas zu retten, als schon alles zu spät war.

Dass sie ihn innerhalb von wenigen Stunden aus der Wohnung geworfen hat, als ihr plötzlich alles klar wurde. Dass sie ohne Therapie nicht über die Runden gekommen wäre. Mia ist groß, kräftig, aber nicht dick. Ihre braunen Augen wirken warm, ein wenig exotisch, ihre dunklen Haare sind gerade abgeschnitten, auf Ohrläppchenhöhe. Sie könnte auch Französin sein oder Italienerin, wie sie lächelnd dasteht und ein Baguette mit Ziegenkäse belegt. Sie kommt hinterm Tresen vor, bringt mir eine Latte macchiato, setzt sich auf den Bistrohocker – und ich schalte mein Diktiergerät ein:

Mein Mann hatte etwas mit meiner Freundin angefangen. Ich versuchte, damit umzugehen, wollte nicht aufgeben. Und ich wollte es nicht wahrhaben. Wir haben drei gemeinsame Kinder! Und ich liebte diesen Mann. Bis zum letzten Tag habe ich ihn geliebt. Er ist ein unglaublich reizender Mensch. Wer ihn nicht kennt, muss ihn gleich mögen. Und dass er mit einem Alkoholproblem kämpft, das spürt nicht jeder gleich. Auch das habe ich lange bagatellisiert, nur gelegentlich gesagt: »Pass ein bisschen auf, du trinkst zu viel.« Und er ist depressiv. Das ist mir jetzt erst klar geworden, seitdem die Schwere, die er in mein Leben brachte, verflogen ist.

Das klingt alles furchtbar, aber er besitzt auch große Stärken. Was er alles mit seinen Händen machen kann! Er hat unseren ganzen Laden hier ausgebaut. Wie fantasievoll, begabt und kreativ er ist. Und wie er schreibt – wunderbar. Aber seine stundenlangen philosophischen Gespräche, die konnte er besser mit meiner Freundin führen. Die studiert nämlich seit hundert Jahren Philosophie. Und lebt von ihrem Ehemann. Ich dagegen habe unseren Laden geführt und drei Kinder bekommen.

Es ging mir so dreckig, richtig elend fühlte ich mich. Nach außen bemerkte es keiner, ich funktionierte weiter. Aber innen drin war die Hölle. Ich dachte natürlich, er hat recht. Ich bin hässlich, ich bin langweilig, ich bin dick. Und dick ist die andere nicht. Eher mager. Und ich war immer müde.

Das Absurde: Er glaubt, dass er gehen musste, weil ich mich so scheiße verhalten habe. Die letzten fünfzehn Jahre, sagt er, wären ein einziger Horror für ihn gewesen, er hätte sich nur fremdbestimmt gefühlt. Was für ein Armutszeugnis, das einer Frau zu sagen. Dazu gehören doch zwei. Einer der bestimmt und einer, der sich bestimmen lässt. Also, er hat gelitten. Denkt er, für mich war das alles toll? Ich musste mich um alles kümmern, wozu er keine Lust und keine Kraft hatte.

Und die Liebe? An die erinnert er sich nicht mehr. Wir haben fünf Kinder zusammen. Denn außer den drei Mädchen gibt es noch Zwillinge, Totgeburten. Auch das standen wir miteinander durch.

Manchmal stehe ich ein bisschen ratlos da, wenn ich sehe, wie sich bei ihm inzwischen das Bewusstsein verändert hat. Er ist kein anderer Mensch geworden. Nur grauer und gebeugter erscheint er. Aber ansonsten frage ich mich: Was hat sich in seinem Kopf abgespielt? Natürlich weiß ich, dass sein eigenes Kartenhaus total zusammenbrechen würde, wenn er nicht mit der Argumentation käme, es sei ihm mit mir so dreckig gegangen. Irgendwann wird es dies dennoch tun. Aber noch hält er alles mühsam aufrecht.

Seine Freundin ist von einem ähnlichen Kaliber wie er. Die beiden bedingen sich in ihrer Depression. Sie hat eine Tendenz zur Selbstzerstörung. Zerschneidet sich die Haut und steckt sich nach dem Essen den Finger in den Mund. Die zwei ziehen sich gegenseitig herunter. Aber er kann sie beschützen. Obwohl ich das auch gebraucht hätte, ohne Frage. Aber das sieht keiner, wenn man stabil erscheint. Sie kann er tragen, sie ist so zart, so zerbrechlich. Und ich bin dick. Er hat mir sogar vorgeworfen, dass ich keine O-Beine habe. Er liebt O-Beine. So ein Quatsch.

Heute weiß ich: Wir haben überhaupt nicht zusammengepasst. Ich habe ihm unrecht getan mit dem, was ich von ihm wollte, von ihm erwartet habe. Das konnte er nicht. Er war viel zu schwach. Aber in meinen Augen war er einfach nur toll. Ich habe ihn überhöht. Und überfordert. Er war nicht der, für den ich ihn hielt. Er war ein Irrtum. Aber er war der richtige Vater für meine Kinder. Ich habe so wundervolle, so schöne, so begabte Kinder – das verdanke ich ihm. Also war er kein Irrtum. Diese Kinder sind nur so klasse, weil sie von uns beiden sind. Weil sie auch eine Menge von ihm haben. Er hat jedoch nicht die Größe, das zu sehen. Er wirft meiner Großen manchmal vor: »Du bist wie deine Mutter.« Und es ist ein Vorwurf. Ich kenne das. Meine Mutter hat mir damals auch gesagt, ich sei wie mein Vater.

Heute weiß ich: Ich war einfach viel zu stark für meinen Mann. Ich habe den Laden in Gang gehalten, das Geld verdient, alles für die Kinder entschieden, den Haushalt geschmissen und zudem einen großen Freundeskreis aufrechterhalten. Heute kommt es mir beinahe befremdlich vor, wenn ich mich daran erinnere, dass ich Angst vor der Trennung hatte. Glaubte ich doch, es mit drei Kindern nicht allein schaffen zu können. Dabei hatte ich es schon die ganze Zeit über allein gemacht! Ich hatte es nur nicht gemerkt. Nicht wahrhaben wollen. Ich war so verliebt. Ich liebte ihn so bedingungslos. Ich habe ihn bewundert. Für seine Klugheit, Schönheit, Sanftheit. Und ich habe gedacht: Ich brauche ihn. Aber als Partner und Familienvater war er ein Phantom.

Es ist ein Glück, wie letztlich alles gekommen ist. Ein Glück, dass er weg ist. Ein Glück, dass ich eines Tages wegen ewiger Rückenschmerzen in eine Therapie ging. Der Mann, der mich behandelte, drückte einige Punkte auf meinem Körper, und da brach alles aus mir heraus. Ich zerfloss plötzlich in Tränen. Nicht weil ich körperliche Schmerzen hatte, das war auch dem Therapeuten sofort bewusst. Aber als er mit sachtem Druck die Verspannungen im Rückenbereich, im ganzen Körper lösen wollte, reagierte darauf meine Seele.

Mein ganzes Elend brach förmlich aus mir heraus. Der Rückenspezialist riet dringend zu einer Psychotherapie. Diese Behandlung rettete mich. Ich hatte wieder einmal Glück, diesmal mit meiner Therapeutin. Wir saßen manchmal sechs Stunden zusammen. Ich konnte alles zertrümmern, was da war. Gedanklich zerschmetterte ich wohl Dutzende Vasen, ließ bei ihr meine Wut heraus, meinen ganzen Frust. Da ist viel hochgekommen, auch eine Menge aus meiner Vergangenheit. Wochenlang sprach ich beispielsweise nicht mit meinen Eltern. Aber ich begann schließlich, immer mehr zu verstehen. Wer ich bin, warum ich so bin und was meine Eltern damit zu tun haben. Irgendwann habe ich angefangen, mit meinem Vater zu reden. Er hat einfach nur zugehört. Das war gut. Mit meiner Mutter konnte ich erst später wieder einen gemeinsamen Weg finden.

Ich begriff Dinge, die ich vorher nicht ausgehalten hätte. Schmerz aus Kindertagen. Der Schmerz des ungeliebten Kindes. Auf die Welt kam ich per Kaiserschnitt, meine Mutter durfte mich vier Wochen lang nicht sehen, sie war zu schwach. Diese Fremdheit bei meinem Start ins Leben, die konnten wir nie richtig überbrücken. Meine Mutter ist das, was man einen Workaholic nennt. Protestantisch und arbeitsam. Zuerst kommt immer die Pflicht. Wie oft hat sie gesagt: »Hab dich nicht so. Was, du bist krank? Gibt's nicht, ab in die Schule.« Und mein Vater? Ja, der war zu diesem Zeitpunkt schon lange weg. Meine Eltern wurden geschieden, als ich fünf Jahre alt war. Erst jetzt weiß ich, dass mein Vater derselbe Typ Mann ist wie mein eigener. Auch er kämpfte mit Alkoholproblemen, war melancholisch, hielt sich gern in fremden Betten auf. Da ich ihn in meiner Kinder- und Jugendzeit kaum sah, war ich nicht vorgewarnt. Ich erkannte die Zeichen nicht, die ich vielleicht sonst bei meinem Mann erkannt hätte.

Ich bin heute davon überzeugt, dass die unglaublichen Trennungsschmerzen, die ich spürte, mit ganz alten Verletzungen zu tun haben. Manche Menschen trennen sich leichter. Ich bin sicher, dass bei ihnen keine alten Wunden mit aufbrechen, wenn sie einen Partner verlieren. Die verlieren einfach nur einen Partner. Und das ist auszuhalten. Die Liebe reicht eben nicht für ewig, das wissen wir ja. Aber bei mir ging es um existenzielle Erfahrungen. Da schmerzen alte Zurückweisungen neu, wenn aktuelle Kränkungen Unbewusstes an die Oberfläche katapultieren. Das habe ich in der Therapie erfahren.

Ich war damals ziemlich sauer auf meine Mutter. Es nützte mir gar nichts, dass sie so wütend auf meinen Mann war, wütender als ich. Ich spürte, dass bei ihren Reaktionen eigene Verletzungen mit eine Rolle spielten. Sie entsann sich, wie sie damals von ihrem ersten Mann, meinem Vater, verraten worden war. Meine Mutter hat das wohl nie verarbeitet, obwohl sie später wieder geheiratet hat und noch ein zweites Kind bekam. Anscheinend erinnerte mein Ehe-Drama sie an alles. Erst als ich mich halbwegs gesammelt hatte, konnte ich verzeihen. Auch ihr. Dass ich zu jemandem geworden war, der eigene Grenzen nicht empfinden konnte, jemand, der alles auf sich nahm und wenig von anderen erwartete. Und es schon gar nicht verlangte und einklagte. Ich sei ein pflegeleichtes Kind gewesen, sagte meine Mutter einmal. Bei der rigiden Erziehung, die damals üblich war, wird ein Kind schnell gespürt haben, dass es keine andere Chance besitzt. Aber ich habe verziehen. Weil es besser für mich ist.

Einmal fand ich die beiden zusammen in unserem Ehebett, meinen Mann und meine Freundin. Ich wusste zwar schon, dass sie was miteinander hatten, aber es zu sehen, war etwas anderes. Sie ging an mir vorbei und meinte: »Tut mir leid.« Ich stand da, war sprachlos. Und er sagte noch, das sei doch alles halb so wild. Er bräuchte das eben. Ich solle das nicht so eng sehen.

Wenn ich zurückschaue, wundere ich mich immer noch. Wie bin ich aus dieser Situation nur herausgekommen? Bis man Selbstmitleid und Verzweiflung hinter sich lassen kann, zerfleischt man sich. Dumm. Dick. Hässlich. Das abzuwerfen, den Kopf wieder hoch zu tragen, ist schwer – und es dauert.

Nachdem ich fast drei Jahre gelitten hatte und nicht wahrhaben wollte, dass es aus ist, erfuhr ich diesen berühmten Auslöser. Durch ihn konnte ich meinen Weg ohne meinen Mann plötzlich deutlich vor mir sehen. Und das kam so:

Nach einem gemeinsamen Abendessen hatte ich wieder einmal mit ihm reden wollen. Ich hatte die Hoffnung, dass wir uns durch Gespräche erneut annähern könnten. Er meinte nur: »Ach, lass doch, ich bin so müde.« In diesem Moment klingelte das Telefon – sie war am anderen Ende der Leitung. Mein Mann wurde augenblicklich munter, ging mit dem Apparat in den Flur, blieb aber in Hörweite. Laut und deutlich sagte er in den Hörer: »Du, die Blöde hier, die versucht immer noch unsere Ehe zu retten.« Von einem Moment auf den anderen ließ ich ihn los, gab ihm zu verstehen: »Du hast exakt vierundzwanzig Stunden, dann bist du hier raus, mit allem, aber wirklich mit allem.« Er stammelte: »Das schaffe ich nicht. Wie soll das denn gehen?« Meine Antwort darauf: »Na gut, achtundvierzig Stunden. Und keine Minute länger.« Anschließend ging ich in den Laden hinunter und holte Kartons hervor, die ich nach oben brachte. In diese schmiss ich seine Bücher hinein, seine CDs, seine Socken. Ja, ich tat das. Wie immer war ich die Macherin. Mitten in der Nacht. Aber auf diese Weise konnte ich wenigstens meine Wut ausagieren. Er wollte seine Bücher noch liebevoll sortieren, das verhinderte ich aber, indem ich sie ihm aus der Hand riss und an den Kopf knallte. Dieser heilige Zorn, er war wunderbar in der Situation.

Tage später wurde es dunkel in mir. Loslassen, loslassen, loslassen – das Wort sagte ich mir wieder und wieder. Ich wusste, meine Reaktion war meine Chance. Doch es war ein schwerer Schritt, ständig bekam ich Heulkrämpfe. Irgendwann, mein Mann lebte schon in einer eigenen Wohnung, sagte ich zu ihm: »Ich fahre weg, kümmere dich um die Kinder, ich weiß nicht, wann ich wieder da bin.« In dieser Auszeit besuchte ich Freunde in Italien, danach Bekannte von ihnen. So wurde ich weitergereicht, bis ich nach Mailand kam, zu einer völlig unbekannten Familie. Sie bestand aus einer Frau in meinem Alter, dem Ehemann und der Mutter der Frau. Diese sagte bei meiner Ankunft: »Eine Mutter von drei Kindern! Und fährt allein weg! Was ist das für eine Person?« Ihre Tochter erwiderte: »Wie schlecht muss es einer Mutter gehen, die ihre drei Kinder allein lässt?« Daraufhin ging die alte Mutter jeden Tag in die Kirche, betete für mich und zündete eine Kerze für mich an. Außerdem hat sie einen Rosenkranz für mich weihen lassen und mir ein Heiligenbild für mein Portemonnaie geschenkt. Ich bin nicht religiös, aber dieses Heiligenbild holte ich immer hervor, wenn ich weinen musste. Das Wort »loslassen« sagte ich weiterhin jeden Tag zu mir. Mindestens hundertmal, so wie es mir geraten worden war. Hundertmal am Tag murmelte ich: »Loslassen.« Ich glaube, diese alte Frau hat mich gerettet, diese Wärme von völlig fremden Menschen. Als ich wieder nach Hause fuhr, habe ich diese Wärme mitgenommen. Ich fühlte mich so unglaublich gestärkt. So reich war ich auf einmal. Ich hatte alles verloren geglaubt. Und so viel gewonnen. Mich. Ich wusste endlich, wie ich bin. Stark, autark, liebebedürftig, auf Hilfe angewiesen.

Eine Frau, die das Leben selbst in die Hand nimmt, wird vielfach als stark angesehen. Und wie bedürftig sie zugleich ist, wird dabei übersehen. Sie selbst übersieht es auch gern. Womöglich würde es nur zu traurig stimmen, zu erfahren, wie wenig Liebe und Unterstützung man erhält.

Als ich nichts mehr zu verlieren hatte, habe ich Liebe gefunden, bei fremden Menschen. Sie haben mich geachtet und verstanden. Ich habe bekommen, was ich brauchte. Und es war ganz leicht.

Jetzt habe ich mein Leben zurück. Nach dem Auszug meines Mannes war ich ein Jahr lang allein mit meinen drei Mädchen. Es war eine schöne Zeit. Wir vier haben so viel unternommen wie nie zuvor. Wir haben eine Menge zusammen gelacht. Es ging alles prima. An einen neuen Mann für mich dachte ich überhaupt nicht. Das war kein Thema. Ich ging sowieso davon aus, dass ich nie wieder einen finden würde. Mit drei Kindern, wer sollte mich da nehmen? Und dann war es so einfach. Er saß eines Tages vor meinem Laden und bestellte einen Espresso.

Er kam wie ein Geschenk. Und noch immer ist es unglaublich gut mit ihm. Seit einem halben Jahr leben wir zusammen. Er war auf dem Sprung, um in seine Heimatstadt zurückzukehren. Gerade hatte er ein Projekt beendet und noch zwei Wochen Zeit, sich ein wenig in der Straße umzuschauen, in der er in den letzten Monaten wohnte. Es war die Straße, in der ich meinen Laden habe. Robert ist nie gegangen. Wenn ich daran denke, dass ich mich unattraktiv gefühlt habe …

Meine Mädchen sagen: »Robert ist Papa. Und Papa ist Daddy.« Momentan lebt ihr Vater in einer Einzimmerwohnung, wie damals vor unserer Ehe, obwohl er drei Kinder hat. Obwohl er heute fünfzehn Jahre älter ist. Bei zwei Zimmern, da würde er den Überblick verlieren. Er ist so unorganisiert, so schwach. Sein Geld verdient er mit Taxifahren, nebenbei spielt er in einer Band.

Die Kinder sind an zwei Tagen in der Woche bei ihm. Die Große allerdings ist nicht gern bei ihm. Sie ist in der Pubertät, und mein Noch-Mann hat keinerlei Verständnis für sie. Das spürt sie. Und somit zieht sie sich zurück. Neulich verlor sie mit einer Stimme bei der Wahl zum Klassensprecher gegen ihre beste Freundin. Sie war sehr traurig. Und er beschimpfte sie, sagte, sie sei nur eifersüchtig. Ich gab ihr zu verstehen: »Die Wahl hätte auch anders ausgehen können, wenn noch ein Schüler mehr in der Klasse gewesen wäre. Du musst nicht Klassensprecherin werden, um beliebt zu sein.« Ihr Vater hatte überhaupt nicht verstanden, worum es seiner Tochter bei dieser Wahl eigentlich ging.

Auch unsere mittlere Tochter betrachtet ihn kritisch, aber mehr liebevoll, auch ein bisschen mitleidig. Einmal regte ich mich auf, weil mein Mann den Kindern etwas versprochen hatte, was er jedoch nicht einhielt. Weil das öfter vorkam, sagte ich: »Ja, er verspricht immer viel.« Meine Zweitälteste antwortete daraufhin: »Mama, sieh mal, er braucht das. Lass ihn das doch versprechen, wir wissen ja, was wir davon zu halten haben.« Die Kinder haben schon mal drei Stunden vor seiner Tür gesessen, weil er vergessen hatte, dass sie kommen wollten.

Natürlich könnte ich in solchen Situationen durchdrehen, ihn zur Rede stellen, ihm die Kinder seltener geben oder ganz vorenthalten. Ich könnte mich bei Gericht beschweren, das alleinige Sorgerecht beantragen, weil er mit seinen Töchtern nicht ordentlich umgeht. Er raucht in dem einen Zimmer, in dem sich alle aufhalten. Wenn er keine Lust hat, etwas mit ihnen zu unternehmen, schauen sie sich einen Film nach dem anderen an. Er hat sie auch schon allein gelassen, um bei seiner Freundin zu sein. Unglaublich, wo er doch nur zwei Tage mit den Kindern zusammen ist. Aber um ihm das Sorgerecht zu entziehen, dafür müsste ich ihn in die Tonne treten. Und das habe ich nicht vor. Er ist der Vater meiner Kinder. Und das bleibt er, egal, welche Fehler er begeht.

Die Kinder verstehen die Dinge. Sie machen sich ein eigenes Bild, sagen: »So ist eben unser Papa.« Trotzdem lieben sie ihn. Ich finde es wichtiger, ihnen diese Liebe zu lassen, als an seinen Unfähigkeiten herumzukritisieren. Die erkennen sie selbst, genauso wie sie seine liebenswerten Seiten sehen. Und sie lernen dabei sehr viel. Sie lernen, all das auszuhalten und sich zu wehren.

Meine Große hat beispielsweise zu ihm gesagt, dass sie es nicht gut findet, wenn er in ihrer Anwesenheit stundenlang mit seiner Freundin telefoniert. Er solle sich besser um sie kümmern, wenn sie schon mal Zeit miteinander verbringen. Ansonsten könne er machen, was er wolle. Ist doch toll! Wie mutig sie ihre Bedürfnisse anmeldet. Als sie auf der Straße der Freundin ihres Vaters begegnete, grüßte meine Tochter sie, woraufhin die Frau wegschaute. Meine Tochter beschwerte sich darüber bei ihrem Vater. Er meinte nur: »Du hast sie einmal schwer verletzt.« Meine Tochter und ich mussten lachen, als wir uns vorstellten, dass eine erwachsene Frau sich von einem Kind – die Große war damals elf – so »verletzt« fühlen konnte, dass sie es zweieinhalb Jahre später immer noch nicht verziehen hatte.

Ich will nicht sagen, dass diese Frau unsere Familie zerstört hat. Meine Kinder sagten einmal: »Wenn sie damals nicht immer mit uns Hausaufgaben gemacht hätte, wäre es ihr kaum möglich gewesen, den Papa so gut kennen zu lernen. Dann wäre das alles nicht passiert.« Sie haben Schuldgefühle, wie das von vielen Scheidungskindern bekannt ist. Wir reden über diese Dinge. Ich traue ihnen zu, dass sie alles verstehen können, wenn ich die richtigen Worte finde.

Sie begreifen die Unterschiede. Sie sehen, wie verschieden Erwachsene sind. Einmal führte ich mit meinem Mann hier im Laden ein Gespräch, unsere Mittlere kam kurz hinzu und beobachtete uns. Hinterher sagte sie: »Du bist locker und frei und lachst sogar, wenn du mit ihm sprichst. Er kann dir nicht einmal in die Augen gucken.«

Ich weiß, dass meine Kinder klug und robust sind. Sie haben bei mir und meinem Freund alles, was sie brauchen. Auch wenn ich wenig Zeit habe, so wissen sie, dass sie das Wichtigste für mich sind. Wenn eines von ihnen zur Tür hereinkäme und weinte, ich würde sofort das Geschäft schließen und mich um sie kümmern. Und das wissen alle drei. Auf diese Weise gebettete Kinder halten auch Schwierigkeiten mit dem Vater aus.

Mir ist klar, dass der Kontakt zu ihm, wie er jetzt läuft, alles andere als ideal ist. Aber für mich ist entscheidend, dass sie ihn überhaupt behalten. Hätte ich meinen Vater, diesen schwachen, aber auch liebenswerten Mann, damals kennengelernt, ich hätte ganz gewiss eine andere Partnerwahl getroffen.

Meine Mädchen werden sicher feinere Sensoren dafür entwickeln, was Männer versprechen und was sie tun. Ich glaube nicht, dass es ihnen sehr schadet, wenn sie diese Widersprüche schon in so jungen Jahren erleben. Ihr Vater ist einfallsreich, er macht spannende Dinge mit ihnen. Doch wenn er keine Lust hat, überlässt er sie sich selbst. Das ist nicht schön, aber es bringt sie nicht um. Sie merken sich alles und entwickeln eine eigene Position. Und das wird ihnen später immer nützen. Ich mische mich nur im Notfall ein.

Wie viele Paare haben wir das gemeinsame Sorgerecht beantragt, obwohl er sich nicht zur Hälfte an der Kinderbetreuung beteiligt. Das kann er gar nicht. Will er auch nicht. Und finanziell kommt ebenfalls fast nichts von ihm.

Wenn meine Kinder groß sind, wenn sie studieren wollen, müssen sie sich selbst überlegen, ob sie Unterhalt bei ihm einklagen. Das wird mit Sicherheit auch davon abhängen, wie es weitergehen wird, wie er sich in Zukunft als Vater verhält. Ich hätte keine Scheu, ihn zu verklagen, ich würde es sogar selbst tun. Aber was bringt es bei einem Menschen, der kaum die eigene Miete zahlen kann? Er bekommt nichts auf die Reihe. Wenn ich jetzt klage, würde er Zuschüsse vom Jugendamt erhalten, weil er kein ausreichendes Einkommen vorweisen kann. Aber das würde nur noch für die Kleinste gelten. Und es wäre nicht viel mehr als jetzt, wo er mir ab und zu 200 Euro in die Hand drückt. Ich weiß, er gibt, was er kann. Er liebt seine Kinder. Sie fehlen ihm, der alltägliche Umgang mit ihnen fehlt ihm. Aber allein kann er das nicht herstellen. Das funktionierte früher immer nur über mich.

In zwei Wochen ist die Scheidung. Und zu diesem Termin muss ich mich endgültig der Frage stellen: Akzeptiere ich wirklich, dass er keinen Unterhalt für die Kinder zahlt? Oder prozessiere ich doch noch? Oder setze ich ihn wenigstens unter Druck, damit er seine Zustimmung zum Namenswechsel der Kinder gibt? Sie tragen nämlich seinen Nachnamen, weil ich bei der Heirat einen Doppelnamen angenommen hatte. Sein Name galt jedoch als Familienname, und die Kinder wurden automatisch nach ihm benannt. Nach der Scheidung werde ich seinen Namenszusatz ablegen und allein meinen Mädchennamen behalten. Ich benutze schon seit einiger Zeit nur noch diesen, und ich habe ein Problem, weil ich seitdem immerzu nachweisen muss, dass es sich bei den Kindern um meine Töchter handelt. Beim Arzt, bei Reisen, ständig werde ich fragend angesehen. Aber ich ahne, dass er dem Namens-wechsel nicht zustimmen wird, obwohl ich zu 90 Prozent alles mit den Kindern mache. Aber so ist er: alle Rechte für sich nutzen, die Pflichten aber nicht erfüllen.

Ein anderer Streit, der ebenfalls noch nicht ausgefochten ist: Ich möchte, dass er mit den Kindern einmal im Monat ein ganzes Wochenende verbringt, bislang sind sie immer nur einen Tag bei ihm, manchmal auch nur Stunden. Er sagt aber, dass ihm das nicht möglich sei. Mir geht es nicht darum, ein Wochenende frei zu haben. Ich will einfach nur für die Kin-der das Beste. Und das Beste ist, einen ganzen Vater und eine ganze Mutter zu haben.

Alle drei Mädchen besuchen eine zweisprachige Privat-schule. Luxus. Der einzige in meinem Leben. Ansonsten läuft bei mir alles am Existenzminimum. Das Geschäft wirft so we-nig ab, dass die Kinder Hartz IV erhalten. Ich komme mit ganz wenig aus, und da ich nie etwas anderes gewohnt war, kann ich damit leben. Es ist okay. Ich arbeite eigentlich aus-schließlich für meine Kinder. Aber das tue ich sehr gern. Al-lein die Tatsache, dass ein Mädchen, das sich mitten in der Pubertät befindet, mit Vorliebe zur Schule geht, ist jeden Euro wert. Es ist eine Ganztagsschule mit tollen Möglichkeiten. Neunzehn Kinder in der Klasse, dazu viele Freizeitangebote. Alle drei lieben diese Schule. Meine Große wird wahrschein-lich ein Stipendium erhalten, weil sie so gute Noten hat. Das wird das Schulgeld bis zum Abitur sichern.

Mein Noch-Mann sagt natürlich, dass wir uns keine Pri-vatschule leisten können. Aber er hat dazu nichts zu sagen, er trägt sowieso nichts zum Schulgeld bei. Soll er reden.

Manchmal mache ich mir natürlich Gedanken wegen die-ser teuren Schule. Manche verdienen das Zehnfache und schicken die Kinder dennoch nicht auf eine solche Einrichtung. Ich verwende dafür das gesamte Kindergeld, aber im Grunde ist es eine Frage der Prioritäten, die man selbst setzt. Andere geben ihr Geld für Alkohol aus. Oder für Sportwagen. Ich will, dass meine Kinder alle Chancen haben.

Ich begreife mich nicht als alleinerziehende Mutter. Ich sehe mich als einen Menschen, der gesegnet ist mit einer großen Anzahl von Personen um mich herum, die verdammt großzügig sind. Die mit anpacken, ein Auge auf uns haben und einfach da sind. Das reicht meistens schon. Meine Mittlere hat eine wunderbare Patentante, die ihr den Musikunterricht finanziert. Die Große brauchte einen Laptop. Und da kam die Ansage von einem Freund, dass sie seinen zwei Jahre alten Mac haben könne. Wenn ich zu einer Bio-Fachmesse fahren will, dann zieht eine Freundin einfach bei mir ein und sorgt für die Kinder, wenn man Lebensgefährte keine Zeit hat.

Es ist unglaublich, wie gut es mir heute geht. Ich weiß, dass es mein Glück war, dass meine einstige Freundin mir meinen Mann weggenommen hat. Er war eigentlich nur eine seelische Last. Immer hatte ich Angst um ihn. Dass er zu viel trinkt, dass er unglücklich ist. Es war immer alles problematisch mit ihm. Ich habe das nicht gemerkt, weil ich so daran gewöhnt war. Jetzt ist alles leicht. Jetzt weiß ich erst, wie schwer es damals war.

Und das nimmt mein Mann mir übel. Es ist für ihn ganz furchtbar, dass ich mich wohlfühle, obwohl es mir seiner Meinung nach ohne ihn eigentlich schlecht gehen müsste. Und dass er nicht froh geworden ist, obwohl er nun freie Fahrt hat. Er hasst mich regelrecht für seine Schwäche. Und er hasst mich dafür, dass ich ihm verziehen habe. Dass ich mir das leisten kann.

Erste-Hilfe-Tipps von Mia

■ Viel reden mit Freunden. Aber man sollte sich die Freunde genau aussuchen, sie müssen einem auch ordentlich in den Hintern treten können. Es nützt nichts, wenn sie alle mitjaulen und immer wieder bestätigen, was für ein Miststück der Kerl doch ist. Man muss sich ein neues Leben aufbauen, und da braucht man Aufmunterung, Anfeuerung, Leute mit Ideen, die sagen: »Los, komm, mach was. Kümmere dich, lass dich nicht hängen. Du schaffst das!«

■ Wichtig ist auch: wegfahren, Abstand gewinnen. Die eigenen Kräfte ausprobieren – das hat mir am meisten geholfen. Außerdem kann eine Therapie sehr nützlich sein, um ein tiefes Verständnis für sich selbst und für den anderen zu entwickeln. Das nützt beim Verzeihen. Am besten ist natürlich eine neue Liebe.

»Eltern bleiben wir für immer!«

Viele Untersuchungen bestätigen inzwischen, was wir gern hören: Eine Scheidung der Eltern ist für Kinder an sich noch nicht unbedingt die große Katastrophe. Negativ wirkt es sich für ihre Entwicklung aus, wenn die Trennung sich dramatisch vollzieht. Wenn Kinder das Leid der Eltern zu spüren bekommen, indem sie in die Konflikte mit hineingezogen werden. Wenn sie zum Tröster werden müssen, zum Vermittler, zum Taktierer, zum Eltern-Versteher. Das sind Rollen, die Kinder überfordern. Die sie ablenken von ihrem Kindsein. Die sie langfristig prägen. Nur zu gern fühlen Kinder sich gebraucht, sie halten zu dem vermeintlich Schwächeren, dem Verlassenen, dem sie Loyalität zu schulden glauben. Manchmal ist diese Art Gebrauchtwerden aber auch seelischer Missbrauch.

So wie bei Roland (51), der nach vierzig Jahren herausfand, wie die Trennung seiner Eltern wirklich ablief. Die Mutter, zu der er immer gehalten hatte, war gar nicht das Opfer gewesen, wie er bislang glaubte. Sie hatte den Vater mit immer neuen Affären aus dem Haus getrieben. Als Junge sah er nur: Der Papa geht weg, verlässt meine Mutter und mich. Der Schuft. Und die Mutter ließ sich die Wut ihres Kindes gefallen. Sie hatte in der Folge einen liebenden, rücksichtsvollen Sohn – einen Mutter-Kümmerer, der Vater war für Roland abgemeldet. Die beiden hatten über Jahrzehnte keinen Kontakt. Was für ein Diebstahl an Lebensperspektiven!

Einen Tag mit Papa: Scheidung und Kinder

- Von etwa der Hälfte aller Scheidungen sind minderjährige Kinder betroffen.
- Etwa jedes siebte Kind ist ein Scheidungskind.
- In den ersten ein bis zwei Jahren nach der Scheidung zeigen viele Kinder laut Untersuchungen emotionale Störungen, ein schlechteres Sozialverhalten.
- Langfristig neigen Scheidungskinder, statistisch gesehen, zu schlechteren Schulleistungen.
- Wie die einzelnen Kinder den familiären Bruch bewältigen, hängt stark davon ab, wie sich die Eltern vor, während und nach der Scheidung verhalten.
- Kinder verkraften die Scheidung besser, wenn sie schon vorher wussten, dass ihre Eltern Probleme miteinander haben.
- Kinder kommen mit der Trennung zurecht, wenn ihre Eltern weiterhin gut miteinander umgehen.
- Die Nachscheidungskonflikte sind laut neuesten Untersuchungen die schwersten Belastungen für die Kinder.
- Bei traditionellen Familien – Mutter zu Hause, Vater verdient das Geld – leiden die Kinder besonders unter einer Scheidung, weil sie in ihren sicheren Bindungsvorstellungen erschüttert werden.
- Paare, die gleichberechtigt erziehen, wo der Vater sich verantwortlich einbringt, bekommen oft eine bessere Trennung hin.
- Jedes vierte bis fünfte Scheidungselternpaar ist nach sechs Jahren immer noch in Konflikte miteinander verstrickt
- Untersuchungen zeigen: Erwachsene Kinder halten sich entweder aus dem Scheidungskampf der Eltern heraus oder sie stellen sich auf die Seite der Mutter.

Als Vater und Sohn sich nach vierzig Jahren wiederbegegneten, waren sie sich entfremdet – keine Chance mehr für ein vertrautes Verhältnis. Der Sohn will heute von seiner Mutter ebenfalls nichts mehr wissen. Eine Belastung auch für die nächste Generation. Ob Roland wegen der eigenen Geschichte selbst zweimal geschieden ist und zu seinen beiden Kindern nur selten Kontakt hat – wer kann das einschätzen? Fest steht aber laut wissenschaftlichen Studien, dass diese Trennungserlebnisse in der Kindheit Einfluss haben auf das spätere Bindungsverhalten. Scheidungskinder besitzen ein höheres Risiko, geschieden zu werden.

Eine andere Gefahr: Wenn Kinder an den Rand geraten, ihre Bedürfnisse also unwichtig werden, weil die Eltern viel zu sehr mit ihrem Streit beschäftigt sind. Das wirft Kinder aus der Bahn, dann werden sie problematisch, erzwingen Aufmerksamkeit, versuchen eine Aufgabe für die Eltern zu werden, die sie nur gemeinsam lösen können. Die meist unbewusste Idee ist eigentlich ganz logisch: Ihr zwei habt mich gewollt. Jetzt sorgt zusammen für mich. Und rennt nicht auseinander. Der Appell, der je nach Alter mit Einnässen, Schulverweigerung, Aggression, Depression, erhöhter Krankheitsanfälligkeit, Drogenepisoden verbunden sein kann, ist klar und verständlich. Ich brauche euch beide. Lasst euch was einfallen. Sonst mache ich richtig Ärger.

Natürlich sollte man Kindern das Gefühl geben, dass sie beide Elternteile auch nach der Scheidung behalten dürfen, dass sie die Aufmerksamkeit beider genießen, dass sie beide lieben dürfen. Aber das ist schwer, wenn einer der Partner tief gekränkt zurückbleibt.

Wenn die Verletzung frisch ist, soll man dann dem Kind die eigenen Gefühle vorenthalten? Nein. Verstellung klappt nicht, und hilft auch nicht. Verunsichert das Kind eher noch. Aber der eigene Schmerz kann dem Kind so oder so mitgeteilt werden. Es kann verstehen, dass Mama es jetzt schwer hat, dass sie traurig ist, aber es muss nicht verstehen, dass der Vater ein Arsch ist. Das ist der entscheidende Unterschied: Man sollte echte Gefühle zeigen, ohne Wertungen abzugeben, die den anderen mies machen.

Verena (52) hat ihren Kindern die Trennung vom Vater immer wieder neu erklären müssen – je nach Alter, in das sie kamen. Sie hatte so loyal und freundlich vom Ex-Mann gesprochen, dass die Töchter als Teenager sagten: »Wenn er so toll war, warum seid ihr dann nicht mehr zusammen?« Danach hat sie zum ersten Mal erzählt, was nicht so klasse war. Und die Kinder, die gerade dabei waren, erste Liebeserfahrungen zu machen, konnten sie gut verstehen.

Viele Beispiele zeigen, dass einer, Mutter oder Vater, sich zurücknehmen muss, um das komplizierte System einer getrennten Familie am Laufen zu halten. Mia (siehe S. 128) macht es ganz richtig. Einmal weniger auf dem eigenen Recht zu bestehen, einmal weniger besser zu wissen, was gut ist für das Kind, kann Frieden sichern. Und der ist notwendig, wenn beispielsweise das fragile Arrangement des gemeinsamen Sorgerechts funktionieren soll. Es geht nicht darum, in Bezug auf das Kind recht zu behalten. Es geht darum, so viel Schaden wie möglich vom Kind abzuhalten. Und da sind Fragen über Bio-Kost oder Sauberkeit in der Wohnung eher nebensächlich.

Es ist eine große Leistung, ehrlich vor sich selbst zu sein: Will ich meinen Ex immer noch treffen? Benutze ich dafür das, was uns beiden lieb und teuer ist: unser Kind? Der Gedanke ist verständlich, denn die Mittel, den anderen zu erreichen, werden nach einer Scheidung knapper. Dennoch verbietet er sich. Denn die Schäden sind viel größer als der kleine Rache-Nutzen. Geschiedene müssen sich zu Größe aufschwingen, um sagen zu können: »Unser Kind soll unter unseren Konflikten so wenig wie möglich leiden, in diesem Punkt arbeiten wir zusammen. Eltern bleiben wir für immer!«

Es ist ungeheuer schwer, nach der Scheidung mit einem Menschen eng und fair zu kooperieren, wenn es um das Liebste geht, was geblieben ist, das Kind. In diesem Kind zeigt sich jeden Tag, dass da mal was war, was jetzt nicht mehr gilt. Liebe, Sex, Zukunft. Gute Eltern bleiben den Kindern auch nach einer Trennung als Elternpaar erhalten. Das heißt: Man wird den anderen nie ganz los – obwohl man es vielleicht gern wollte. Entweder weil der Anblick des anderen immer wieder die Wunde aufreißt. Oder weil der andere als unerträglich empfunden wird. Vielleicht sucht er immer noch über das Kind Kontakt, und eine Chance, zurückkommen zu können. Das wäre verständlich, verzeihlich. Muss aber deutlich erkannt und begrenzt werden. Vielleicht will er sich über das Kind rächen. Das geschieht tausendfach im Scheidungsalltag. Wer dem entgehen will, muss einen kühlen Kopf bewahren.

Wenn der fünfjährige Felix zweimal im Monat beim Vater und seiner neuen Frau war, wurde ständig an ihm herumgekrittelt: »Vor dem Essen – Händewaschen nicht vergessen. Hat deine Mutter dir das nicht beigebracht?« Als er anfing einzunässen, wurde er sogar ausgelacht und vor der jüngeren Halbschwester bloßgestellt. Auch durfte er nicht so viel essen wie er wollte: »Sei nicht so gierig. Kocht deine Mutter zu Hause nicht?« Trotzdem ging der Junge gern zum Vater. Er kämpfte um seine Gunst, bis Felix fünfundzwanzig war.

Dann verstand er, dass seine Mutter gemeint war, wenn er seinem Vater nicht genügte. Und er schrieb ihm: »Wenn du morgen noch einen Sohn haben willst, dann hör auf, meine Mutter so abfällig zu behandeln.«

Nach der Scheidung müssen jene Grenzen gezogen werden, die in der Ehe nicht möglich waren. Einerseits sind die Grenzen klar: Man ist kein Paar mehr. Aber zugleich bleibt man gemeinsam an etwas sehr Wichtigem interessiert. Vielen Scheidungseltern gelingt das. Bis ein neuer Partner ins Spiel kommt. Dann erwacht oft noch einmal die Eifersucht. Eine Frage interessiert plötzlich brennend: Wie geht der/die Neue mit meinem Kind um? Wird mein Kind ihn/sie vielleicht sogar mögen? Halte ich das aus? Die drei im Urlaub und ich zu Hause allein? Schnell wird behauptet, das Kind werde bei der anderen Partei nicht richtig betreut, die Verhältnisse dort bekämen dem Kind nicht. Die Ernährung sei nicht vollwertig, es werde verwöhnt, dürfe zu wenig an die frische Luft, lerne schlechte Gewohnheiten. Da kann man nur sagen: »Na und?« Was wäre die Alternative? Dauerstreit oder sogar Kontaktabbruch wären noch schädlicher für die kindliche Seele.

So verrückt es klingt: Mit diesen Mängeln muss man als Geschiedene leben. Die Eigenheiten des Ex wird man nicht mehr ändern können – das konnte man ja auch vorher nicht. Und Psychologen sind sich einig: Solange nicht Missbrauch, Gewalt oder grobe Vernachlässigung vorliegen, sind unterschiedliche Erziehungs- und Lebensstile kein so großes Problem für Kinder. Im Gegenteil: Sie lernen auf diese Weise, wie andersartig die Menschen sind und wie sie selbst mit unterschiedlichen Situationen und Anforderungen fertig werden. Bei dem einen wird bei Tisch geschwiegen und nicht eher aufgestanden, ehe alle fertig sind mit der Mahlzeit. Beim anderen wird das Abendbrot vor dem Fernseher gegessen. Das schadet nichts. Auch wenn es nicht ideal ist. Viel belastender wäre, wenn es wegen solcher Differenzen immer wieder Zoff gäbe. Das Kind spürt dann, dass die Eltern sich gegenseitig ablehnen und madig machen.

Den Kindern zuliebe muss jetzt eine Großzügigkeit geübt werden, die in der Ehe kaum möglich war. Eine wahre Leistung. Und die einzige Strategie, die Scheidungskinder vor noch mehr Unheil schützen kann.

Was Eltern vor, während und nach der Scheidung nie tun sollten

Eine heile Welt vorspielen: Den idealen Zeitpunkt für eine Scheidung, bei dem die Kinder sie besser verkraften, gibt es nicht. Wenn die Ehe aus ist, ist sie aus. Kindern etwas vorgaukeln, obwohl in der Beziehung schon nichts mehr stimmt, das traumatisiert sie eher, als wenn sie über das Wesentliche Bescheid wissen. Sie empfinden die dicke Luft trotzdem. Wahrheit ist gesünder als Versteckspielen. Kinder können mit der Trennung der Eltern besser leben – wenn sie fair abläuft – als es ständig in einer dauerhaft angespannten Familie aushalten zu müssen.

Zu viel erklären: Die Gründe für die Trennung dürfen nicht zu detailreich, der Streit der Eltern nicht in allen Facetten dargelegt werden. Kinder sollen nicht hineingezogen, nicht mit Informationen überfrachtet werden, die sie nicht verarbeiten können oder die sie zur Parteinahme veranlassen.

Die Erziehung schleifen lassen: Jetzt nicht aus Mitleid mit der Erziehung aufhören. Lassen Sie keine Dinge durchgehen, die Sie sonst auch nicht geduldet hätten. Mitleid tut dem Kind nicht gut. Kinder brauchen gerade in Trennungssituationen klare Strukturen. Also: weiter regelmäßig Hausaufgaben machen, Zimmer aufräumen.

Den neuen Partner zu früh mitbringen: Geben Sie dem Kind Zeit, die neuen Gegebenheiten zu akzeptieren. Wenn jetzt gleich der/die Neue ins Spiel kommt, kann es überfordert sein.

Um die Gunst des Kindes buhlen: Das geht nach hinten los. Lassen Sie sich nicht auf Konkurrenz mit dem Partner ein. Sie haben nur Geld für den Zoo, der Vater kontert mit dem teuren Freizeitpark? Egal. Sie sind die Mutter. Und Ihr Kind liebt Sie auch ohne Bestechung. Solange Sie gelassen bleiben, ist das alles kein Problem. Das Kind wird beide Aktivitäten genießen. Und keinen vorziehen, nur weil er teurere Geschenke macht. Versuchen Sie, ein solches Wettrüsten gar nicht erst zuzulassen. Kinder lernen sonst schnell, Eltern gegeneinander auszuspielen. Weihnachts- und Geburtstagsgeschenke sollten, wenn möglich, abgesprochen werden, damit es nicht zu Materialschlachten auf dem Gabentisch kommt.

Beim Kind Trost suchen: Lieber nicht! Man sagt, die Trennung der Eltern wirft ein Kind im Geborgenheitsbedürfnis um eine Altersstufe zurück. Es jetzt zum Tröster und damit zum Ersatzpartner zu machen, überlastet es gnadenlos. Solche Erwartungen schaden Kindern nachweislich mehr als die Trennung selbst.

Kein Streit vor dem Kind: Natürlich gibt es Meinungsverschiedenheiten mit Ihrem Ex-Partner – sonst wäre Ihre Ehe nicht geschieden. Aber fechten Sie diese nicht vor dem Kind aus. Kinder beziehen das als Ablehnung auf sich selbst. Lassen Sie Ihre Tochter oder Ihren Sohn lieber erleben, wie Konflikte gelöst werden, indem man ruhig und gelassen darüber redet.

Niemals den anderen abwerten: Schnell ist gesagt: »Deine Mutter könnte sich auch mal um Arbeit kümmern.« Oder: »Dein Vater kommt natürlich mal wieder nicht pünktlich ...« Vermeiden Sie derartige Aussagen. Sie stürzen Ihr Kind damit in größte Nöte. Loyalitätskonflikte sind für Kinder sehr belastend, und sie fühlen sich stellvertretend für den anderen mit abgewertet. Jedes Kind möchte Mutter *und* Vater lieb haben. Es hat von ihm die schönen Locken, von ihr das tolle Lachen. Soll etwas davon verleugnet werden? Wohl kaum. Also ziehen Sie niemals über den Ex-Partner her.

Das Kind nicht aushorchen und nicht verraten: Wie die Neue vom Ex so ist oder ob er sich ein neues Auto gekauft hat – Sie würden es natürlich gern wissen. Aber bitte keine Nachforschungen über Ihr Kind anstellen. Es wird alles erzählen, wenn es sicher spürt, dass Sie nicht lauern und keine bissigen Kommentare abgeben. Auf keinen Fall sollten Sie Berichte des Kindes gegen den Vater benutzen. Das wäre glatter Verrat.

Nicht alles auf die Scheidung schieben: Es gibt den Begriff »Scheidungshypochondrie«. Alles, was schiefläuft, wird auf die Trennung geschoben. Aber: Schlechte Noten, Wutanfälle oder Lügen kommen in den besten Familien vor. Man wird nie erfahren, wie ein Kind sich ohne Scheidung entwickelt hätte – aber ganz ohne Probleme sicherlich auch nicht. Also keine Panik, wenn es Schwierigkeiten gibt. Lassen Sie die gleichen klaren Regeln gelten wie vor der Scheidung.

Was Eltern, die in Scheidung leben, auf jeden Fall tun sollten

Die Trennung richtig erklären: Wählen Sie einen Zeitpunkt, an dem Sie sich stabil genug fühlen. Führen Sie das Gespräch möglichst mit dem Partner gemeinsam. Wenn das nicht geht, verabreden Sie mit ihm, was Sie dem Kind sagen. Die wichtigste Botschaft: »Wir bleiben deine Eltern. Für immer.« Erklären Sie ihm, was sonst noch für das Kind gesichert bleibt, sein Zimmer zum Beispiel. Oder was es dazugewinnt, etwa ein zweites Zimmer beim Vater. Oder auch: »Weihnachten feiern wir aber gemeinsam.«

Weiterleben wie bisher: Der Zusammenbruch der Lebenswelt sollte so klein wie möglich gehalten werden. Bleiben Sie in der Wohnung, wenn es geht, wechseln Sie nicht die Schule. Beziehen Sie Oma, Opa und Kinderfrau bewusst ein – das Kind wird sich besser gebettet fühlen, als wenn es auf einmal nur die geschiedene Mutter um sich hat.

Trauer zulassen: Es ist ganz normal, wenn das Kind sich nach seinem Vater sehnt. Auch wenn Sie froh sind, dass Ihr Ex endlich aus Ihrem Leben verschwunden ist, muss das Kind diese Gefühle weder kennen noch teilen. Es vermisst seinen Vater. Und hat ein Recht dazu. Versuchen Sie, Mitgefühl zu zeigen und zu trösten.

Gefühle des Kindes ernst nehmen: Das Kind ist wütend, traurig, die Trennung der Eltern stinkt es an – lassen Sie es große Wutbilder malen! Und malen Sie am besten gleich selbst mit.

Gelassen bleiben: Wenn Kinder sich nach der Scheidung schwierig zeigen, ist das völlig normal. Es kann sein, dass sie wieder am Daumen lutschen oder vorübergehend einnässen. Kinderpsychologen erklären solche zeitweiligen Erscheinungen als Teil der Trennungsbewältigung. Und sie warnen: Angepasstes, normales Verhalten nach der Scheidung wäre eher ein Alarmsignal als gewisse Probleme mit dem Kind.

Gefahren erkennen: Ihr Kind braucht Hilfe, wenn es

- gewalttätig wird
- sich selbst verletzt
- zu Drogen greift
- in der Schule dauerhaft nachlässt
- Essstörungen entwickelt
- andauernd körperliche Beschwerden hat, wie Kopfweh oder Bauchweh
- sehr zurückgezogen wirkt

In solchen Fällen hilft der Kinderarzt, eine Beratungsstelle oder das kostenlose Elterntelefon (siehe S. 255).

Hilfe suchen: Sie müssen nicht alles allein schaffen. Schonen Sie Ihre Kräfte, das hilft dem Kind am meisten. Eltern, die sich trennen, haben Anspruch auf kostenlose Beratung. Städte, Verbände und Kirchen betreiben Beratungsstellen für Familien. Da können Sie die wesentlichste aller Fragen stellen: Wie schaffen wir es, nach der Scheidung gute Eltern zu bleiben? Auch in der Mediation geht es um diese Frage – viele Anwälte empfehlen diese Variante, zu einer fairen, kinderverträglichen Trennungsvereinbarung zu kommen (siehe S. 113).

Wenn Sie Angst haben, depressiv zu werden, suchen Sie unbedingt professionelle Hilfe auf. Nur wenn Sie halbwegs stabil sind, können Sie für Ihr Kind da sein.

Sorgen Sie aufmerksam für sich selbst: Scheidung ist Stress pur. Ihr Immunsystem ist angegriffen. Tun Sie also alles, was Sie stärkt. Sport und Wellness geben ein besseres Körpergefühl, halten das Kopfkino an und vertreiben die Panik, nicht mehr attraktiv zu sein. Wenn es Ihnen nicht gut geht, suchen Sie lieber eher als später den Arzt auf. Auch eine Mutter-

Kind-Kur kann jetzt sinnvoll sein. Den Tunnelblick abzulegen, der Sie dauerhaft runterzieht, dafür gibt es Selbsthilfegruppen.

Das gemeinsame Sorgerecht ausfüllen: Nur in Ausnahmefällen, wenn beispielsweise der Vater das Kind misshandelt, wird das alleinige Sorgerecht der Mutter zugesprochen. In allen anderen Fällen müssen sich die Eltern einigen. Dafür gibt es keine festen Regeln. Viele Väter sehen ihr Kind jedes zweite Wochenende und einen Nachmittag in der Woche. Das Kind kann aber auch eine Woche bei dem Vater, eine Woche bei der Mutter wohnen. Die Ferien, Weihnachten und Ostern sind aufzuteilen. Grundsätzliche Entscheidungen müssen gemeinsam getroffen werden: Welche Schule soll das Kind besuchen? Soll es geimpft werden? Kann ich in eine andere Stadt umziehen? In diesen Fragen muss der andere zustimmen, sonst entscheidet das Gericht.

Natürlich kann das Kind auch Wünsche äußern: »Ich möchte zum Geburtstag Mama und Papa als Gäste haben!« Ein Tipp, wenn dies schwierig sein sollte: Eher nicht in der eigenen Wohnung feiern, sondern zum Beispiel im Park oder im Schwimmbad.

Wenn Streit eskaliert: Bei großen Differenzen können Sie einen Kinderanwalt einschalten, seine offizielle Bezeichnung ist »Verfahrenspfleger«. Er vertritt nur die Interessen des Kindes.

Wenn Sie Angst haben, dass der Partner dem Kind Gewalt antut oder es entführt, können Sie sich bei der Übergabe oder während des ganzen Besuches begleiten lassen.

Das Kind entlasten: Fast alle Kinder glauben, sie seien irgendwie schuld an der Trennung. Man muss ihnen immer wieder sagen: »Es hat nichts mit dir zu tun. Wir haben dich genauso lieb wie vorher.« Ihr Kind wird lange versuchen, die Ehe zu kitten, notfalls, indem es Probleme macht, damit Sie sich zusammen um es kümmern. Machen Sie nicht nur einmal deutlich: »Es ist vorbei, und du hast keine Schuld.«

Den Kontakt zum anderen Elternteil unterstützen: Viele internationale Studien belegen: Je besser der Kontakt des Kindes zu *beiden* Eltern bleibt, desto besser verkraftet es die Scheidung. Sichern Sie feste Besuchszeiten, lassen Sie das Kind mit dem Vater telefonieren, ohne dass Sie zuhören. Sorgen Sie dafür, dass es Postkarten und Briefe schreiben kann. Wenn Sie es schaffen, kommen Sie beide zur Zeugnisvergabe, zur Siegerehrung oder zum Schulkonzert.

Loslassen: Auch wenn Ihr Mann sich in der Ehe verantwortungslos gezeigt hat und Sie weiter unter den Scheidungsfolgen leiden, machen Sie sich klar: Ihr Kind hat nur diesen einen Vater. Gestatten Sie so viel Kontakt, wie das Kind sich wünscht. Nutzen Sie die Zeit, in der Sie allein sind, für sich. Treffen Sie sich mit einer Freundin, gehen Sie ins Kino. Gestalten Sie die kinderfreie Zeit erfreulich. Dann sind Sehnsucht und Sorgen nicht mehr so groß.

Großzügig sein: Wenn beim Ex ein anderer Lebensstil bevorzugt wird – das ist nicht so schlimm für das Kind wie ein gestörter Kontakt. Bleiben Sie locker, wenn er Pommes statt Möhren auftischt. Auch bei Oma und Opa herrschen andere Sitten. Kinder verkraften solche Unterschiede besser, als ein Dauerstreit um Fernsehzeiten.

Den Neuen behutsam einführen: Eine neue Liebe heilt nach einer Scheidung am besten – das ist bekannt. Es kann aber sein, dass Ihr Kind nicht begeistert ist, wenn der Neue gleich mit am Frühstückstisch sitzt. Seien Sie daher behutsam. Zwingen Sie Ihr Kind nicht, den aktuellen Freund gleich zu mögen oder sogar »Papa« zu nennen. Er muss sich eine eigene Beziehung zu Ihrem Kind erarbeiten, bestenfalls erst mal als großer Kumpel. Das kann einige Zeit dauern. Erst dann sollten Sie auch – wenn es gewünscht wird – an ein gemeinsames Kind denken.

Vertrauen Sie Ihrem Kind: Machen Sie sich nicht zu viele Sorgen. Jedes Wochenende eine andere Umgebung, die wechselnden Freundinnen Ihres Ex, Ihr Neuer – Kinder sind robust, lieben Abwechslung und halten eine Menge aus. Voraussetzung: Ihre Bedürfnisse nach Zuwendung und nach Kontakt sind gestillt. Aus einer gelungenen Scheidung gehen die allermeisten Kinder gestärkt hervor. Die Erfahrung, dass man aus schwierigen Situationen wieder herauskommt, macht sie – laut Langzeitstudien – krisenfester, selbstbewusster und flexibler.

8 Katharinas Allein-Sein

»Ohne Ehe geht es mir besser«

Katharina (60) stellt sich Fragen. Wie geht es ihr, vierzehn Jahre nach ihrer Scheidung? Was war ihr damaliger Anteil an der Trennung? Wie war es mit ihr weitergegangen? Wann ging es ihr wieder gut? Warum ist sie allein geblieben? Wie steht sie heute zu ihrem Ex-Mann?

Ein winziges Reihenhaus voller schöner Dinge. Ein langer Holztisch im Wohnzimmer, das zur Küche hin offen ist, ein Blick ins Grüne durch die Terrassentür am Ende. Katharina macht es sich behaglich. Und der Gast fühlt sich willkommen. Wir trinken ein Glas Rotwein während des Gesprächs, Kerzen beleuchten meine Notizen. Katharina spricht langsam, leise, wie zu sich selbst. Meine Fragen werden zu ihren Fragen. Sie stellt sie sich selbst, sucht, kramt nach Antworten. Sie trägt einen apfelgrünen langen Pullover, eine schwarze Hose. Und sie war gerade beim Friseur ihre glänzenden braunen Haare sind kinnlang gestuft, der Pony ist fransig. Sie sieht mädchenhaft fröhlich damit aus. Und auch die Ernsthaftigkeit unseres Themas lässt den frischen Eindruck ihres Gesichts nicht verschwinden.

Es ist alles schon so lange her, aber nichts ist vergessen. Es geht ihr gut heute, das weiß ich. Und so trauen wir uns, gedanklich in die alten, schmerzlichen Zeiten zurückzugehen.

Ja, wie war sie eigentlich, meine Scheidung? Sie fand an einem wunderschönen Junitag vor vierzehn Jahren statt. Ich war mit meinem Mann verabredet, gemeinsam zum Gericht zu fahren. In fünf Minuten sind wir geschieden worden. Es war alles vorher geklärt worden, und er wohnte auch schon seit vier Jahren bei einer anderen. Danach sind wir Kaffee trinken gegangen. Ich wollte eigentlich gar nicht geschieden werden, aber es tat mir dann doch nicht leid, dass es so kam.

Das klingt sicher verwirrend, aber das war ein Prozess. Erst, als er mir sagte, dass er sich verliebt habe, wollte ich ihn schnell loswerden und die Scheidung auch gleich durchziehen. Ihm war es aber zu dieser Zeit nicht wichtig, geschieden zu werden, er lebte ja mit seiner Neuen in einem Haus zusammen. Je länger er aber fort war, desto mehr merkte ich, wie wichtig er mir war. Ich empfand keinen Groll gegen ihn, aber ich bereute unsere Trennung. Damals, wenige Tage nach seinem Auszug, hatte er noch einmal vor meiner Tür gestanden und gesagt: »Ich kann das nicht, ich komme zurück.« Daraufhin rief ich seine Freundin an und sagte ihr: »Hol ihn ab!«

Das klingt selbst für mich heute seltsam. Aber ich hatte nicht das Gefühl, dass er wirklich zu mir zurückwollte, sondern zu seinem Zuhause und zu den Kindern. Und das war mir als Basis nicht genug. Außerdem wollte ich keinen Mann, der eine andere so einfach im Regen stehen lässt. Die beiden hatten gerade zusammen ein Haus gemietet, ganz in unserer Nähe, damit die Kinder ihn jederzeit besuchen konnten. Jedenfalls erschien er mir ziemlich jämmerlich, wie er da so stand, und ich wollte nur noch, dass er verschwindet. Diese Frau hat ihn dann tatsächlich auch abgeholt. Und er hat sich mitnehmen lassen wie – wie ein Kind oder ein Haustier. Es war alles sehr seltsam.

Wie geht es mir heute, wenn ich daran zurückdenke? Es kommt mir alles vor wie in einem Film. Ich spiele ihn aber nicht mehr oft ab. Lieber denke ich an die gemeinsame schöne Zeit. Unser Alltag war immer sehr entspannt. Wir haben es jeden Tag gut gehabt. Ich kam aus der Schule, in der ich unterrichte, er hatte schon das Mittagessen gemacht. Als Hausmann konnte er sich seine Arbeit einteilen, doch vorrangig hat er sich um die Kinder gekümmert. Stets war er guter Laune, sehr ausgeglichen. Schon auf dem Standesamt saß ich plötzlich apathisch da und dachte: Ach du lieber Gott, was machst du denn hier? Jetzt sitzt du in der Falle. Wenn man das so hört, fragt man sich, was passierte, dass es so schiefging.

Und damit ist man bei der anderen Seite der Geschichte. Ich war genervt. Furchtbar genervt. Durch seine Begrenztheit und Sturheit. Dabei weiß ich nicht mehr so richtig, ob das nicht auch an mir lag. Es war jedenfalls einfach so, dass er mir intellektuell nicht genügte. Von Anfang an. Und ich habe mich dafür geschämt, dass ich so fühlte. Ich wollte so nicht sein. So überheblich. Aber diese Gefühle waren nun mal da. Er las nichts, außer Fachliteratur über Modellbau und Ähnliches. Ich hatte studiert, er besaß nicht einmal einen Schulabschluss. Das sollte in der Liebe eigentlich nicht zählen. Hat es dann aber doch.

Manchmal frage ich mich: Lag es auch an meiner Harmoniesucht, dass es nicht funktionierte? Unsere Beziehung war das, was man symbiotisch nennt. Ich war empört, wenn wir über einen Film nicht gleicher Meinung waren. Und meistens haben wir beide auch an denselben Stellen gelitten oder gelacht. Ich wollte immer gern, dass wir einer Meinung sind.

Und wenn es mal nicht so war, war das für mich sehr, sehr schlimm. Das war mein Fehler. Aber das wusste ich damals nicht. Ich konnte es nicht ertragen, zwei verschiedene Meinungen zwischen uns einfach bestehen zu lassen. Vielleicht hat er sich deswegen immer mehr in sich zurückgezogen.

Er war immer nur nett. Wenn ich etwas mit ihm auszutragen hatte, lief ich gleichsam nur gegen Gummiwände. Er bekam dann diesen glasigen Blick, den ich hasste. Oder noch schlimmer: Mitten in einem Streit schlief er ein! Wenn ich heute an unsere Gespräche von früher zurückdenke: Wir haben uns immer etwas erzählt, sind aber nicht aufeinander eingegangen. Es schien, als hätte er stets gewartet, bis ich fertig war, damit er sein Stichwort aufgreifen und seine Dinge berichten konnte. Eigentlich waren wir nicht wirklich aneinander interessiert.

Es ist müßig, trotzdem frage ich mich: War es richtig, dass wir uns getrennt haben? Ich denke: Ja. Obwohl ich ständig hin und her gerissen bin. Es ist wirklich sehr kompliziert. Objektiv betrachtet ist es richtig, dass wir uns scheiden ließen. Schon in der Ehe hatte ich ständig das Gefühl: Er reicht mir nicht. Mir fehlte der intellektuelle Austausch. Trotzdem wäre ich nie von allein gegangen. Denn ich habe mir immer gesagt: »Du kannst nicht von einem alles haben.« Und er war eben ein toller Alltagsgefährte. Wir haben zusammen gekocht, Freunde bewirtet, sind viel ins Kino gegangen, gewandert. Später habe ich mir das, was ich vermisste, bei Kollegen geholt. Das wurde dann auch schon mal eine kurze Affäre. Immer ging es um die Bestätigung, die mein Mann mir nicht geben konnte. Weil ich ihn auch nicht wirklich ernst nahm. Darum habe ich es ihm erst nicht übel nehmen können, dass er sich verliebt hatte.

Gehst du arbeiten oder ich?

- Messbare Desillusionierung: Am Beginn der Ehe empfinden 43 Prozent der Frauen die Arbeitsteilung als part-
  nerschaftlich. Nach vierzehn Ehejahren sind es nur noch
  elf Prozent. 63 Prozent bezeichnen ihre Rollenvertei-
  lung dann als »stark traditionell«; am Beginn der Ehe
  sagten das nur 28 Prozent.
- 71 Prozent der Eltern bevorzugen ein Familienmodell,
  bei dem der Mann Vollzeit arbeitet und die Frau entweder in Teilzeit berufstätig ist oder sich ausschließlich
  um die Kinder kümmert – laut einer Studie des Instituts
  für Demoskopie Allensbach aus dem Jahr 2007. In hö-
  heren Bildungsschichten ist der Wunsch nach dem Mann
  als Haupternährer geringer: 61 Prozent wünschen dieses
  Modell, wobei 27 Prozent es gern hätten, wenn beide
  Partner Teilzeit arbeiten.
- Wunsch und Wirklichkeit: 80 Prozent der jungen Mädchen wollen später einmal Kind und Karriere kombinie-
  ren, so die Shell-Jugendstudie 2006 von.
- Ein Prozent der Frauen möchte sich ganz auf die Karriere konzentrieren und die Familienarbeit dem Mann überlassen.

Er gehört zu den wenigen Männern, die nicht heimlich eine
Affäre anfangen. Er kam auf mich zu und sagte: »Die gefällt
mir, in die werde ich mich wohl verlieben.« Ich wusste also
Bescheid, ehe da etwas gelaufen war. Ich habe ihm das ge-
gönnt. Und ich dachte, er macht jetzt auch seine Erfahrungen. Erst als ich merkte, dass ich ihm nicht mehr wichtig war,
nur noch seine Neue zählte, brach ich innerlich zusammen.

Aber das bemerkte er gar nicht, er war so beschäftigt, so glücklich mit seiner neuen Liebe.

Wie lange hat es eigentlich gedauert, bis es mir wieder gut ging? Ich glaube, es waren acht Jahre. Nach acht Jahren ging es mir besser. Ich veränderte mein Schlafzimmer, richtete mir einen Arbeitsbereich ein. Auch merkte ich, dass Freunde gern zu mir kamen, obwohl der Mann an meiner Seite fehlte. Acht Jahre lebte ich sehr zurückgezogen. Ich war latent depressiv. Heute denke ich, das war ich immer schon. Auch als Kind. Selbst in der Ehe saß ich oft auf dem Sofa, habe nichts getan, nichts gedacht, nicht aufgeräumt, mich nicht um die Kinder gekümmert. Erst als es mir nach der Scheidung immer schlechter ging und ich meinen Alltag kaum noch bewältigen konnte, fing ich eine Therapie an. Durch sie wurde mir einiges klarer. Nicht, dass ich jetzt völlig anders geworden bin, aber ich habe verstanden, was mit mir los ist – und kann besser damit umgehen. Jetzt weiß ich, dass ich mir meinen Mann ausgesucht hatte, weil ich mich ihm überlegen fühlte. Vor anderen Männern hatte ich Angst. Ich dachte, ich bin nichts, ich kann nichts. Ich blende nur. Und bevor die anderen das merken, muss ich weg sein. Jetzt erst ist mir klar, dass ich nicht dumm und langweilig bin. Ich habe Mathematik und Informatik studiert, interessiere mich für Filme, für Musik, lese sehr viel und will eine Menge wissen. Mir war damals nicht aufgefallen, dass das nicht unbedingt jeder macht.

Aber bis ich all die Zusammenhänge erkannte, war ich völlig durcheinander. Ich weiß gar nicht, ob es Schmerz war, was ich empfand. Als mein Mann ging, hatte ich ein Trotzgefühl in mir, und ich dachte: Ich leb mein Leben schon! Ich war sechsundvierzig, fühlte mich attraktiv, schlank, in unserer letzten Ehephase verlor ich zwanzig Kilo. Wir hatten gerade eine aktive Zeit gemeinsam erlebt. Die letzte Krise – ausgelöst durch einen Flirt mit einem Kollegen – brachte uns noch einmal enger zusammen. Wir sind viel ausgegangen, haben viel über uns geredet. Ich dachte, wir schaffen es, jetzt bekommen wir endlich die Partnerschaft hin, die ich immer wollte. Ich glaubte an einen Entwicklungsschritt seinerseits, denn er wurde wacher, offener, arbeitete wieder mehr, die Kinder waren ja schon elf und vierzehn. Aber genau an diesem Punkt ist er gegangen. Meine Hoffnungen wurden dadurch zerstört, dass er die andere vorzog. Und später sagte er sogar: »Ich wollte überhaupt nichts ändern.« Ihm gefiel das Leben so, wie es war. Und da ich Ansprüche stellte, wechselte er lieber die Frau, als an sich zu arbeiten. Jetzt ist auch diese Beziehung gescheitert. Ich vermute, an genau denselben Punkten, die mich schon gestört hatten.

Und wie sind heute meine Gefühle für ihn? Habe ich ihm eigentlich verziehen? Nein. Und ja. Ich bin wütend. Immer noch. Über Nacht hat er unser Leben, die Kinder, mich nicht mehr wichtig gefunden. Alles vergessen. War nur noch begeistert von seinem neuen Leben. Das vergebe ich ihm nie. Ganz besonders schwer war es, alle Entscheidungen, die die Kinder betrafen, allein zu fällen. Natürlich hätte ich ihn einbeziehen können. Es war aber auch schon vorher so, dass ich ihn bei diesen Dingen nie besonders akzeptiert habe. Er war manchmal eher wie ein drittes Kind für mich.

Zu meinen Erinnerungen gehören die Kränkungen von damals. Schlimm war, dass ich dem neuen Paar immer begegnete. Ich hatte nicht die Absicht, mich aus unserem Freundeskreis drängen zu lassen, in dem die beiden nun ganz unkompliziert verkehrten. Einmal waren wir alle zusammen bei einem Essen eingeladen. Unter anderem gab es speziell eingelegte Möhren. Mein Ex-Mann lobte sie ausführlich und interessierte sich für das Rezept. Ich war fassungslos, die Möhren hatten wir doch selbst jahrelang auf diese Weise zubereitet! Die Gastgeberin hatte sich das Rezept einmal von mir geben lassen. Anschließend erzählte er von einem Norwegenurlaub, den die beiden machen wollten. Es war genau jene Route, die wir geplant hatten, die wir wandern wollten, wenn die Kinder groß waren. Ich habe anschließend eingesehen, dass ich solche Treffen nicht gut aushalte. Verziehen ist das vielleicht irgendwie schon, aber vergessen werde ich das nie!

Trotzdem kann ich heute ganz entspannt mit ihm zusammensein. Es gefällt mir, dass seine zweite Ehe – er hat die Freundin kurz nach unserer Scheidung geheiratet – nun auch schiefgegangen ist. Ich habe das kommen sehen. Denn er hat sich nicht geändert.

Manchmal denke ich: Sind bestimmte Liebesgefühle für ihn immer noch da? Oder ist es nur die Vertrautheit, die ich empfinde? Da bin ich mir unsicher. Ich weiß es nicht. Was ich weiß: Ich habe ihn sehr, sehr gern gehabt. Und es tut mir weh, dass er nicht weiß, wie gern ich ihn hatte. Früher war es Liebe. Ich hatte lange das Gefühl, auch nach der Scheidung: Ich liebe diesen Menschen. Diese Empfindung ist weg. Wir nehmen uns nicht mehr in den Arm. Und das, was mich am meisten stört: Er trauert der anderen nach. Nicht uns. Sondern seiner zweiten Frau.

Mein Glück ist, dass ich inzwischen mein schönes, positives Leben dagegensetzen kann. Sonst wäre das jetzt für mich eine erneute Katastrophe. Nach seiner zweiten Trennung ging er davon aus, dass wir gleich wieder zusammenkommen würden. Eines Abends rief er an, sagte: »Sie hat mich verlassen. Wollen wir wieder gemeinsam leben?« Ich dachte, mein Herz zerspringt, vor Freude und Aufregung. Plötzlich war mir klar: Darauf habe ich vierzehn Jahre lang gewartet! Und zugleich wusste ich, nein, das Leben ist weitergegangen. Ich bin eine andere geworden. Mir geht es gut ohne ihn. Und ich sagte: »Lass uns erst mal vorsichtig sehen, was noch zwischen uns ist.« Wir haben dann eine Zeit lang viel über unsere alten Geschichten geredet. Er verstand, was er mir damals angetan hatte, war er nun doch selbst verlassen worden. Das tat mir gut. Und danach hat er nur noch über seine Trauer, über den Verlust der anderen geredet. Das kränkte mich. Aber nicht so, dass ich es nicht aushielt.

Heute will ich ihn einfach nicht mehr. Seine missglückte Rückkehr war für mich der letzte Schritt zur Heilung. Wenn er mich noch einmal fragt, ob wir wieder zusammenleben wollen, könnte es sein, dass ich genussvoll Nein sagen würde. Wenn wir uns wochenlang nicht sehen, fehlt er mir nicht. Ich finde ihn nett. Vertraut. Und ich bin empört, dass er mich wie ein Neutrum behandelt. Ich würde so gern Nein sagen! Denn er ist für mich ja auch ein Neutrum. Wenn wir uns sehen, zum Beispiel haben wir letztes Silvester gemeinsam gefeiert, dann sind diese Begegnungen völlig unspektakulär. Ich hätte gern, er würde sagen: »Es war der größte Fehler meines Lebens, dass ich dich verlassen habe.« Aber einen solchen Satz äußert er nicht. Ich bin mir sicher, dass ich ihn als Partner nicht mehr will. Aber vielleicht später einmal, als Mitbewohner einer Alters-WG, das könnte ich mir vorstellen.

Bin ich denn nun mit oder ohne Ehe glücklicher? Ganz klar: ohne! Sicher, ich hatte auch in der Ehe wahnsinnige Glücksgefühle. Aber die erfahre ich jetzt ebenfalls. Ich habe immer genossen, wie toll es in der Natur ist, ich liebe kulturelle Veranstaltungen. Ich bin eine Einzelgängerin. Das weiß ich jetzt. Mit meinem Mann konnte ich zusammen als Einzelgängerin durchs Leben gehen. Er hat mich in Ruhe gelassen. Mit ihm konnte ich so leben, wie man allein lebt. Wir haben oft monatelang nicht miteinander geschlafen. Ich denke, ich bin für die Ehe gar nicht geeignet. Und ich habe mir eine Lebensart angewöhnt, die mir sehr gefällt. Die hätte ich mit ihm so nicht entwickeln können. Ich habe mir zum Beispiel ein Haus gekauft, finanziert durch den Verkauf unseres alten. Ich habe es gründlich renovieren lassen und alle meine Wünsche umgesetzt. Da mein Ex-Mann handwerklich sehr begabt ist, hätte ich ein solches Unterfangen als Ehefrau nie realisiert. Da wäre er der Bauherr gewesen.

Alles in allem kann ich sagen: Mir geht es wirklich besser ohne ihn. Man muss, wenn man allein ist, viele Sachen selbst machen. Durch die Trennung bin ich gezwungen worden, mir mein eigenes Leben aufzubauen. Es war gut für mich, dass ich dazu gezwungen war – aber es war sehr mühsam. Und es ging sehr langsam.

Welche Rolle die Scheidung für die Entwicklung unserer Kinder spielte? Sie war aus meiner Sichtwiese ganz klar eine Katastrophe. Wenn ich das meinen Kindern in dieser Form sagen würde – beide würden das mit Sicherheit abstreiten. Der Junge hatte kein väterliches Vorbild mehr, zudem zog mein Ex die Tochter vor. Als er größer wurde, lehnte er seinen Vater ab. Er fing an, Haschisch zu rauchen und war froh, dass der Vater, mit dem er sich nichts zu sagen hatte, weg war. Oft hat mein Sohn auswärts geschlafen. Ich habe ihn verloren, ihn nicht mehr erreicht. Ich war völlig überfordert. Hatte ungeheure Versagensängste.

Meine Tochter hat dagegen um die Neue ihres Vaters gebuhlt. Ich denke, sie wäre gern zu den beiden gezogen, aber sie traute sich nicht, das zu sagen. Es war erstaunlich, dass sie bei mir blieb. Ich warf meinem Mann damals vor, dass er nicht einmal in der Woche zu uns kommen und für die Kinder kochen würde, so wie er es früher gemacht hat. Aber er wollte die Kinder lieber zu sich holen. Meine Tochter war manchmal fünf Tage hintereinander bei ihm. Sie hatte oft Fieber, ohne dass die Gründe erkannt wurden. Ich glaube, das war alles zu anstrengend für sie. Irgendwann hat sie sich all dem entzogen, war nur noch nett und unverbindlich. Als sie achtzehn wurde, sagte sie: »Ich ziehe morgen zu Papa.« Ohne Begründung.

Die große Frage ist: Warum habe ich keine neue Liebe gefunden? Zuerst einmal: Ich habe gar keine gesucht. Ich habe die ganze Zeit gedacht, ihn liebe meinen Mann. Für immer. Ich hatte in der Ehe die Erfahrung gemacht, dass es immer genug Männer gab, die sich für mich interessierten. Aber das war nach der Ehe anders. Ich war entsetzt, und ich wundere mich noch heute, wie sich das änderte.

Auf einmal lernte ich keine interessanten Männer mehr kennen. Das heißt, einem bin ich noch begegnet. Ziemlich schnell nach der Trennung. Und das war so: Mein Mann und seine Neue gingen mit Freunden von uns zu einer Lesung mit Harry Rowohlt. Das hätte mich auch sehr interessiert. Und ich war ungemein verletzt, dass ich von der Unternehmung ausgeschlossen war. Also ging ich an diesem Abend mit einer Freundin aus. Es kam ein Mann an unseren Tisch, den sie kannte. Typ sympathischer älterer Herr. Als er sich verabschiedet hatte, sagte sie: »Das ist der wertvollste Mensch, der mir begegnet ist.« Das hat ihn interessant gemacht. Später traf ich ihn wieder, wir flirteten heftig miteinander. Obwohl er nicht mein Typ war, tat es gut, umschwärmt zu sein.

Außerdem gefielen mir seine blitzenden Augen, und es machte Spaß, mit ihm zu streiten. Nach etwa zwei Monaten, in denen wir uns mehrmals in der Woche trafen, sagte er mir, dass er mich äußerlich nicht attraktiv fände. Es stellte sich heraus, dass er auf junge Mädchen stand. Da fing es an, dass ich dick wurde. Wir haben uns nicht gleich getrennt, sondern abends oft noch zusammen gegessen. Er hat gut gekocht. Dann hat er immer weniger Zeit für mich gehabt. Und wir trennten uns undramatisch.

Ich bin von Kleidergröße 34 auf 44 angewachsen. Innerlich fühlte mich ich tot, fand mich langweilig, woraufhin ich mich äußerlich anpasste. Weil ich mich auf diese Weise zumachte, war klar, dass ich auch nicht mehr die schicksten Sachen tragen konnte. Wenn ich mich mit den Augen anderer ansah, dann dachte ich, was ist das schon …?

Dass dann keiner mehr kam, lag an mir. Ich war blockiert. Ich unterhielt mich viel mit Frauen – und nahm gar nicht wahr, ob auch Männer in der Nähe waren. Auf einmal wurde mir bewusst: Ein Leben lang hatte mir mein Mann die Sicherheit gegeben, die ich benötigte, um interessant und locker zu sein. Nur mit ihm im Hintergrund konnte ich Männer kennenlernen. Ich brauchte diese kuschelige Geborgenheit, die wir miteinander hatten. Allein in der Welt fühlte ich mich unsicher. So ist man wenig anziehend für andere.

Heute weiß ich, dass ich damals meinem Mann nachgetrauert habe, dass ich keinen anderen wollte. Seit unserer Heirat – ich war bei der Eheschließung eine junge Frau gewesen – war ich daran gewöhnt, dass einer da ist, der mich toll findet, auf den ich mich absolut verlassen kann. Ich hatte das wunderbare Gefühl: Ich bin eine geliebte Frau. Und plötzlich war dieses Gefühl verschwunden. Erst in diesem Moment habe ich gespürt, wie wichtig es für mich ist, die wichtigste Person für meinen Mann zu sein. Dass das nun eine andere war, das verletzte extrem meine Eitelkeit.

All dies ist nun aber durchgestanden. Heute ist es mir mehr und mehr egal, was andere über mich denken. Und ich weiß auch, dass ich schöne Dinge besser mit einer Frau genießen kann. Konzerte, Spaziergänge, Kochen, Gespräche, Theater, Reisen, Ausstellungen, Kino. Dafür habe ich Freundinnen. Ich bin aber nicht lesbisch geworden. Sexualität habe ich völlig ausgeblendet. Sie fehlt mir nicht. Was mir fehlt, das ist, einfach mal in den Arm genommen zu werden.

Allmählich werde ich wieder attraktiver. Ich nehme ab, mache viel Sport, fühle mich wohl, gehe wieder mit Rock und hochhackigen Schuhen aus. Es hat mir gut getan, dass mein Ex-Mann wieder Kontakt mit mir haben wollte. Mein Ego hat in die Hände geklatscht. Nun kann ich abnehmen und mich wieder annehmen. Vielleicht könnte ich jetzt einen Mann kennenlernen, wenn es einen gäbe, der mir gefällt.

Erste-Hilfe-Tipps von Katharina

- Quatschen. Quatschen. Quatschen. Und zwar mit der besten Freundin, ständig über dieselben Themen. Wieder ins Kino gehen, wieder Musik hören. Gut essen und trinken.

Weiterleben

»Wir haben keinen Vertrag mit dem Glück«

Gespräch mit Eva Wlodarek (57), Psychologin und Autorin, über die Frage, wie wir nach einer Scheidung mit dem schlechten Gewissen umgehen, über die Heilung von Verletzungen und über die Wichtigkeit des Verzeihens.

Eva Wlodarek kann ich am Telefon interviewen. Wir kennen uns so lange, es gibt kein Problem, sich auch ohne Blickkontakt zu verstehen. Wenn ich ihre sanfte Stimme höre, sehe ich sie vor mir: feine, glatte Haare, große, helle Augen, edles Strickleid, dezenter, origineller Schmuck, schicke Brille.

Die Psychologin ist für mich seit Langem die Expertin in Glücksfragen. Schon ihre Doktorarbeit hat sie über das Glücklichsein geschrieben. Später verfasste sie Ratgeber darüber, wie man den richtigen Partner findet, Einsamkeit beendet oder mehr Selbstsicherheit gewinnt. Sie weiß, wie man sich selbst die besten Chancen fürs Glück auf den verschiedenen Gebieten verschaffen kann. Eine Garantie aber, sagt sie, die gäbe es nicht – immerhin könne man vieles mit dem Willen erreichen. Aber nicht alles! Das Leben ist uns nichts schuldig, es gibt keinen Vertrag mit dem Glück – so ihr Credo. Das heißt für sie aber keineswegs, sich dem Schicksal zu ergeben, sondern aktiv am eigenen Glück zu bauen.

Expertin fürs Glück ist Eva Wlodarek auch deswegen, weil sie das Unglück gut kennt. Menschen kommen zu ihr in Krisensituationen. Und sie weiß über Psychotechniken Bescheid, die aus der Krise helfen. Aus diesem Grund habe ich sie gefragt, wie wir mit Scheidungsfolgen fertig werden.

Wer geht, den Partner aufgibt, hat oft ein schlechtes Gewissen. Wie soll derjenige damit umgehen?

Das schlechte Gewissen ist eine Variante unserer Schuldgefühle. Sachlich betrachtet sind Schuldgefühle aber nur Ausdruck eines inneren Konflikts: Wer seinen Partner verlässt, denkt dabei an sich, glaubt aber, mehr an den anderen denken zu müssen. Dabei hat man sich doch längst für die eigenen Bedürfnisse entschieden. Und das heißt nicht: Ich bin ein schlechter Mensch und muss in Sack und Asche herumlaufen. Es ist also unproduktiv, Selbstzerfleischung zu betreiben. Schließlich ändert das auch nichts mehr an den Tatsachen.

Allerdings kann man konkret etwas tun, um sich und den anderen zu entlasten. Das betrifft besonders das *Wie* der Trennung und Scheidung. Es ist wichtig, den anderen nicht abzuwerten. Zum Beispiel ist die Äußerung »Ich habe dich nie geliebt« gemein und meistens eine glatte Lüge. Außerdem sollte man möglichst gegenüber dem anderen keine Schuldzuweisungen vornehmen. »Du hast mir ja nie zugehört« – eine solche Aussage ist meistens auch übertrieben. »Nie«- und »Immer«-Sätze sind in Trennungssituationen unsinnig.

Wie verarbeitet man die vielen Verletzungen, die vor einer Trennung passieren und während der Scheidung sogar noch schärfer werden?

Es gibt drei hilfreiche Verhaltensweisen. Erstens: nicht zurückschlagen. Zweitens: sich selbst Gutes tun. Drittens: dem anderen verzeihen – das ist allerdings meist erst später möglich, wenn etwas Zeit vergangen ist. Der erste Punkt ist deshalb so wichtig, weil wir nicht auf das gleiche Niveau sinken dürfen, sollte der andere um sich beißen. Geschieht das, eskaliert der Streit, und das tut schließlich noch viel mehr weh. Der Mann sagt vielleicht: »Du bist nicht sexy.« Sie kontert mit der Aussage: »Du bist impotent.« Was bringt das? Nur neue Schmerzen. Dabei geht es keineswegs darum, als besonders edel und friedfertig dazustehen, sondern das Beste für sich selbst zu erreichen. Und dafür ist ein Hauen und Stechen unbedingt zu vermeiden. Der zweite Punkt liegt auf der Hand, nämlich sich etwas Gutes zu tun, wenn es einem schlecht geht. Trotzdem wird es immer wieder vergessen. Nicht verkehrt ist es, sich die Unterstützung der Freunde zu holen. Ist doch erleichternd, wenn die sagen: »Der war dich gar nicht wert.« Sollen sie ruhig ein bisschen über den Ex herziehen, man hört sich das an und muss selbst nicht zur Furie werden. Solche Gespräche stellen das innere Gleichgewicht wieder her. Ein Besuch bei der Kosmetikerin oder dem Friseur hat eine ähnliche Wirkung. Verzeihen geht, wie gesagt, meist erst, wenn sich die Wogen geglättet haben.

Gibt es einen wirksamen Schutz vor Kränkungen, Verletzungen und Schmerz?

Ich bin für möglichst wenig Kontakt mit dem Ex. Wenn die Möbel geteilt sind, gibt es keinen Grund mehr, sich zu sehen. Selbst wenn Kinder da sind, ist, solange die Wunden noch frisch sind, ist zunächst nur eine kurze Begegnung sinnvoll. So bietet man keine Angriffsflächen und findet auch selbst keine Reizpunkte beim anderen. Sind längere Gespräche notwendig, empfiehlt es sich, eine weise Freundin, eine Paartherapeutin oder eine Mediatorin dazu zu bitten. Mit Mediation verläuft eine solche Unterredung konstruktiver (siehe S. 113).

Was soll man tun, wenn man Angst hat, depressiv zu werden?

Nicht jeder heftige Trennungsschmerz ist eine Depression, auch eine längere Trauerzeit ist normal. Wir müssen all die klassischen Trauerphasen durchleben, vom Nicht-Wahrha-ben-Wollen über Zorn auf den Ex bis hin zu einer Neuorientierung. Meist hat sich nach einem Jahr die Trauer etwas beruhigt, Heulattacken oder Lustlosigkeit werden seltener. Natürlich besteht auch die Gefahr, gerade in Trennungssituationen in eine echte Depression zu rutschen. Da hilft nur eine Psychotherapie bei einem Experten, der mit unterstützenden Medikamenten arbeitet.

Warum braucht man gerade ein Jahr, um sich wieder stärker zu fühlen?

Innerhalb dieser Zeit hat man alle Feiertage und andere wiederkehrende Situationen und Rituale ohne den anderen erlebt: Weihnachten, Geburtstag, Urlaub. Man hat sozusagen einmal den emotionalen Rundlauf gemacht und ist dann meist durch mit der ganz großen Trauer. Das heißt nicht, dass die Traurigkeit später nicht immer mal wieder aufbricht.

Wie schafft man es, in der angespannten Stimmung einer Trennung, fair und gerecht zu bleiben?

Am besten ist es, den Status quo zu benennen. Also zu sagen: »Ich bin gerade sehr aufgewühlt. Ich kann jetzt nicht sachlich und nüchtern reagieren.« Darauf kann sich das Gegenüber einstellen und wird nicht gleich sämtliche Worte auf die Goldwaage legen. Ganz wichtig ist es, immer von der eigenen Befindlichkeit zu reden, über seine eigenen Gefühle zu sprechen. Nicht sagen: »Du hast mich verraten.« Sondern: »Ich fühle mich verraten.« Schuldzuweisungen putschen die Abwehr hoch, während das Eingeständnis der persönlichen Empfindungen zu mehr Verständnis beim anderen führt.

Sind gegenseitige Vorwürfe eigentlich ratsam? Muss man sich allen alten Frust, der zur Scheidung geführt hat, von der Seele reden? Und wenn ja, wann ist der richtige Zeitpunkt dafür?

Aussprachen sind sinnvoll. Vielleicht ist sogar noch etwas zu retten. Verletzungen müssen angesprochen werden, auch die Wut braucht ihren Platz. Aber dabei müssen, wie gesagt, die Kommunikationsregeln beachtet werden: nicht unter die Gürtellinie zielen, den eigenen Anteil einbeziehen, nicht das Täter-Opfer-Spiel spielen. Der richtige Zeitpunkt für eine Aussprache ist entweder sofort, wenn's brennt, oder viel später, wenn jeder wieder glücklich ist und man in Ruhe darüber sprechen kann, was damals eigentlich los war. Zwischendrin ist es besser, die Dinge nicht zu zerreden.

Wie nimmt man nach der Trennung die Verantwortung für sich selbst wahr? Und wie gibt man dem anderen seine für sich zurück?

Das Wichtigste ist: sich nicht als Opfer zu fühlen, nicht zu jammern, in dem Sinn, mir ist so übel mitgespielt worden. Das schwächt nur. Und es zementiert die Ungerechtigkeit, die man eventuell noch empfindet. Wenn ich meinen Teil am Geschehen sehe und anerkenne, dann werde ich vom Opfer zum Akteur, dann übernehme ich die volle Verantwortung für mich. Es hilft auch, die Erinnerungen wegzupacken. Also ganz konkret Fotos von ihm von den Wänden zu nehmen, den Ehering in ein Kästchen zu verbannen. Das schafft Abstand. Und wer geht, der sollte auch dem anderen seine Verantwortung zurückgeben. Ihm also zeigen, wie bestimmte Dinge funktionieren, die man bisher für ihn erledigt hat, wie man etwa Online-Banking macht oder wie die Steuererklärung ausgefüllt wird. Dann gibt es später keinen Grund mehr, anzurufen und zu jammern: »Kannst du mal kommen, ich kann das nicht.« Und wenn schließlich alles geklärt ist, sollte keine weitere Aussprache mehr stattfinden. Der Verlassene sucht oft noch das Gespräch, weil er sich nach dem Kontakt sehnt. Nur: Das hilft ihm nicht weiter. Mitleid tut in dem Fall gar nicht gut. Noch mal zusammen ausgehen, sich noch mal in den Arm nehmen, das schafft nur falsche Hoffnungen.

Aber wenn man einst eine Familie war, ist es doch schön, bei dem achtzigsten Geburtstag der Schwiegermutter mit aufzutauchen, oder?

Das sollte man sich gut überlegen. Wenn genug Zeit vergangen ist und beide sich gefangen und gefestigt haben, vielleicht. Solange die Gefühle noch aufgewühlt sind: nein. Die Erinnerung an glückliche Tage ist sehr schmerzhaft und kann gerade erst geschlossene Wunden wieder aufreißen.

Und wenn der andere nicht loslässt?

Es geht darum, den Trennungsschmerz abzukürzen. Deshalb ist ein klares Aus und Vorbei für den, der zurückbleibt, meist besser als die liebevolle Mitleidstour. Wenn beide nicht loslassen können, sollten sie sich fragen: »Warum eigentlich Trennung?«

Manche alten Verstrickungen lösen sich nie vollständig. Was kann man tun, um sich von inneren Lasten frei zu machen?

Das geht nur mit dem schon erwähnten Verzeihen. Ohne echte Vergebung kommen wir nie ganz los von alten Geschichten. Verzeihen funktioniert aber nicht auf Knopfdruck, es ist ein Prozess. Erst einmal macht man sich klar: Was ist überhaupt passiert? Man durchdenkt, was genau es zu vergeben gibt. Das kann man umso besser, je klarer man den eigenen Anteil an der Trennung erkannt hat. Deswegen steht Verzeihen meist am Schluss der Verarbeitung und nicht am Anfang. Hilfreich ist auch, sich dazu einmal in den anderen hineinzuversetzen. In einer Art Rollenspiel sucht man nach Erklärungen aus seiner Sicht. Was waren seine wahren Motive? Man kennt den anderen ja ziemlich gut, aus diesem Grund wird man damit selten falsch liegen. So findet beispielsweise eine Frau, die für eine Jüngere verlassen wurde, heraus: Er hatte solche Angst vor dem Altwerden, und die jüngere Frau hat ihm darüber etwas hinweggeholfen. Man kann beim Erforschen plausibler Antworten auch seine Fantasie spielen lassen. Wenn man dazu bereit ist, gehen einem oft ganze Kronleuchter auf, nicht nur ein einzelnes Licht. Man gewinnt ein völlig neues Verständnis für den anderen. Erkennt, dass der Ex kein Monster ist, sondern ein Mensch mit Schwächen. Und wenn man das geschafft hat, muss man den festen Willen entwickeln, zu vergeben. Wer möchte, kann auch einen Brief schreiben, in dem er dem anderen ausdrücklich verzeiht. Der Brief muss nicht einmal abgeschickt werden, aber durch ihn bekommt die Trennung eine Verbindlichkeit – und man ist in der Lage, einen echten Schlussstrich zu ziehen.

Ändert Scheidung das Selbstbild?

Wenn man sich als Versagerin fühlt – ja. In einem solchen Fall glaubt man: Ich bin nicht attraktiv, ich habe kein Glück in der Liebe. Aber da gibt es ein Gegenmittel. Der wichtigste Gedanke in diesem Zusammenhang ist: Zum Tango gehören immer zwei. Die Gründe für das Ehe-Aus liegen auch bei ihm. Ich könnte noch so perfekt, schön, jung und erfolgreich sein, er wäre doch zu einer anderen gegangen. Weil er eine andere wollte. Weil er inzwischen etwas anderes schätzt, sucht, braucht. Wir wissen, kein Mensch kann zu hundert Prozent die Bedürfnisse eines anderen abdecken. Das gibt es einfach nicht, auch wenn wir in der Phase der Verliebtheit gern davon ausgehen. Ändert sich also ein Bedürfnis im Lauf der Zeit, richtet man vielleicht die Aufmerksamkeit auf andere Partner, andere Qualitäten. Das heißt noch lange nicht, dass der/die Verlassene jetzt weniger wert ist. Wir denken das leider in solchen Situationen. Aber wir müssen uns immer wieder klarmachen: Ich bin ich, und ich habe meine Stärken. Die zählen immer noch, jetzt erst recht. Machen wir uns auch klar: Liebe muss nicht ein Leben lang halten. Auseinanderzugehen bedeutet nicht unbedingt, gescheitert zu sein.

Woher nehmen wir den Mut, uns später wieder auf einen Partner einzulassen? Ist es gut, bei neuen Beziehungen vorsichtiger zu werden?

Vor allem brauchen wir Zeit. Die schmerzhaften Erlebnisse müssen erst verarbeitet sein. Die Frage: Was habe ich daraus gelernt?, will beantwortet werden. Was würde ich jetzt rückblickend anders machen? Welches Fazit ziehe ich für mich aus der Trennung? Das ist ein Prozess, der Zeit und Energie benötigt. Außerdem ist es wichtig, keine pauschalen Schlüsse zu ziehen wie: »Männer sind eben so. Ich werde mich nie wieder verlieben. Ich finde nie wieder einen wie ihn. Es gibt nur eine große Liebe. Ich kann nie mehr vertrauen.« Streichen Sie solche verallgemeinernden Sätze aus Ihrem Kopf! Bis wir die Augen für immer schließen, haben wir die Chance, uns zu verlieben. Ich trage Geschichten von Menschen zusammen, die sich spät noch gefunden haben. Meine aktuellste ist die von einem sehr verliebten Paar, er ist neunzig und sie sechsundachtzig.

Richtig sind Gedanken wie diese: Ich komme aus dem schwarzen Loch wieder heraus. Ich muss nicht für immer allein bleiben. Allerdings sollte ich mich vor einer neuen Bindung prüfen: Habe ich mir wieder denselben Typ, dasselbe Problem gewählt? Wiederhole ich ein bestimmtes Muster? Deshalb bin ich dafür, sich nach der Scheidung bei einer neuen Beziehung Zeit zu geben, sie gründlich zu prüfen. Wer aus großer Sehnsucht den Nächstbesten nimmt, hat nichts gewonnen, sondern die nächste Trennung vorbereitet. Nur durch Zeit, die man sich und dem neuen Partner in der Annäherungsphase gibt, entsteht Vertrauen. Vorsicht ist also kein Misstrauen, sondern gesund. Also: Nach einer Scheidung die nächste Beziehung schön langsam angehen lassen!

Erste-Hilfe-Tipps von Eva Wlodarek

- Ziehen Sie sich zurück, sehen Sie, wenn möglich, den anderen nicht mehr.
- Suchen Sie sich psychologische Hilfe. Liebeskummer ist wie kalter Entzug von harten Drogen, das hat die Gehirnforschung belegt. Eine Krisenintervention bei einer Expertin ist deshalb durchaus sinnvoll.
- Ziehen Sie sich eine »Rüstung« an. Das Aussehen ist einem vielleicht im Moment egal, gerade deswegen sollte man sich gut kleiden, sich schön zurechtmachen. Das stärkt.
- Bewahren Sie Contenance. Erzählen Sie Ihr Leid nicht jedem, immer und überall. Vertrauen Sie sich nur wenigen Personen an.
- Suchen Sie nach Ablenkung. Das müssen nicht unbedingt Partys oder aufregende Events sein, tun Sie eher etwas Sinnvolles. Wählen Sie eine Aufgabe, die das Selbstwertgefühl stärkt, engagieren Sie sich beispielsweise in einer sozialen Einrichtung, machen Sie eine Reise, besuchen Sie einen Sprachkurs.
- Ändern Sie Ihre Umgebung. Es ist gut, räumlich nicht mehr in der Vergangenheit zu leben. Wer nicht umzieht, kann die Wände streichen, Möbel rücken, Bilder umdekorieren und Ähnliches.

10   Christines schlechtes Gewissen

»Ich wollte die Ehe überhaupt nicht mehr retten!«

Ein Gespräch mit Christine (43) über die Frage, wie die Liebe ihr abhanden kam. Wie sie versuchte, es nicht sehen zu müssen, wie sie es schließlich doch nicht mehr ertrug, wie sie sich Hals über Kopf in einen anderen verliebt hat, wie sie dann doch allein blieb und vor allem: wie sie jetzt mit ihrem schlechten Gewissen fertig wird.

Christine ist gegangen. Wenn sie ihren neunjährigen Sohn nicht gehabt hätte, wäre sie schon eher gegangen. Sie hat es nicht mehr ausgehalten. Es war ein schleichender Prozess, kein Drama, keine Gewalt, kein Betrug wurde ihr angetan. Nur viele kleine Enttäuschungen in fast elf Jahren Ehe. Das Bild ihres Mannes bröckelte, erodierte, bis es einem Häufchen Asche glich. Und mit einem Häufchen Asche kann eine Frau wie Christine nicht leben.

Wir sitzen in einem Bistro in der Nähe ihres Büros. Sie hat wie immer wenig Zeit. Und so mache ich mir Notizen zu meinen vorbereiteten Fragen zwischen Lamm-Carpaccio und Cappuccino. Ich kenne Christine seit fünfzehn Jahren, habe ihren beruflichen Aufstieg, die Anfänge ihrer Ehe erlebt. Und ihre Freude, als ihr Baby geboren wurde. Christine war immer ein Energiebündel und ein Verstandesmensch. Keine, um die man Angst haben muss. Jetzt ist sie sehr schmal geworden. Ich habe sie lange nicht gesehen. Christines Locken leuchten im weichen Licht, sie trägt schwarze Jeans und eine weiße Bluse, ihre hellen Augen sind ernst. Sie spricht etwas härter als sonst, als wolle sie ihren Beschlüssen und Überlegungen noch mehr Nachdruck verleihen. Dabei hat sie bereits vollendete Tatsachen geschaffen. Sie ist aus dem gemeinsamen Haus ausgezogen, hat in der Nähe davon eine Wohnung gemietet, sodass der Sohn zwischen beiden Eltern pendeln kann. Das geteilte Kind mit zwei Kinderzimmern – Christines Hauptsorge.

Christine ist Karrierefrau – sie ernährt sich selbst, Mann und Kind. Und sie ist leidenschaftliche Mutter. Ihr Leben ist ausgefüllt. Aber das Glück hat sich zurückgezogen. Ganz sicher wird sie es eines Tages zurückholen. Aber vorerst ist jeder Tag ein Akt der Tapferkeit. Darüber erzählt sie flüssig, aber nachdenklich:

Dass ich es wirklich tun würde, dass ich mich trauen würde, ihn zu verlassen, das wusste ich erst, als ich es ausgesprochen hatte. Vorher war Unzufriedenheit schon lange meine Begleiterin.

Ganz klar wurde es mir bei unserer Traumreise durch Spanien, das war im Jahr vor unserer Trennung. Alles hätte so wunderschön sein können. War es aber nicht. Wir hatten diese Wahnsinnsnatur um uns herum, nette Hotels, mittelalterliche Städtchen, tolles Essen, ein immer fröhliches Kind. Und all die Schönheit fand keinen Widerhall in mir. Ich hatte das Gefühl, wir teilen diese großartigen Erlebnisse gar nicht.

Und ich erlebte meinen blödesten Geburtstag. Mein Mann war schlecht gelaunt, er litt unter der hochsommerlichen Hitze, mein Geschenk habe ich mir selbst gekauft. Nicht, dass Präsente so entscheidend sind. Aber es wäre mir wichtig gewesen, gezeigt zu bekommen, dass ich für ihn etwas Besonderes bin. Stattdessen war es ein Tag wie jeder andere, mit einem Mann, der sich muffig verhielt und sich nicht einmal mir zuliebe zusammenreißen konnte.

Trotzdem habe ich damals nicht zu Ende gedacht. Es konnte doch nicht sein, dass eine Liebe wie unsere, die so leidenschaftlich und dramatisch anfing – er hatte sich immerhin meinetwegen scheiden lassen – und lange sehr romantisch war, einfach zerfällt. Wir lebten immer noch mit einem Mythos, der gar nicht mehr der Realität entsprach. Wenn wir kein Kind bekommen hätten, wäre ich sicherlich schon früher gegangen – einfach, weil mir unsere Differenzen viel früher aufgefallen wären. Aber so stellte diese neue Liebe zum Kind viele Jahre lang alles andere in den Schatten, sie hat mir buchstäblich den Blick verstellt.

Ehrlich gesagt, ich habe nicht viel getan, um unsere Ehe zu retten. Das ist ein Vorwurf, den mir mein Mann mit Sicherheit zu Recht macht: Ich habe nicht wieder und wieder versucht, mit ihm ins Gespräch zu kommen, ihm meine Unzufriedenheit, meine Unruhe mitzuteilen. Ein paar Mal tat ich es, im Abstand mehrerer Monate. Es hat nichts bewirkt, es hätte auch gar nichts bewirken können. Ich konnte ja selbst kaum benennen, was genau mich störte und unglücklich machte – und wenn, dann waren das banale Äußerlichkeiten. Dass er zusehends dicker wurde, er aber nichts dagegen tat, obwohl es ihn selbst störte. Dass ich oft freitags nach Hause kam, er aber nicht eingekauft hatte, obwohl er Zeit gehabt hätte. Dass ich immer diejenige war, die unser Privatleben organisieren musste, von Freundeseinladungen bis hin zu Kinobesuchen. Wenn wir etwas zusammen unternahmen, hatte er Spaß daran, aber er ergriff nie von sich aus die Initiative.

Alles das sind Dinge, die man hätte anpacken können. Aber das Gefühl, dass ich diesem Mann nichts mehr zu sagen habe, dass ich mich nicht mehr für ihn interessiere – das konnte ich nicht angehen. Ich habe dem schleichenden Verfall meiner Ehe tatenlos zugesehen. Ob eine Paartherapie uns hätte helfen können? Ich glaube nicht. In meiner Vorstellung hätte der Therapeut nach der ersten Sitzung seinen Kugelschreiber beiseitegelegt und zu meinem Mann gesagt: »Tut mir leid, Ihre Frau *will* überhaupt nicht Ihre Ehe erhalten.« Und so war es auch.

Der *Point of no return* kam im Krankenhaus. Mein Mann lag drei Tage dort, eine eher harmlose Routine-OP. Und als ich ihn besuchte, merkte ich, dass ich von ihm weg muss. Er war so klein, so liebebedürftig. Und ich spürte genau: Er will etwas von dir, das ich ihm nicht mehr geben kann. Am Tag seiner Entlassung teilte ich ihm meine Trennungsabsicht mit, später warf er mir das vor. Das sieht brutal aus, aber ich konnte nicht mehr, und ich wollte, dass er es sofort erfährt.

Mein stärkstes Gefühl in diesem Moment war: Angst. Ich hatte schreckliche Angst, es ihm zu sagen. Ich kam mir vor wie ein Arzt, der einem Patienten mitteilen muss: »Sie haben Krebs.« Ich konnte nicht wissen, wie er reagiert. Ich hatte so ein schlechtes Gewissen: Man verlässt doch keinen, der sich nichts zuschulden kommen lassen hat. Er hat mich nicht betrogen. Er hat mich nicht geschlagen. Ich liebte ihn nur nicht mehr genug, um mit ihm zusammenleben zu können. Mein Mann ist fünfzehn Jahre älter als ich, aber das hat nie eine Rolle gespielt. Er war immer mehr von mir abhängig als ich von ihm. Er schien mir wehrlos, und ich musste einem Wehrlosen etwas nehmen. Dennoch war es das Richtige, das wusste ich genau.

Ich erinnere mich an meine Kindheit: Meine Eltern haben sich zehn Jahre zu spät scheiden lassen. Erst nach meinem Abitur. So lange haben sie sich nicht getraut, die Familie zu zerstören. Und nun frage ich mich: Wann ist ein Kind aus dem Gröbsten heraus? Immer ist die Sorge vorhanden, dass etwas schiefgehen könnte. Mein neues Leben ist voller Ungewissheit. Das Einzige, was unverändert gut läuft, ist mein Job. Aber tief im Innern bin ich ein trauriger Mensch. Alles andere ist völlig unklar.

Als es endlich raus war, die Worte: »Ich möchte mich von dir trennen«, da empfand ich nur noch Erleichterung. Er ist zusammengebrochen. Er hat geweint. Dann haben wir beide geweint.

Bevor wir unserem Sohn von der Trennung erzählten, waren wir zweimal bei einer Familientherapeutin. Sie hat gemeint: »Wichtig ist, wie Sie sich verhalten, nicht nur, was Sie sagen.« Sie riet uns, die Tatsache klar zu benennen, auch zu erzählen, von wem die Trennung ausgeht. Und zugleich sollten wir deutlich erklären, dass wir beide seine Eltern bleiben.

Wir haben es unserem Sohn am Anfang der großen Ferien mitgeteilt, wir wollten, dass er diese Auszeit hat, um sich an den Gedanken zu gewöhnen. Wir saßen zu dritt am Esstisch. Ich hatte meinen Sohn auf dem Schoß, und ich sagte: »Wir müssen dir etwas erzählen, wir werden uns trennen.« Nach dem ersten Satz liefen Tränen über sein Gesicht, er hat es sofort erfasst. Ich ließ ihn auf meinem Schoß weinen. Mein Mann hat kein Wort gesprochen. Irgendwann ist mein Sohn aufgestanden, holte einen dicken Berlin-Bildband und wollte ihn mit mir zusammen anschauen. Später meinte er: »Ich verstehe es nicht, erklär es mir bitte noch einmal.« Und ein paar Tage darauf sagte er: »Auch wenn sie getrennt sind, bleiben die Eltern ja immer noch Mama und Papa. Und vor allem – man hat ja immer noch sich selbst.« Da musste ich aufpassen, dass ich nicht zusammenbreche. Unser Kind ist so klug, lieb und schön. Er hat das Beste verdient, und ich kann ihm nur noch das Zweitbeste geben. Aber das ganz doll.

Zwei Monate später zog ich aus unserem Haus aus. Ich hatte das große Glück, ganz in der Nähe eine Wohnung zu finden. Dass mein Mann sich eine andere Bleibe sucht, stand für mich keinen Moment zur Debatte. Ich wollte ihm nicht auch noch in dieser Hinsicht den Boden unter den Füßen wegziehen. Und das Haus ganz aufzugeben, das kam erst recht nicht in Frage: Ich kann doch nicht meinem Kind das Familiengefühl nehmen und dann noch das Zuhause, in dem er die ersten acht Jahre seines Lebens verbracht hat. Jetzt ist er dort die Hälfte der Woche, die andere Hälfte – meistens übers Wochenende – bei mir.

Nach meinem Auszug habe ich meine Jobzeiten verändert. Mein Chef und meine Kolleginnen ziehen wunderbar mit. Es hat deswegen noch nie Stress oder Unmut gegeben. Ich arbeite an den Tagen, an denen mein Sohn bei seinem Vater ist, oft bis in die Nacht. Da zieht mich sowieso nichts nach Hause. Dafür gehe ich an Tagen, wenn er von der Schule zu mir kommt, schon oft am frühen Nachmittag. Unser Sohn kann jederzeit mit dem Fahrrad zwischen unseren beiden Wohnungen hin und her fahren, er kann ebenso einen Samstag mit meinem Mann verbringen, selbst wenn das nach unserer Regelung eigentlich »mein« Tag wäre. Auch das war mir wichtig: Dass wir freundlich, zumindest nicht feindselig miteinander umgehen, flexibel sind, und dass unser Sohn nicht in Loyalitätskonflikten aufgerieben wird und ein schlechtes Gewissen bekommt, wenn er sich mal für den einen, mal für den

anderen entscheidet. Er soll sich bei beiden Elternteilen wohl-
fühlen. Wir geben uns jedenfalls Mühe, alles friedlich und fair
zu regeln. Aber ganz ohne Reibung geht es trotzdem nicht.

Da mein Mann beruflich nicht so eingebunden ist wie ich,
nimmt er es mit den vereinbarten Terminen, wann er seinen
Sohn abgeben soll, nicht immer genau. Dann sitze ich schon
mal da und warte auf ihn. Irgendwann ruft er schließlich an:
»Du, wir malen gerade ein Bild zu Ende, wir bauen hier noch
was.« Ich halte mich in solchen Situationen aber zurück. Ich
will nicht die Meckerziege sein, die auf ihrem Zeitplan besteht. Auch bei den Sachen, die die Schule betreffen, ist es
nicht ganz einfach. Ich bin die Diszipliniertere von uns, ich
schaue die Hefte durch, helfe bei Hausaufgaben. Bei meinem
Mann spielt das nicht so eine große Rolle, obwohl er das abstreiten würde. Ich will natürlich nicht diejenige sein, bei der
Schularbeiten abgefragt werden, während er für die Lustbar-
keiten zuständig, der Spaß-Papa ist. Er erlaubt auch, dass das
Kind mal nicht zum Sport geht. Ich möchte jedoch, dass es
sich an Regelmäßigkeiten gewöhnt, hin und wieder etwas auf
sich nimmt, auch wenn er zu diesen Dingen keine große Lust
verspürt. Zähneputzen, Zahnspange tragen, all das wird in
dem Vater-und-Sohn-Haushalt lässiger gehandhabt. Diese
Reibungspunkte traten aber auch in der Ehe auf, das ist nicht
ganz neu.

Ich habe in den letzten Jahren einen harten Job gemacht.
Und ohne meinen Mann, der das Kind betreute, wäre das
nicht möglich gewesen. Er hatte mit der Hausmann-Rolle
kein Problem. Ich verdiente gut, wir konnten uns ein schönes
Leben leisten. Aber wenn ich nach Hause kam, hatte ich immer öfter das Gefühl: Er macht seinen Part nicht richtig.
Dann war eben nicht eingekauft, nicht aufgeräumt. Mein

Mann lässt Dinge liegen, wenn sie ihm gerade keinen Spaß machen. Oder er vergisst sie einfach. Das hat mich mehr und mehr gegen ihn eingenommen. Ich konnte ihn nicht mehr ernst nehmen.

Heute würde ich gern Freundschaft für ihn empfinden, aber das ist schwer. Es existiert eine Vertrautheit, natürlich, schließlich habe ich dreizehn Jahre meines Lebens mit ihm verbracht. Ich dachte immer, es gibt niemanden, der mich so gut kennt wie er. Aber genauso wie ich mir ein Bild von ihm gemacht habe, das irgendwann nicht mehr der Realität entsprach, traf das auch im umgekehrten Fall zu. Bei ihm liegt das sicher an seiner tiefen Verletztheit. »Du warst schon immer so, du hast stets dein Ding durchgezogen«, das warf er mir vor einiger Zeit vor, als es mal wieder um unsere Trennung und die Gründe dafür ging.

Was daran stimmt, ist, dass ich Konsequenzen ziehe und handle, wenn ich mit einer Situation nicht einverstanden bin. Was meiner Meinung nach aber nicht zutrifft, ist, dass ich dabei rücksichtslos und egoistisch vorgehe. Aber das muss er wohl so sehen, damit er überhaupt mit diesem Kummer zurechtkommt. Es fällt ihm leichter, sich in der Opferrolle zu fühlen, als einfach zu akzeptieren, dass jede Beziehung mit dem Risiko einer Trennung verbunden ist. Selbst eine Beziehung, von der man dachte, sie sei im Himmel gemacht und für die Ewigkeit. So dachten wir damals ja. Und es waren viele gute Jahre. Für die bin ich dankbar, ich begreife sie heute als ein schönes Kapitel meines Lebens. Aber es ist abgeschlossen. Es war toll, so lange es toll war. Jetzt ist es vorbei.

Er versteht das nicht. Wenn wir uns über unsere Beziehung und ihr Ende unterhalten, drängt er mich schnell in die Defensive, sagt, ich sei schuld, ich sei die Böse, ich hätte ihm –

uns – keine Chance gegeben. Er selbst stellt sich in diesem Gesprächen als schwach, hilflos und abhängig dar, dass ich keine der Charaktereigenschaften wiederfinde, die mich damals für ihn eingenommen haben: dieses In-sich-Ruhen, die Kunst, kleine Momente zu genießen, eine Art Urvertrauen ins Leben zu haben. Nichts davon will er jetzt zulassen.

Nach über einem Jahr der Trennung empfinde ich Dankbarkeit. Ich weiß mittlerweile von vielen ähnlichen Fällen im Freundes- und Kollegenkreis: Es ist überhaupt keine Selbstverständlichkeit, dass der oder die Verlassene in erster Linie das Interesse des Kindes im Auge hat und etwaige Rachegelüste außen vor lässt. Das ist meinem Mann gelungen, und das finde ich bewundernswert.

Zumal er mit einem doppelten Schmerz zurechtkommen muss: Ich habe ihn verlassen – und natürlich, wie so oft, hat dabei ein anderer Mann eine Rolle gespielt. Ich war rasend verliebt; und er war verheiratet. Wir schrieben uns Tausende von SMS und Mails. Heimlich trafen wir uns in den Mittagspausen, ich war beschwingt, beseelt, fühlte mich so frei wie lange nicht mehr. Und wusste die ganze Zeit: Mehr kann, mehr wird daraus nicht werden. Ich habe mir nichts vorgemacht, und genauso ist es auch gekommen. Doch der Effekt war: Ich wurde wieder lebendig, diese Verliebtheit hat mir die Augen geöffnet. Ich entdeckte, was mir schon so lange gefehlt hat. Und mir wurde bewusst: So wie bisher kann ich nicht weiterleben.

Der andere Mann war der Auslöser, aber nicht der Grund, warum ich aus meiner Ehe ging. Ich habe sie beendet, ohne die Aussicht auf eine glückliche Anschlusspartnerschaft – und darüber bin ich sogar froh. In den Augen meines Mannes ist das die gerechte Strafe dafür, dass ich ihn verlassen habe.

Er muss so denken, ich denke anders. Natürlich bin ich traurig, und zwar auf mehreren Ebenen. Zwei große Lieben – ja, auch die zu meinem Mann war einmal eine – sind in die Brüche gegangen. Doch die Tatsache, dass ich trotzdem mit meinem jetzigen Leben zufrieden bin, ohne neue Beziehung, zeigt mir, dass es genau richtig war zu gehen.

Eine Freundin fragte mich einmal: »War diese Ehe ein Fehler?« Das verwunderte mich. Ein Fehler? Auf gar keinen Fall! Die Jahre davor, als wir noch nicht verheiratet waren, und auch die ersten Jahre der Ehe waren etwas sehr Schönes, das ich nicht missen möchte. Und: Gibt es Menschen, die ein Kind haben, das sie über alles lieben, und die trotzdem sagen, ihre Ehe sei ein Irrtum gewesen? Ich hoffe nicht. Allein wegen dieses Kindes war sie kein Fehler, sondern ein Glücksfall.

Kurios finde ich in dem Zusammenhang den fast altertümlich anmutenden Ausdruck der »gescheiterten Ehe«. In meinen Augen ist meine Ehe nicht gescheitert. In den Augen meiner Mutter zum Beispiel schon. Gescheitert ist eine Ehe demnach, wenn sie nicht mehr aufrechterhalten wird – egal, welchen Preis man dafür zahlt. Die Ehe ist nicht glücklich, nicht intakt, aber sie existiert, ist also nicht gescheitert. Da finde ich es besser, ehrlich Konsequenzen zu ziehen und sich ein neues Leben einzurichten. Auch wenn das anfangs schwer fällt.

Das klingt vielleicht, als wolle ich alle Schuld von mir schieben, aber allein das Wort »Schuld« finde ich unpassend. Ich habe die Verantwortung für das, was geschah, ja. Ich habe meinem Mann und meinem Kind Schmerzen und Kummer zugefügt. Aber: Ich konnte nicht anders. Ich musste es tun. Im Sinne von: Ich *wollte* es tun. Nichts hat mich dazu getrieben, es war meine freie Entscheidung.

Es tut mir leid, dass ich das alles meinem Sohn zugemutet habe. Diese Gedankenspirale – das kannst du dem Jungen doch nicht antun, er liebt euch beide, du kannst ihm nicht diese Existenzgrundlage entziehen –, natürlich hatte ich die. Aber sie hätte meinen Entschluss zur Trennung nicht aufhalten können. Es tut mir wirklich leid, dass ich es war, die ihn aus dieser kindlichen Sorglosigkeit, diesem Gefühl von »alles ist gut und das Leben ist schön« gerissen hat. Aber ich habe seit dem Augenblick der Trennung meine ganze Kraft und Energie dafür verwendet, meinen Sohn zu stabilisieren, ihm den Übergang so leicht und weich wie möglich zu machen, ihm zu zeigen, dass seine Eltern zwar getrennt, aber immer noch beide unverändert für ihn da sind. Auch aus diesem Grund ist es mir wichtig, weiter Kontakt zu meinem Mann zu halten. Damit wir uns austauschen über unser Kind, wie es ihm geht. Und damit unser Sohn merkt, dass wir zwar nicht mehr ein Elternpaar im klassischen Sinn sind, aber weiterhin eine Art Elternteam.

Mein schlechtes Gewissen verdränge ich nicht. Ich mache es ähnlich wie bei Liebeskummer. Ich lebe damit. Ich habe anderen wehgetan, aber ich kann es nicht ändern. Ich muss es aushalten. So wie sie es aushalten müssen. Wenn mein Kind nach unserer Trennung in eine Krise geraten, verhaltensauffällig, depressiv geworden wäre – ich weiß nicht, wie ich das ertragen hätte. Wahrscheinlich hätte ich mir unglaubliche Vorwürfe gemacht. Aber dies ist nicht passiert, Gott sei Dank.

Ich weiß jetzt etwas mehr über mich selbst, etwas, was ich vorher ahnte: dass ich sehr zäh bin. Ich sitze manchmal bis 22 Uhr im Büro, sonst würde ich mein Pensum nicht schaffen. Als ich ein zusätzliches Projekt übernahm, gab es Tage, an denen ich erst um vier Uhr nachts nach Hause fuhr. Ich kenne mittlerweile alle Tankstellen auf dem Weg und weiß, wo es um diese Zeit frische Laugenbrötchen gibt …

Das war eine harte Phase. Wenn in einer solchen Situation außerplanmäßig etwas passiert, und seien es nur vermeintliche Kleinigkeiten – die Spülmaschine streikt, ein Handwerker muss kommen, eine Glühbirne ausgewechselt werden –, stoße ich manchmal an meine Grenzen, zeitlich, organisatorisch, auch psychisch. Aber ich weiß, dass diese Phasen, in denen man denkt, alles wächst einem über den Kopf und man ist der ärmste Mensch auf der Welt, irgendwann vorbei sind.

Ich glaube, ich kann mich seit der Trennung sehr viel ehrlicher betrachten, ebenso viel früher die Charaktereigenschaften eines Mannes benennen, die mir womöglich nicht so gut gefallen. Würde ich mich deshalb weniger heftig verlieben? Ich hoffe nicht.

Was ich heute anders machen würde: keine Heirat mehr ohne Ehevertrag. Auch wenn ich hoffe, dass wir zu einer gütlichen Einigung kommen, ist es doch ziemlich anstrengend und aufreibend, so viel gegeneinander aufrechnen zu müssen und dabei gleichzeitig immer zu versuchen, das Finanzielle und das Emotionale säuberlich voneinander getrennt zu halten.

Ich denke, wir schaffen eine faire Scheidung. Anfangs hatte ich Angst, mein Mann könnte darauf aus sein, mich bluten lassen zu wollen. Er war so verletzt und verzweifelt, und Rache ist eine natürliche Reaktion.

Gerade hatten wir einen Termin bei einer Mediatorin, die uns sehr geholfen hat. Bei den Gesprächen vorher gerieten uns ständig die Ebenen durcheinander, in einem Satz ging es um das Haus, den Unterhalt, im nächsten hagelte es Vorwürfe und Anschuldigungen. Mein Mann besaß überhaupt kein

Vertrauen mehr zu mir. Ich hätte ihn betrogen, hintergangen und schließlich verlassen. Wie, so sagte er, könne er mir glauben, dass ich nicht noch versuche, ihn finanziell zu hintergehen?

Nach dem Besuch bei der Mediatorin ist ihm klar geworden, dass meine Vorschläge nicht nur meine Interessen, sondern ebenso seine berücksichtigen. Und dass ich, wenn er mir entgegenkommt, auch ihm entgegenkomme. »Findest du, dass ich bis ans Ende deiner Tage für dich verantwortlich bin?«, habe ich ihn gefragt. Seine Antwort: »Natürlich nicht.« Ein solch schlichter und deutlicher Dialog wäre ohne das Beisein dieser nüchternen, aber sehr einfühlsamen Frau nicht möglich gewesen. Oder erst sehr viel später.

Mein Mann kommt mir insofern entgegen, als er bereit ist, in den vorgezogenen Ruhestand zu gehen. Von der Rente wird er leben können, nicht üppig, aber gut. Das bedeutet, dass ich schon drei Jahre eher jeden Monat spürbar weniger an ihn zahlen muss. Dafür haben wir im Gegenzug vereinbart, dass er mietfrei in unserem – meinem – Haus wohnen kann, und das, bis unser Kind mindestens volljährig ist. Ich finde das fair.

Das Haus bleibt also in meinem Besitz, aber natürlich steht ihm ein Zugewinnausgleich zu, basierend auf dem Wertzuwachs. Dazu gehört auch die Hälfte der Summe, die ich in der Ehezeit abbezahlt habe, und die Hälfte meiner Lebensversicherung. Als die Mediatorin die Summe nannte, schluckte ich schwer. Aber irgendwie hatte ich das Gefühl, es muss bei dieser Trennung auch etwas geben, das *mir* wehtut. Als könnte ich mich damit von meinem latent schlechten Gewissen freikaufen. Diese Summe kann ich ihm aber nur auszahlen, wenn ich das Haus einem Makler anbiete. Und solange mein

Mann darin wohnen möchte, ist das nicht möglich. Eigentlich ganz einfach.

Er wollte ursprünglich, dass ich ihm die Hälfte des Hauses überschreibe, schließlich sei es ja auch »sein« Haus. »Wer hat denn die Zahlungen geleistet?«, fragte die Mediatorin trocken. Das war natürlich ich. Dies ist aber eine Position, auf die ich mich nicht zurückziehen möchte: Wenn ich heute so gut verdiene, hat das durchaus etwas damit zu tun, dass ich früh nach der Geburt unseres Kindes wieder Vollzeit arbeiten gehen konnte und mich nie mit den Sorgen und alltäglichen Belastungen vieler berufstätiger Mütter herumschlagen musste: Das Kind ist krank, o weh, wer bleibt zu Hause? Heute sind Überstunden zu machen, wer kümmert sich ums Kind?

Mein Mann war immer da. Ich konnte arbeiten, ohne weiter darüber nachzudenken, wer sich um den Sohn sorgte. Ich konnte unbefangen Karriere machen und mich weiterentwickeln. Das Verrückte ist, dass genau das aber auch einer der Faktoren war, die zur Trennung führten. Ich bin neue Wege gegangen, er fand das Leben prima, so wie es war – und ist stehen geblieben. So gesehen, finde ich mich manchmal zum Kotzen. Aber es ist nicht zu ändern.

Mein Job hat mir sehr geholfen, die schwerste Zeit nach der Trennung zu überstehen. Jeden Morgen ein Büro zu betreten, in dem ich mich wohlfühle, mit Menschen zusammenzuarbeiten, die mich und meine Arbeit schätzen, das hat mir Halt und Kraft gegeben. Und Freundinnen, natürlich. Als Teilzeit-Single konnte ich mich plötzlich wieder spontan für einen Abend verabreden oder auch nachts um elf tränenüberströmt anrufen. Wenn man dann jemanden hat, der sagt: »Komm her, ich bin da« – das ist großartig.

Außerdem habe ich gelernt, dass ich mich nicht immer und um jeden Preis zusammenreißen muss – früher tat ich das oft. Jetzt verbringe ich manchen Abend damit, stundenlang alte Platten zu hören. Fleetwood Mac, Jackson Browne, Bob Seger, Little River Band – das ist wie eine Zeitreise. Ich werde elegisch, habe plötzlich aber auch ein Gefühl dafür, wie reich mein Dasein bislang war, wie viel Schönes ich erfahren habe – lange vor meiner Beziehung zu meinem Mann. Diese Ehe war Teil meines Lebens, es werden neue hinzukommen. Damit meine ich nicht eine neue Partnerschaft, sondern Lebensphasen.

! Erste-Hilfe-Tipps von Christine

- Am Anfang versuchen, so weit zu funktionieren, bis das Gröbste an organisatorischen Dingen erledigt ist. Danach aber sollte man sich auch ruhig in die Tiefe fallen lassen. Mit Kerzen, Rotwein, trauriger Musik. Die Trauer muss raus.
- Weiterhin: So oft wie möglich sollte man an die frische Luft. Häufig gehe ich abends laufen, selbst am Wochenende. Ich musste erst vierzig werden, um herauszufinden, wie gut mir das tut.
- Was nicht hilft: krampfhaft nach einem neuen Partner zu suchen. Nach einem Jahr habe ich mich spaßeshalber bei einer Online-Partnervermittlung angemeldet. Tatsächlich lernte ich ein paar Männer kennen. Es sind nette Kerle, mit denen man abends ins Kino oder in ein Restaurant gehen kann. Kein Sex, kein Flirten, kein Prickeln – aber eine hübsche Ab-

wechslung. Für alles andere, für mehr, wäre es noch viel zu früh. Und mehr würde derzeit auch gar nicht in mein Leben passen. Ich habe mein Kind, und ich habe meinen Job. Ich brauche keinen Mann. Irgendwann werde ich das vielleicht als Defizit empfinden, momentan aber ist es genau richtig so.

11 Gewinne!

Gespräch mit Claudia Clasen-Holzberg (50), Psychotherapeutin und Paartherapeutin in Hamburg, über die produktive Kraft der Wut, über den Sinn von Trauerzeit, über die Chance, sich wieder zu verlieben und über den richtigen Zeitpunkt für eine neue Beziehung.

Claudia Clasen-Holzberg treffe ich bei ihrem Italiener um die Ecke. Ganz in der Nähe hat sie ihre Hamburger Praxis, in der sie jeden Tag Unglückliche, Ratlose, Sich-selbst-Suchende empfängt. Die schlanke, hübsch aussehende Claudia mit den dichten braunen Locken wird vom Wirt zur Begrüßung rechts und links geherzt und geküsst. Leise setzt sie sich zu mir. Wir sprechen lange, intensiv, wie Freundinnen, die über das Leben plaudern. Nach dem Gespräch habe ich das Gefühl, gewachsen zu sein. Innerlich. Ich habe Dinge verstanden, die ich schon wusste, die aber erst aus ihren Verstecken hervorgeholt und richtig zusammengesetzt werden mussten. Das scheint eine gute Therapie zu bewirken: Verborgenes sichtbar werden zu lassen und neu zusammenzusetzen.

Mit Claudia Clasen-Holzberg habe ich mich seit zwölf Jahren immer wieder gern auf schwierige Gedankenwege begeben. Für Zeitschriftartikel und Bücher. Und oft kommen dabei auch persönliche Krisen ins Spiel. Als Lernbeispiele. Und weil Frauen im Gespräch eher Nähe und Übereinstimmung suchen als Selbstdarstellung und Punktevorteile. Claudia hat einen Mann im selben Job – was allein schon kompliziert sein kann. Und sie hat mit ihm zusammen – neben ihrer Karriere als Psychologin und Buchautorin – drei Kinder großgezogen. Der Jüngste ist zehn, die älteste Tochter zwanzig. Wir lachen sehr, als sie bei diesem Treffen sagt: »Wenn es um uns beide geht, sind wir genauso doof wie andere.« Ich denke gleich an Lehrers Kinder und Pfarrers Vieh. Aber die Holzbergs sind noch verheiratet, und sie sehen dabei nicht gerade unglücklich aus.

Eine Ehe von Psychologen ist auch nur eine Ehe mit allem Drum und Dran. Haushalt organisieren. Kinderbetreuung aufteilen. Sehnsüchte ausleben. Kompromisse machen. Eifersucht aushalten. Ihr Wissen über Paar-Fallen und Beziehungsdynamiken sitzt im Kopf. Beide kennen Techniken, wie man aus vertrackten Stimmungen wieder herauskommt, sie sind sich bewusst, wie Kommunikation funktioniert. Die Gefühle aber, die zu all dem gehören, sind etwas ganz anderes – die haben wissenschaftlich geschulte Leute genauso wie wir. Könnten sie uns sonst verstehen und brauchbare Tipps geben?

Man sagt, man braucht etwa halb so lang für die Trennungsverarbeitung wie die Ehe gedauert hat. Stimmt das? Wie kommt man auf diese Zeitrechnung?

Davon habe ich noch nie gehört! Die Verarbeitung einer Trennung ist sehr unterschiedlich. Das hängt davon ab, ob ich aktiv gegangen bin oder verlassen wurde. Auch davon, wie verletzend die Entwicklung zum Ende hin war. Wie überraschend kam der Schlussakkord? Oder hatte ein schleichender Prozess die beiden Partner schon zuvor ausgelaugt? Von all diesen Fragen hängt ab, wie lange jemand an einer Scheidung zu leiden hat.

Gibt es gar keine Faustregel für eine Art Stimmungskurve?

Doch. Aus meiner Praxis weiß ich, dass es auf jeden Fall ein Jahr dauert, bis man einigermaßen darüber hinweg ist. Und ungefähr drei Jahre vergehen, ehe sich ein neues Leben einspielt. Es braucht so lange, denn in dieser Zeit entwickelt sich eine neue Identität. Erst dann fühlt sich das Leben wieder besser und sicherer an.

Das klingt eher deprimierend für alle, die am Anfang dieser drei Jahre stehen …

Es kann auch schneller gehen, beispielsweise dann, wenn man sich in der Ehe schon länger mit einem Leben nach der Scheidung beschäftigt hat. Und wer in der Trennungszeit begriffen hat, was er nicht will, und weiß, wohin er möchte, hat schon Vorarbeit geleistet. Auch eine solche Person bekommt schneller ein neues Leben auf die Reihe. Die Menschen, die sich aktiv trennen, haben es mit Sicherheit ebenfalls leichter, da sie meist eine Idee für ihre Zukunft haben. Sie wollen etwas Besseres als diese Ehe. Und sie trauen sich zu, das auch zu verwirklichen. Wer genau weiß: Hier will ich raus, der hat bald wieder Boden unter den Füßen.

Und wer verlassen wird, der leidet doppelt.

Der muss sich damit befassen, dass er vielleicht einiges nicht hat sehen, bestimmte Zeichen und Signale nicht hat ernst nehmen wollen. Schließlich ist einer gegangen, wo der andere noch festgehalten hätte. Aber egal wie die Scheidung verläuft – es gibt lange danach ein inneres Echo auf diese Erfahrung. Erinnerungen, Prägungen aus der Ehezeit – mit diesen Dingen ist man nach der Scheidung beschäftigt. Das muss aber nicht heißen, dass man über lange Zeit unglücklich ist und keine neue Beziehung eingehen kann.

Wieder glücklich werden – nach einer schweren Scheidung unvorstellbar. Womit fängt es an?

Wenn die Wut kommt, geht es bergauf. Wut ist der erste heilsame Schritt. Vorher sind die Gefühle ähnlich wie bei einem Todesfall. Am Anfang ist da der Schock, der Unglaube. Dann folgt die Verleugnung, die Illusion, dass es doch wieder gut werden könnte. Erst danach wird realisiert, was geschehen ist. Das heißt: Die Trauer kann beginnen, begleitet von Verzweiflung und Selbstvorwürfen. Also, der erste Schritt, um wieder froh zu werden, ist die Wut. Ist die Erkenntnis, dass der andere viel dazu beigetragen hat, dass es so gekommen ist, vielleicht, weil er mich schlecht behandelt hat.

Wut soll produktiv sein?

Wut ist eine Energie, die man braucht, um sich wirklich endgültig zu trennen. Es ist ungeheuer befreiend, wenn sich die Gefühle nicht mehr nach innen richten – möglicherweise auch gegen sich selbst und das eigene Versagen –, sondern gegen den anderen. Schon ist man nicht mehr so ein Häufchen Elend, nicht mehr derart unsicher und schwach. Wut ist für einen selbst ein positives Gefühl. Man weiß dann: Nicht nur ich habe alles falsch gemacht. Wut hilft, realistisch zu sortieren, eine Balance zu finden, eine neue Gerechtigkeit herzustellen.

Und wenn man es nicht schafft, richtig zornig zu werden?

Wer nach all der nötigen Verarbeitung kein bisschen wütend werden kann, hält eventuell an etwas Idealisiertem fest, will sich innerlich nicht endgültig trennen. Es gibt Trennungen, bei denen einer der Partner gar nicht versteht, warum es dazu gekommen ist. Es gibt Männer, die einfach weggehen, ohne ein Wort der Erklärung. Frauen werden in solchen Fällen hilflos zurückgelassen. Das kann aber auch wütend machen. Es gibt keine Begründung, die einem hilft, also muss man sich selbst eine suchen. Auch wenn sie überhaupt nicht stimmt, wird sie helfen, mit seinem Verschwinden fertig zu werden. Erklärungslos stehen gelassen zu werden – das sagt auch etwas über die Ehe aus. Zu einer fairen Trennung gehört, dass man sich auseinandersetzt. Wer das verweigert, macht den anderen wütend.

Weiß man tief im eigenen Innern nicht genau, warum es zum Bruch kam?

So einfach ist das nicht. Viele verdrängen oder vermeiden Konflikte. Aber sie zuzulassen und gemeinsam zu lösen, gehört zur Intimität eines Paares. Wer Auseinandersetzungen ausweicht, lässt keine wirkliche Nähe zu. Wer sie zusammen durchsteht, geht als Paar gestärkt daraus hervor. Andere misstrauen so sehr, dass genau das passiert, wovor sie solche Angst haben: Sie werden verlassen.

Trotzdem kann Wut nicht gleich wieder glücklich machen.

Das stimmt. Es ist eher so, dass es nach der Wut besser wird. Man beginnt, sich wirklich zu lösen. Vorher hat man geglaubt: Ich kann nur in dieser Ehe glücklich sein. Inzwischen hat man erfahren: Ich kann etwas machen, und es fühlt sich richtig gut an – auch ohne ihn. Und auf die Dauer geht es mir damit besser.

Manche renovieren dann ihre Wohnung oder ziehen um, nur um etwas zu verändern.

Es gibt viele Wege, sich neu zu finden. Egal, was wir tun: Jetzt steht wieder Energie zur Verfügung.

Ist es wichtig, diesen guten Zustand möglichst schnell zu erreichen?

Ich bin dafür, sich eine Trauerzeit zu geben. Selbstdisziplin oder Ablenkungsmanöver helfen vielleicht im Moment. Aber wer zu rasch wieder obenauf ist, nimmt möglicherweise seine Ängste in eine neue Beziehung mit. Als Therapeutin erlebe ich oft, was passiert, wenn intensive emotionale Verarbeitung und Ablösung nicht stattfinden. Manche können sich gar nicht mehr auf eine neue Beziehung einlassen. Sie stürzen sich zwar in neue Affären – zur Abwehr des Trennungsschmerzes –, das führt aber oft nur dazu, dass die Verlustangst wächst. Zum Beispiel hat eine geschiedene Frau bei der nächsten Partnerschaft schnell die Sorge: »Der will ja doch nicht.« Und dadurch verhält sie sich anders, als es vielleicht gut wäre.

Hört man deswegen oft: Bloß nicht so bald in eine neue Beziehung stürzen, das kann nichts werden?

Wenn das Alte noch so wichtig ist, hat das Neue keinen Platz. Trotzdem warne ich vor Verallgemeinerungen. Es ist ja nicht so, dass einem tolle Männer ständig über den Weg laufen. Wer jemandem begegnet, kann durchaus eine neue Beziehung anfangen und sich trotzdem mit der Ablösung aus der alten beschäftigen. Man muss nur aufpassen, dass man nichts vermischt und zum Beispiel alten Schmerz oder altes Misstrauen dem neuen Partner anlastet. Es gibt natürlich auch diese Ablöse- oder Übergangsmänner. Dagegen ist nichts zu sagen. Es muss ja nicht gleich die nächste Ehe angebahnt werden. Wer sich alles verbietet und irgendwelche Regeln einhalten will, bringt sich vielleicht um wertvolle Erlebnisse. Ein Übergangsmann kann eine große Hilfe sein, sich zu stabilisieren, wieder Spaß zu finden, das Selbstwertgefühl zu stärken.

Wann ist es wieder Zeit für einen neuen Partner?

Auch da will ich keine Regel aufstellen. Es kann ungemein stabilisierend sein, sich ohne Partner sicher und gut zu fühlen. Wer allein klarkommt, wird vielleicht in einer neuen Beziehung nicht wieder so ängstlich oder abhängig sein. Zeit für die Selbstfindung kann eine gute Investition sein.

Wenn man sich dringend wieder jemanden wünscht, wie findet man diesen Menschen?

Jetzt wird es richtig kompliziert. Je mehr ich mich mit diesem Thema beschäftige, desto ratloser werde ich. Ich weiß, dass es wenig Gelegenheiten für die Partnersuche gibt. Manche haben im Job kaum etwas mit Leuten zu tun. Es ist auch eine ziemliche Hürde, allein irgendwo hinzugehen, allein etwas zu unternehmen. Und: Die Männer werden immer unverbindlicher. Sie erscheinen mir manchmal wie eine flüchtige Substanz. Verständlich, dass sich dann wieder die alte Angst meldet: Der will ja doch nicht, der ruft nicht mehr an … Es gibt aber trotz all der Schwierigkeiten auch Frauen, die es hinbekommen. Die lernen einen Kollegen aus einer anderen Filiale kennen oder treffen einen alleinerziehenden Vater im Kinderladen. Und es sind nicht unbedingt die vermeintlich tolleren Frauen, die das schaffen. Diese Frauen sind vielleicht nur bereiter als andere, sich einzulassen. Möglicherweise sind sie beziehungserfahrener, tun sich leichter in der Kommunikation, sind risikobereiter. Dahinter stecken oft ganz frühe Bindungserfahrungen. Menschen, die als Kind gut gebettet waren und später eine gelungene Beziehung erlebten, haben weniger Angst. Wer als Kind unsichere Bindungen erfahren hat und sich dies in der eigenen Partnerschaft wiederholt, hat es emotional mit Beziehungen sehr schwer. Das kann sich darin zeigen, dass man partout keinen Partner findet oder ungeeignete, die sich ihrerseits nicht einlassen. Viele werden aufgrund ihrer Vatererfahrungen wieder und wieder von Männern angezogen, um die man ein bisschen kämpfen muss. Damit tun sie sich dann selbst immer weh. Schmerz als Zeichen großer Leidenschaft, das ist ein leidverursachender Mechanismus. Gut wäre, bewusst auch mal anderen eine Chance zu geben. Dem Mann, der erst auf den zweiten Blick wirkt. Warum nicht? Je mehr man sich von alten Mustern entfernt, desto größer ist die Auswahl. Wer an bestimmten Äußerlichkeiten festhält oder den Mann zum Aufwerten der eigenen Stellung sucht, macht es sich bei der Partnersuche unnötig schwer. Und bleibt vielleicht allein.

Was soll man in einem solchen Fall tun?

Man kann auch allein ein erfülltes Leben führen. Ich kenne Frauen, die sich mit hochgeistigen Dingen beschäftigen und erfüllt davon sind – das macht ebenfalls glücklich und zufrieden. Aber auf die Körperlichkeit mit einem Partner zu verzichten, das ist ganz schwer.

Soll man also lieber alles versuchen, jemanden zu finden? Auch im Internet?

Ich denke, ja. Obwohl ich weiß, dass im Internet viele Männer unterwegs sind, die nicht das sind, was sie vorgeben. Trotzdem: Es gibt auch Beispiele, wo sich übers Netz die Richtigen gefunden haben.

Ist es wichtig, in der neuen Beziehung bewusst auf alte Fehler achten?

Wer seine Lehren gezogen hat, weiß, wo sein Beitrag zum Scheitern liegt, weiß, wo er besonders empfindlich ist – der versucht natürlich, das zu reduzieren. Also: Es kommt auf den Partner an. Oft landet man bei einem ähnlichen. Die Beziehungsmodelle stammen aus der Kindheit und sind nicht so leicht zu identifizieren. Töchter von erfolgreichen Vätern, die sich kaum um die Kinder gekümmert haben, finden als Frauen vielfach einen Partner, der ebenfalls nicht wirklich für sie da ist. Diese Männer machen immer ihr Ding. Und irgendwann ist auch eine Affäre ihr Ding. Das will doch keine Frau zweimal erleben. Schön, wenn diese Frauen irgendwann merken: Das kenne ich. So einen Typen hatte ich schon, ich treffe mich lieber mit einem netten Kollegen, der aufmerksam ist, da kann ich Spaß haben, und darüber entsteht dann vielleicht Gemeinsamkeit.

Sollte man sich also mehr mit dem Verstand verlieben? Geht denn das?

Irgendeine Art von Anziehung muss vorhanden sein. Viele kennen ein bestimmtes Auslösergefühl. Dieser Reiz bewirkt ein schnelles Einlassen, wobei man danach lange an einem bestimmten Bild festhält, das ihn hervorgerufen hat. Das Bild stimmt oft nur in Bruchstücken. So ein Kennenlernen unter bestimmten Erwartungen ist jedoch ein eingeschränktes Kennenlernen. Man kann sich aber auch auf jemanden einlassen, ohne dass es so furios wie über den bekannten Anfangsreiz losgeht. Ich kenne glückliche Paare, die sich mit viel Zeit aneinander herangetastet haben. Dabei entsteht Sicherheit, eine wirkliche Substanz. Oft ist das die Basis für eine bessere Beziehung. Deswegen bin ich auch dafür, sich an frühere Partner zu erinnern. Gab es einen in der Schule, in der Uni, der damals zu schnell wieder abhanden kam? Jetzt könnte er vielleicht passen. Der Vorteil: Man hat schon eine bestimmte Zeit miteinander gehabt.

Was passiert, wenn ich mich neu einlasse und das Alte wieder hochkommt?

An ehemals blauen Stellen ist man besonders schmerzempfindlich, das ist klar. Man sollte sich aber vergewissern, dass man vor einem alten Hintergrund in der aktuellen Situation nicht überreagiert. Natürlich passieren in einer neuen Partnerschaft auch Enttäuschungen und Kränkungen. Wichtig ist, sie nicht überzubewerten, achtsam mit sich zu sein, frühzeitig über die Probleme zu sprechen.

Was bedeutet es, wenn immer wieder dieselben Beziehungsprobleme entstehen?

Dann ist das selbstinszeniert. Ein Beispiel: Man denkt, der neue Partner muss ganz, ganz anders sein als der alte. Und auf einmal macht der etwas Ähnliches wie der Ex. Man fühlt sich furchtbar gekränkt. Da hilft nur eins: mit Freunden sprechen, bei Experten Rat suchen, Selbstreflexion üben, neue Denkanstöße ausprobieren. Wer nach vielen Jahren immer wieder nur traurig und unsicher ist und stets vor denselben Problemen steht, dem hilft vielleicht eine Therapie. Manchmal ist es sinnvoll, ein paar Sitzungen mit dem Partner zusammen zu machen. Besonders bei einer neuen Beziehung nach einer Scheidung kann Paartherapie hilfreich sein. Man wird dabei versuchen, die Verletzungen und Ängste, die durch die Scheidung entstanden sind, zu identifizieren und aus der neuen Partnerschaft herauszuhalten.

Und wenn die Kinder einen Neuen ablehnen? Was dann?

Kinder müssen das dürfen. Der Partner hat das auszuhalten. Kinder brauchen Zeit für solche Veränderungen. Je mehr man sie spüren lässt, dass man etwas Bestimmtes von ihnen erwartet, desto mehr bringt man sie in Loyalitätskonflikte. Sie glauben, dass der andere den Vater verdrängt. Wenn sie jetzt eine gute Beziehung zu Mamas Neuem aufbauen, ist das wie ein Verrat am Papa. Mit diesen Dingen müssen Erwachsene sehr einfühlsam umgehen. Sie dürfen nicht zu viel erwarten, müssen den Umgang vorsichtig dosieren. Aber die Kinder können auch nicht komplett bestimmen, wann der Neue kommen darf. Sie müssen nur fühlen, dass die Mutter ihre Gefühle und Interessen berücksichtigt.

❗ Erste-Hilfe-Tipps von Claudia Clasen-Holzberg

▪ Gefühle zulassen, das ist das A und O. Sich ausweinen, allein oder bei der besten Freundin. Halt, Trost und Vertrauen suchen, wo sie zu finden sind. In einer Trennungssituation haben wir alle eine große Sehnsucht danach. Jeder braucht dann einen Menschen, der das aushält, der nicht urteilt, nicht verurteilt, keine ungebetenen Tipps gibt, sondern sich geduldig alles hundertmal anhört.

▪ Außerdem hilft es, sich zu besinnen auf das, was einem gut tut: die Natur, vielleicht Schreiben, Musik.

Evelinas Enttäuschung

»Wir haben charakterlich überhaupt
nicht zusammengepasst«

Evelina (49) spricht darüber, warum ihre Ehe von Anfang an auf
einem schiefen Fundament stand, wie ihre große Sehnsucht nach
Geborgenheit sie trotzdem lange an ihren Mann gekettet hat,
wie er sie eiskalt hat fallen lassen und wie sie nun, nach der Ehe,
ihr Leben neu sortiert.

Evelina wurde von einer Freundin zu mir mitgebracht. Die geborene Russin hat seit über zwanzig Jahren einen deutschen Pass. Wir saßen im Hochsommer in meinem Garten, tranken Sekt und aßen Erdbeertorte. Was für eine fröhliche, schöne Frau, dachte ich. Für Männer eine Frau zum Verlieben: blond, groß, schlank, sehr lebendig und mitreißend, wenn sie lacht. Eines Tages hörte ich, was für eine schreckliche Trennung sie gerade durchmacht und dass sie vor dem existenziellen Nichts steht. Ihr Mann hatte sie verlassen und die Absicht, sie aus dem Haus zu werfen. Wegen dieser furchtbaren Erfahrungen wollte ich sie interviewen. Ich wollte wissen, wie es ihr heute geht. Sie zögerte, weil alles noch so frisch war und sie Angst hatte, beim Erzählen vielleicht weinen zu müssen. Aber sie sagte schließlich zu. Eines Vormittags, fast ein Jahr nach unserem ersten, damals noch unbeschwerten Treffen, kam sie zu mir, nicht ohne sich vorher mit ihrem silbernen VW Polo zu verfahren. Wir setzten uns in die erste Frühlingssonne.

Evelina, wie geht es dir?

Ich bin sehr angestrengt. Weißt du, ich hatte mein Leben lang Angst, mich um mich selbst kümmern, für mich allein einstehen zu müssen. Jetzt muss ich das auf einmal. Und es funktioniert, wenn auch nicht ganz leicht. Dies erfahren zu haben, hat mich sehr erleichtert.

Bist du inzwischen geschieden?

Die Scheidung läuft noch, mein Mann hat sie vor einem halben Jahr eingereicht. Ich habe mir eine kleine Wohnung genommen, zusammen mit meinen beiden Söhnen.

Waren die nicht schon längst aus dem Haus?

Mein Kleiner ist siebzehn und geht noch zur Schule. Der andere Sohn ist zehn Jahre älter, er hatte sich schon ein eigenes Leben aufgebaut. Als er sah, dass ich mit meiner Situation, nicht klarkomme, hat er mir vorgeschlagen, wieder zusammenzuziehen.

Und was sollte das für einen Vorteil haben?

Dazu musst du wissen, wie das alles mit der Trennung angefangen hat. Eines Tages erhielt ich ein Anwaltsschreiben, in dem stand, dass mein Mann die Scheidung wolle und dass ich innerhalb von sechs Wochen aus dem Haus raus sein sollte. Das war nicht nur ein Schock, es war auch nicht zu schaffen. Von welchem Geld sollte ich eine Miete zahlen? Ich hatte meinem Mann zuliebe meinen Job aufgegeben. Daher kam mein

Sohn auf die Idee, gemeinsam eine Wohnung zu nehmen. Er zahlt einen Teil der Miete.

Eine tolle, ungewöhnliche Lösung. Aber noch mal zurück, warum war dein Mann so hart? Das passiert doch nicht aus heiterem Himmel?

Das hängt mit unserer Beziehung zusammen. Wir haben uns geliebt, sehr geliebt. Wir wurden immer als das leicht unkonventionelle Traumpaar beneidet. Wir gingen tanzen, verbrachten die Nächte in schicken Clubs, nahmen auch Drogen, waren oft verrückt und glücklich.

Das klingt erst mal nicht nach brutalem Rausschmiss.

Das ist alles so kompliziert, ich kann es noch nicht richtig erklären, es tut noch sehr weh. Aber mir ist klar geworden: Wir waren zwei Menschen mit derselben großen Sehnsucht, charakterlich passten wir aber überhaupt nicht zusammen. Anders gesagt: Es war eine Hass-Liebe.

Wie hat sich das gezeigt?

Ich bin spontan, großzügig, er ist ein geiziger Handwerker. Kaum waren wir zusammengezogen, das war vor acht Jahren, rechnete er mir das verbrauchte Toilettenpapier vor! Stritt mit mir über die Zahnpastatube, die nicht fest genug zugeschraubt war. Er hat das gute Geschirr geschont, und die Gäste auf unseren Gartenpartys mussten aus alten Senfgläsern ihr Bier oder ihren Sekt trinken. Solche Dinge eben. Sie klingen vielleicht banal, für mich waren sie das aber nicht. Und dann gab es auch noch meine beiden schon erwähnten Söhne, die aus meiner ersten und zweiten Ehe stammen. Der Jüngere sollte gerade in die Schule kommen, das ging gut, er hat meinen Mann als Vaterfigur anerkannt. Aber zwischen ihm und dem Großen wurde es problematisch.

Von solch banal klingenden Ehestreitigkeiten hört man oft, aber wie passierte dieser plötzliche Rausschmiss?

Lange hatte ich mein eigenes Geld verdient, davon kaufte ich ein, um für die Familie kochen zu können. Eines Tages hatten mein Mann und ich die Idee, ein neues Geschäft aufzuziehen. Er fühlte sich auf einmal als der tolle Möbeldesigner. Und ich sollte dafür sorgen, dass die Produkte verkauft werden, nach Russland, wohin ich ja von früher noch Verbindungen hatte. Wir waren in der Zeit des Möbelprojekts sehr glücklich, fuhren auf Messen, entwickelten ein eigenes Logo, hatten endlich etwas Gemeinsames. Und wir heirateten, nachdem wir viele Jahre ohne Trauschein zusammengelebt hatten.

Lass mich raten: Das Geschäft ging schief?

Genau. Ich hatte meinen guten Bürojob gekündigt, um mit meinem Mann das Unternehmen aufzubauen, und es lief überhaupt nicht. Keiner wollte goldene Betten und Tische kaufen.

Kein Grund, die Ehefrau aus dem Haus zu jagen.

Nein, natürlich nicht. Aber nach seiner Logik war ich an allem schuld. Ich war wie gelähmt, hatte auf einmal kein eigenes Geld mehr. Das Arbeitsamt hatte nach meiner Kündigung ein Überbrückungsgeld gezahlt, damit ich mich selbstständig machen konnte. Das lief nun aus. Nun hätte mein Mann mich ernähren müssen, bis ich etwas Neues fand. Aber das wollte er nicht.

Tolle Liebe …

Es war klar: Er brauchte mich nicht mehr. Ich stand ohne etwas da, hatte kein Einkommen, keine Arbeit, keine Wohnung. Mein Mann war aus der privaten Krankenversicherung ausgetreten, und so war ich nicht einmal mehr als seine Ehefrau versichert. Ich war wie gelähmt. Nur Schmerz spürte ich, mein Mann zog es vor, mit anderen Frauen unterwegs zu sein.

Und wie bist du aus der Schockstarre wieder herausgekommen?

Zuerst ging ich mit dem Anwaltsbrief zu einer Anwältin. Sie schrieb eine Entgegnung, gab zu verstehen, dass ich das Haus nicht so schnell verlassen könne. Auch gar nicht müsse. Eine Ehefrau einfach rausschmeißen, das sei nicht möglich. Anschließend fuhr ich zu einer Freundin nach Bayern. Und als ich zurückkam, hatte mein Mann meine ganzen Sachen in die untere Etage geräumt; die oberen Räume, in die er sich zurückgezogen hatte, waren abgesperrt. Er hatte mir nur wertlose Dinge überlassen, kaum Möbel. Unsere gemeinsame Waschmaschine war im Keller eingeschlossen, den Schlüssel hatte er an sich genommen. Alles, was neu und schön war, hatte er zu sich nach oben geschafft. Die Monate danach waren eine reine Tortour. Wochenlang drehte er die Heizung ab und behauptete, sie sei kaputt. Ich konnte nicht ein einziges vernünftiges Wort mit ihm über diese Dinge wechseln.

Heiraten – und an Scheidung denken

- Frauen, vor allem Mütter, beziehen durchschnittlich nur die Hälfte der Rente, die Männer erhalten.
- 42 Prozent aller Frauen haben keine private Vorsorge für das Alter.
- Frauen mit älteren Kindern können künftig kaum noch mit Unterhaltszahlungen rechnen.
- Eine gemeinsame Lebensplanung schließt eine finanzielle Eigenverantwortung nicht aus.

Es gibt doch Trennungsunterhalt – hast du ihn nicht verklagt?

Doch, aber die Richterin legte fest, dass er nur einen Monat zahlen müsse.

Wie das?

Schriftlich wurde von ihr niedergelegt, dass ich in meinem Beruf 2700 Euro brutto verdienen könne, ich müsste mich nur bemühen, einen Job zu finden. Sie folgte den Behauptungen meines Mannes, dass ich ihn nur geheiratet hätte, weil ich sein Haus und sein Geld wollte.

Glaubst du, dass deine russische Herkunft bei dieser Bewertung eine Rolle gespielt hat?

Unbedingt, obwohl ich seit 1980 Deutsche bin. Dennoch gibt es Vorurteile. Wenn du lesen würdest, was der Anwalt meines Mannes alles über mich schreibt und was die Richterin dazu bemerkt – es ist grauenvoll. Wenn das alles stimmen würde, müsste ich im Gefängnis sitzen! Ich bin demnach gewalttätig, verlogen, trickreich, berechnend und so weiter.

Wie hast du das alles überstanden? Was hast du getan?

Zum Glück hat mich meine ehemalige Firma wieder eingestellt. Da bekomme ich zwar nur etwas über 500 Euro brutto, aber es ist ein Anfang. Ich mache viele unbezahlte Überstunden. Ich konnte dadurch mit dazu beitragen, das Geschäft zu retten, denn kurz vor meiner Anfrage nach Arbeit stand es vor dem Konkurs. Deswegen konnte ich anfangs auch nur verkürzt arbeiten. Jetzt hat sich die Lage etwas gebessert, und ich erhalte manchmal sogar Überstunden bezahlt. Zusammen mit dem Einkommen meines größeren Sohnes, dem Unterhalt für den Jüngeren und dem Kindergeld kommen wir knapp über die Runden. Ich bin so erleichtert, dass ich aus dem Gruselhaus draußen bin und es irgendwie schaffe.

Es klingt wunderbar, dass du so viel Kraft aufbringen konntest.

Der Vater vom Großen war mir dabei eine große Hilfe. Er streckte die Kaution für die Wohnung vor, und zusammen kauften wir bei IKEA das Nötigste. Ich denke jetzt, da oben im Himmel passt jemand auf mich auf …

Das muss ein gutes Gefühl sein.

Das ist ein großer Trost. Auch wie der Umzug ablief, das tat gut. Ich wartete, bis der Kerl verreist war. Eine Freundin holte ich mir als Zeugin, wir fotografierten alles, jeden einzelnen

Raum, so, wie ich ihn hinterließ. Vor Gericht hatte er ja behauptet, ich sei gewalttätig und würde Dinge zerschlagen. Danach packten wir noch ein paar von meinen Sachen zusammen, ein Sofa, ein Regal, Schreibtisch, Computer und Fernseher. Zum Schluss sagte ich mir: »Okay, Arschloch, wenn du jetzt abends nach Hause kommst, bin ich weg.« Am nächsten Tag fuhren wir, meine Freundin und ich, zu ihm, um ihm die Schüssel zu übergeben. Er hat ganz schön dumm geguckt. Sein Ziel, mich aus dem Haus zu ekeln, hat er erreicht, aber er ist nun allein. Das wird er bald begreifen. Ich glaube, er nimmt immer noch Drogen, vielleicht blickt er aus diesem Grund auch nicht mehr richtig durch.

Wie lebst du jetzt mit deinen Söhnen?

Sehr viel besser. Jeder von uns hat ein Zimmer, und es gibt eine schöne, große Wohnküche. In der treffen wir uns abends sehr häufig. Ich koche fast jeden Tag für uns. Anschließend wasche ich mit der Hand ab und höre dabei Musik. Es ist sehr gemütlich bei uns, an die Küche grenzt ein Wintergarten mit vielen Pflanzen. Ich jedenfalls fühle mich wieder sehr wohl. Dazu trägt sicher bei, dass ich viel arbeite. Ich will die Firma und meinen Arbeitsplatz sichern.

Hast du Lust auf einen neuen Mann?

Wenn ich einen fürs Bett will, dann gibt es einen. Das war schon immer so. Das wird auch weiter so sein. Aber sonst? Ich bin ziemlich blockiert und habe immer noch Angst, wenn ich an unser altes Haus denke. Wenn ich nur den Ortsnamen höre, fange ich an zu zittern. Ich umfahre diese Gegend immer weiträumig. Aber die Leichtigkeit kommt wieder, ich fühle es. Ich weiß, es wird alles gut. Ich muss nur aktiv sein, aber ohne Krampf.

Erste-Hilfe-Tipps von Evelina

- Chancen erkennen und annehmen.
- Sich Bekannte und Freundinnen suchen.
- Eher wenig über die Probleme reden.
- Sich ablenken.
- Rausgehen, besonders an Wochenenden, schöne Sachen unternehmen, tanzen, in angenehmer Runde Wein trinken, schwimmen, Radtouren unternehmen.
- Aus all dem Guten, das man finden kann, die Kraft ziehen, um die schweren Dinge zu regeln.

13 Verstehen

»Zeit heilt Wunden – das sagt man, weil es stimmt«

Ein Gespräch mit Oskar Holzberg (53), Psychotherapeut und Autor in Hamburg, über die Frage, wie Zeit die Wunden heilt, über den Nutzen einer Scheidung, über die eigene Verantwortung am Geschehen und über die Frage, wie man eine Scheidung als Teil der eigenen Biografie versteht.

Oskar Holzberg ist einer der nettesten Männer, die ich kenne. Er kann etwas, das wenige Männer können: zuhören und auf seinen Gesprächspartner eingehen – und das nicht nur rein professionell. Nein, er ist einfach so. Klug und mitfühlend. Beim Reden hat er oft nicht nur ein Lächeln im Gesicht, sondern auch in der Stimme. Für mich ist er ein toller Kollege und Autor. Oskar ist mit Claudia Clasen-Holzberg verheiratet (s. S. 199). Sie sind eines von den wenigen Paaren, bei denen ich mich schwer entscheiden könnte: Würde ich lieber einen Abend beim Italiener mit ihr oder einen mit ihm verbringen? Heute bin ich bei Oskar Holzberg zu Gast. Seine Frau hat Ausgang.

Wir sitzen am langen Esstisch in der großen Altbauwohnung. Draußen rattert alle paar Minuten die Hamburger Hochbahn vorbei. An den Wänden hohe, mit Büchern vollgestopfte Regale. Oskar hat Tee gekocht, und wir knabbern getrocknete Erbsen.

Zeit heilt Wunden. Das sagt man so, weil es stimmt. Wenn man das Trennungsgeschehen durchlebt, alle Phasen des Schmerzes durchleidet, heilt es ganz automatisch. Man muss nur darauf achten, dass diesem Prozess Raum gegeben wird. Wenn man nicht abschließen, das Ende der Ehe nicht annehmen kann, weil man etwas anderes will, ist zu überlegen, welchen Impulsen man dann nachgibt. Will man noch einmal über alles reden? Bei einem solchen Wunsch stellt sich die Frage: Was soll eigentlich passieren, wenn man ein weiteres Mal mit dem anderen spricht? Bringt das was? Besser ist es, solche Einfälle zu klären, den Prozess der Ablösung bewusst zu gestalten. Man kann die Scheidung auch kreativ verarbeiten: schreiben, malen, Sport machen – aber nicht als Abwehr, sondern als Unterstützung. Die aktiv gemanagte Verarbeitung einer Scheidung ist die beste. Ein Beispiel: Ein Teil in uns möchte an den alten Gefühlen arbeiten, noch mal alles aufrollen, ein anderer Teil aber weiß: Das macht keinen Sinn. Bei einem derartigen Hin- und Hergerissensein sollte man sich nicht zermartern. Man kann in diesem Gefühlschaos einen Brief schreiben, in dem all diese Gefühle zum Ausdruck kommen – und ihn dann nicht abschicken. Ob wir das gut finden oder nicht: Wir sind nun einmal »Bindungstierchen«, wir brauchen einander, brauchen das Gegenüber in der Liebe. Es ist stets ein Erdbeben für die Seele, wenn eine Beziehung zerreißt. Das ist ein schmerzhaftes, alles infrage stellendes Ereignis. Das muss man anerkennen. Wenn man in die Liebe hineingeht, ist man crazy, und wenn man sich trennt, ist man es auch. Man ist dann auf Entzug, könnte den Putz von den Wänden kratzen. Man hat im buchstäblichen Sinn ein angekratztes Selbstwertgefühl. Und mühsam muss man sich aus dem Loch herausarbeiten, in das man gefallen ist. Wichtig ist nun, herauszufinden, wie das passiert ist. Was ist mein Anteil daran? Dabei kann man eine neue Perspektive für das eigene Leben entdecken. Also sollte man sich fragen: Was war mit mir los, als ich in diese Ehe hineinging? Warum war er/sie es, den/die ich wählte? Solche und ähnliche Überlegungen retten das eigene Selbstwertgefühl, retten die Möglichkeit, eine neue Beziehung einzugehen. In diesem Verstehen kann man wieder Frieden finden.

Wenn man aber immer wieder von Trauer übermannt wird, innerlich nicht weiterkommt, dann spielt da sicherlich noch etwas anderes hinein. Zum Beispiel eine unberechenbare Mutter in der Kindheit. Als Kind hatte man beispielsweise immer das Gefühl, ihr hilflos ausgeliefert zu sein. Eine solche Geschichte hat sicher mehr wehgetan als die aktuelle Trennung. Das mischt sich nun. Und das muss man verstehen. Die eigenen Trennungsreaktionen verstehen: Das ist bei einer Scheidung sehr wichtig.

Meistens gibt es zwei Varianten: seine und ihre Sichtweise. Wie finden wir Gerechtigkeit?

Es stimmt, jeder der beiden Partner hat seine Geschichte, jeder bildet seine individuelle Legende. Es geht um eine Story, mit der man leben kann. Und die muss Sinn machen. Eine Scheidung erfolgt nie aus einem einzigen Grund, es ist immer ein komplexes Geschehen. So wie auch bei der Liebe und der Heirat ein Gemisch aus Gefühlen und anderen Einflüssen mitspielt. Da gibt es keinen Check mit einer Geld-zurück-

Garantie. Der amerikanische Psychologe John M. Gottman sagt, er kann in wenigen Minuten erkennen, ob ein Paar auf eine Scheidung zugeht. Er beobachtet einfach deren Interaktion. Er sieht, ob Verachtung im Spiel ist, ob einer mauert, die Augen verdreht, wenn der andere redet, ob einer den anderen zurückweist, ob Meinungsverschiedenheiten eskalieren. Oder er beobachtet, ob das Paar ein Bestätigungssystem hat. Glückliche Paare bestärken sich gegenseitig. Das alles sind Dinge, die zu einer Scheidungslegende dazugehören. Jeder kann sich seinen Reim darauf machen. Um Gerechtigkeit geht es dabei nicht, nur darum, den Dingen einen Sinn zu geben, mit dem man weiterleben kann.

Wie finde ich bei einer Trennung meinen Anteil, meine Verantwortung heraus?

Man denkt ja immer weiter über alles nach. Vielleicht denkt man über den anderen: Arschloch, Arschloch, Arschloch. So kommt man aber nicht voran. Die viel interessantere Frage ist: Was ist es genau, was mich bei einer Scheidung verletzt, warum bin ich so sauer? Warum hat es sich nicht erfüllt, was ich wollte? Bei diesen Überlegungen können Freunde hilfreich sein, die in der guten Zeit, aber auch in den Krisen da waren, die das Paar von außen erlebt haben. Es kann auch sinnvoll sein, die Ehe in ihrem gesamten Ablauf durchzugehen. Was war gut? Welche Hoffnungen gab es? Waren vielleicht schon von Anfang an Zweifel vorhanden? Wo waren die ersten schwierigen Punkte? Ab wann fühlte es sich anders an? Und was habe ich dann gemacht? So erarbeitet man sich ein Bild, mit dem man mehr anfangen kann, als mit der üblichen Schuldsuche. Da wir in einer Schuldkultur leben, was heißt, dass es immer einen Schuldigen geben muss, greifen wir gern auf diesen Mechanismus zurück. Wer dabei stehen bleibt, kommt nirgendwo an. Wer über Verantwortung nachdenkt, der ist schon ein ganzes Stück weiter.

Was hat es eigentlich mit dem eigenen Anteil am Scheitern der Ehe auf sich?

Heute ist man sich einig: Jeder trägt seinen Part zur Scheidung bei. Das ist auch ein guter Ansatz, aber er darf nicht zwanghaft verfolgt werden. Wenn eine Frau zum Beispiel auf einen notorischen Fremdgeher hereingefallen ist, kann man sich natürlich fragen, ob das was und was das mit ihr zu tun hat. Klar, sie hätte eher erkennen können, auf wen sie sich da einließ. Es kann aber auch sein, dass sie keine Chance dazu hatte. Man muss genau hinsehen: Wo habe ich mich wie verhalten? Das ist besser, als nach meiner Schuld, nach meinem Anteil zu suchen. Ich erkenne vielleicht, wo ich manche Sachen nicht weiterverfolgt, wo ich Konflikte vermieden habe – das erklärt sicherlich einiges. Aber ich rate dringend von einer Selbstzerfleischung ab. Der politisch korrekte Gedanke vom eigenen Anteil kann nach hinten losgehen, wenn man sich selbst zermürbt, statt auch mal zu sagen: »Hey, der andere hat vielleicht Scheiße gebaut!« Es gibt berechtigte Vorwürfe. Der Mann hat ständig zu viel getrunken, keine Hausarbeit erledigt, betrogen. Selbstverständlich sollte man sich fragen, wieso man das mitgemacht hat – schon in Hinblick auf die Zukunft. Aber bloß keine Selbstanklage!

Wie kommen wir raus aus der Verliererecke, wenn wir verlassen wurden?

Ich will das an deinem eigenen Beispiel illustrieren: Du musst diese Dreißigjährige verstehen, die du mal warst, dein früheres, jüngeres Ich. Sag dir: »Ich kann mich verstehen, dass ich das damals so gemacht habe. Ich war unsicher. Ich war jung, hatte schon zwei Kinder. Und dann kam dieser Mann, diese Ehe.« Die Geschichte dieser Ehe hängt wiederum mit ihrer Entstehung zusammen. Ihr Ende erklärt sich direkt daraus. Es ist kein Zufall, dass Leute in Scheidungssituationen versuchen, Klarheit über sich selbst zu finden. Scheidung ist ein guter Anlass, sich in Frage zu stellen, sein Leben zu ändern, sich zu verstehen: Der Mann fand mich nicht mehr sexy, ich war immer nur Hausfrau und Mutter, ich habe die Prinzessin in mir verkümmern lassen, die ich einst war. Und gerade in diese hatte er sich verliebt. Es ist traurig, wenn das geschieht, klar. Aber ein solches Erdbeben ist auch ungeheuer positiv. Weil es einiges in Trümmer legt, und ich mir daraus etwas Neues aufbauen kann.

Woran erkenne ich, dass ich mich zum Opfer mache?

Das passiert, wenn ich dem Täter die Schuld gebe: »Er hat etwas Unrechtes gemacht. Mir wurde etwas Unrechtes angetan. Das Leben spielt mir übel mit. Die Welt ist schlecht.« Das sind Opfergedanken. Wenn nach drei, vier Jahren das Leid immer noch sehr groß erscheint, ist man das Opfer des Geschehens geblieben. Schlimm daran ist: Das Opfer gibt seine Handlungsoptionen auf. Es kann nichts in Gang setzen, nichts gestalten, auch kein neues, eigenständiges Leben. Weitere Opfergedanken sind: »Männer sind sowieso alles Schweine, ich will keinen mehr. Was soll's, mich noch schön zu machen, bringt ja doch nichts.« Dann zieht man sich zurück, ehe etwas Neues entsteht. Raus aus der Opferecke, das heißt: Okay, ich versuche es jetzt, mal sehen, was geschieht, wenn ich Kontakt zu jemandem aufnehme, beispielsweise im Internet.

Wie kann ich die Erfahrungen erkennen und nutzen, die eine Scheidung mit sich bringt?

Immer wieder helfen Fragen: Wer war ich in dieser Ehe? Wie empfinde ich jetzt den Menschen, der ich war? Man kann sich selbst genau anschauen: War ich zu fordernd? Zu vorsichtig? Ignorant? Habe ich etwas zu lange laufen lassen? Weiterhin lerne ich, wie es ist, sich zu trennen. Was suche ich mir für eine Hilfe? Wodka? Therapie? Wer bin ich in dieser Situation? Die eine Person sagt: »Ich will mich trennen.« Die andere: »Nein.« Oder sie bricht zusammen. Trennung ist eine Extremsituation, vergleichbar mit dem Besteigen von Bergen oder Bungee-Springen. Sie ist eine harte Belastungsprobe. Da erfährt man sich, seine Verarbeitungsmechanismen. Manche suchen solche Proben bewusst. Natürlich sollte man sich deswegen nicht trennen. Nur wenn es eben zur Scheidung kommt, kann man sie auch gleich nutzen, um etwas dabei zu lernen. Den inneren Beobachter stärken. Erfahren, wie und warum es sich so anfühlt. Ich begreife, dass ich bestimmte Gefühle nicht vermeiden, dass ich jedoch einige Entscheidungen frei treffen kann. Wenn ich den Wunsch verspüre, den Ex anzurufen, heißt das noch lange nicht, dass ich es auch tun muss.

Verblassen Verletzungen? Wie wird Scheidung ins Leben integriert, ohne für immer ein Trauma zu bleiben?

Das geschieht nicht unbedingt nur durch die heilende Zeit. Verletzungen rufen danach, dass man sie versorgt, dass man sich um sie kümmert. Man kann die verletzten Gefühle ärgerlich von sich weisen. Man kann sich sagen: »Dann eben ohne den anderen. Er ist ein Arsch, ich bin nicht von ihm abhängig.« Oder man kann verzeihen: »Er hat mich zwar betrogen, aber er war auch in einer schwierigen Situation. Und wir haben es nicht geschafft, sie zu verbessern. Er hat es vielleicht getan, um seine Seele zu retten. Es war nicht gut, aber ich sehe, wie es war. Jetzt finde ich eine Distanz dazu.« Scheidung muss kein Trauma bleiben, wenn wir sie verstehen.

Wie erkläre ich Kindern die Scheidung, ohne ihren Vater als Schuft zu degradieren?

Das ist stark altersabhängig. Wichtig ist, ihnen einen Grund zu nennen. Dieser sollte auch stimmen, aber er muss nicht die entscheidende Ursache sein. Zum Beispiel kann man ihnen sagen: »Wir streiten uns oft«, auch wenn der Auslöser vielleicht ein neuer Partner ist. Wichtig ist außerdem, dass man nicht nur zu verstehen gibt: »Mama und Papa sind weiter für euch da«, sondern es ihnen auch zeigt. Kinder können verstehen. Eine Scheidung muss nicht toll, aber es muss auch keine Katastrophe sein. Schon ist das Kind heraus aus der Opferrolle. Wichtig ist, dass beide Eltern trotz ihrer eigenen Gefühle klare Loyalitätsgrenzen ziehen, die Kinder im Konflikt nicht als Stütze und nicht als Waffe einsetzen. Das schafft man nicht immer. Dafür schlagen die Wogen manchmal zu hoch. Da hilft nur eine innere Richtlinie, die man sich zu Eigen machen sollte: »Die Kinder sind das eine, die Beziehung ist das andere.« Wichtig ist, beides so weit wie möglich zu trennen. Wenn es mal schiefgeht, ist das kein Beinbruch. Dann sollte ein neuer Versuch gestartet werden! Man kann diese Dinge alle nur so gut wie möglich machen. Wer unsicher ist, kann sich Rückmeldungen von Nicht-Beteiligten holen. Das ist vielfach sinnvoll, denn jeder Partner meint, das Kindeswohl im Blick zu haben, mischt aber dann doch die eigenen Bedürfnisse mit hinein. Zum Beispiel sagt man: »Ach, wenn der Kleine jetzt mittwochs auch noch zu dir kommt, das ist das doch ein viel zu großes Hin und Her.« Hinter dieser Aussage steckt aber der Wunsch, das Kind mehr an sich selbst zu binden, um sich sicherer zu fühlen. Ein anderes Beispiel: Wenn er zu viel trinkt, glaubt man, das Kind vor ihm schützen zu müssen. Aber: Was ist »zu viel«? Und schon geht das Drama los, das Kind wird zum Zankapfel. Denn wie sollen zwei jetzt gute Freunde werden, wenn sie es vorher nie waren? Man wird durch die Trennung nicht plötzlich ein anderer Mensch. Für die Kinder ist es jedoch enorm wichtig, dass sie nicht für Streit und Machtkämpfe vor, während und nach der Scheidung benutzt werden.

Erste-Hilfe-Tipps von Oskar Holzberg

- Abstand suchen! Weg vom anderen. Nicht nach ihm sehen.
- Jeder hat ein Gefühl dafür, was ihm jetzt gut tut. Durch den Regen laufen. Weinen. Die beste Freundin rufen.

- Bewegung, innere wie äußere, alles aufschreiben. Die Tür zumachen, die Welt draußen lassen und die Musik laut aufdrehen, innerlich seinen Raum finden, meditieren.
- Wer nicht weiß, was ihm entspricht, kann jetzt vieles ausprobieren, Neues für sich finden.

Beates Glück

»Ich bin das lebende Happy End!«

Beate (46) spricht darüber, warum sie sich in ihrer Ehe so lange hat demütigen lassen, wie sie schließlich die Kraft fand, sich und ihre Kinder in Sicherheit zu bringen, und darüber, wie sie ihr neues Glück fand.

Ich hatte Beate schon einmal interviewt. Vor vier Jahren. Damals war sie gerade vor ihrem gewalttätigen Mann ins Frauenhaus geflohen – und sie war glücklich über ihren Entschluss. Sie erzählte sehr offen von ihrer Ehe-Odyssee. Beate hatte alles verloren: Nach der Scheidung war ihr Geschäft ruiniert, sie musste Insolvenz anmelden. Geblieben waren ihr nur Schulden, die ihr Mann gemacht hatte. Trotzdem hatte sie ein ansteckendes Lachen, als ich sie kennenlernte, und viel Kraft lag in ihren Worten.

Beate ist ein Schneewittchentyp: schlank, große, dunkle Augen, braune Locken, schneeweiße Zähne, volle Lippen. Sie hat vier Kinder – fünfundzwanzig, neunzehn, acht und drei Jahre alt. Die jüngste Tochter stammt aus ihrer zweiten Ehe, in der sie ihr Glück fand. Sie klingelt genauso pünktlich wie das erste Mal an meiner Tür, eine Aura aus guter Laune und Ausgeglichenheit umgibt sie. Wir sitzen in meiner Veranda, trinken Kaffee und essen Kekse. Und Beate erzählt mir ihr großes Glück, das mit ungeheuer viel Unglück begann:

So wie ich hier sitze, bin ich das lebende Happy End. Ich habe den besten Mann der Welt. Vier wunderbare Kinder. Ein schönes Haus. Und eine neue Job-Idee. Alles, was ich wollte, habe ich bekommen. Aber erst, als ich mich nach zweiundzwanzig Jahren aus meiner Albtraum-Ehe verabschiedete und ins Frauenhaus geflohen war.

Heute verstehe ich selbst nicht mehr, warum ich dazu so lange brauchte. Ich weiß nur: Ich war sehr allein. Meine Eltern arbeiteten in Asien, Geschwister hatte ich nicht. Mein Mann war nach außen hin der korrekte Saubermann. Er war anerkannt und beliebt. Ich fühlte mich ständig schuldig. Die Kartoffeln waren zu weich, der Kuchen zu süß, ich redete »dummes Zeug« und sah »schlampig« aus. Irgendwie muss ich ihm das alles einmal geglaubt haben.

Als ich meiner Großmutter erzählte, dass mein Mann mich beschimpft und schlägt, sagte sie: »Ach, du bist aber auch empfindlich, für dich muss wohl noch einer gebacken werden.« Und als ich es einmal meiner Nachbarin andeutete, weil ich dachte, sie hätte die Schreie gehört, meinte sie: »Sei froh, dass dein Mann seine Wut rauslässt. Da bekommt er mal keinen Herzinfarkt, so wie meiner.« Einer Mitarbeiterin von mir, bei der ich versuchte, etwas durchblicken zu lassen, erwiderte nur: »Denken Sie denn, in anderen Ehen sieht es besser aus? Ist doch alles nur Fassade.« Ich dachte wirklich manchmal, ich bin zu sensibel. Und ich bin schuld.

Dass mir nicht geglaubt wurde, setzte sich fort bis zu meiner Scheidung. Sogar die Richterin konnte ich nicht überzeugen. Bei ihr wollte ich als Erstes eine Wegweisung für meinen Mann erreichen. Das hätte bedeutet: Mithilfe dieser Verfügung hätte er das Haus verlassen müssen, damit ich nach dem Frauenhaus mit den Kindern wieder einziehen konnte. Da

Gewalt im Spiel war, wäre eine schnelle Härtefallscheidung möglich gewesen. Wegen dieser Gewalt war ich ja schließlich mit meiner Jüngsten ins Frauenhaus geflohen, mein Großer ging zu seiner älteren Schwester, weil er mit siebzehn nicht mit ins Frauenhaus durfte. Diese Situation konnte keine Dauerlösung sein. Die Richterin half aber nicht. Sie sagte: »So schlimm war das nicht. Er hat ja nicht mit den Händen geschlagen, er hat nur mit den Füßen getreten.« Wenn ich das erzähle, sind immer alle ganz geschockt. Mich hat das nicht mehr verletzt. Ich wollte nur mein Recht. Und geschieden werden. Sollte die Richterin doch denken, was sie wollte.

Zuletzt hatte er mich die Treppe hinuntergeschmissen. Und ich konnte nichts beweisen. Ich sollte der Richterin den Hergang wieder und wieder beschreiben, so, als wollte sie mich beim Lügen erwischen. Und mein Mann blieb bei seiner Aussage, ich wäre gestolpert, weil ich alte, ausgetretene Hausschuhe angehabt hätte. Obwohl schon früher ein Arzt mein Blutergüsse dokumentiert hatte, glaubte die Richterin meinem Mann. Meine Arztbesuche lagen zu lange zurück, die zählten nicht mehr vor Gericht. Und die Flucht ins Frauenhaus war nach Ansicht der Richterin ein Trick, um meinen Mann anzuschwärzen.

Die Scheidung dauerte vier Jahre. Mein Mann reichte einfach nie seine Unterlagen ein, antwortete nie auf die Gerichtstermine. Damit kam er lange durch.

Eines Tages ging dann doch alles sehr schnell. Er hatte geprahlt, er habe ein Verhältnis mit der Richterin. Das erzählte ich sofort meiner Anwältin. Sie rief bei Gericht an, um diese Behauptung weiterzugeben – und daraufhin erhielt ich vier Wochen später einen Scheidungstermin. Mein Mann erschien natürlich erst einmal nicht. Zwei andere Paare, die überpünktlich waren, wurden vorgezogen. Ich blieb eisern vor der Tür stehen. Ich wollte endlich die Scheidung. Schließlich kam er doch noch. Und wir waren innerhalb von ein paar Minuten geschiedene Leute.

Das war ungemein wichtig für mich, denn ich hatte schon einen Hochzeitstermin mit meinem Liebsten, ein halbes Jahr später. Ich wollte auf der Festung Königstein bei Dresden heiraten. Und da sind die Termine rar. Also war es ein Wettlauf mit der Zeit, ob meine Traumhochzeit überhaupt stattfinden konnte. Der erste Termin war schon geplatzt, weil genau an dem Datum der Stichtag für die Geburt meines ersten Enkels war. Verrückt. Also verschoben wir die Hochzeit um zwei Monate. Denn eine Feier ohne meine Älteste, das kam nicht in Frage.

Ich erinnere mich besonders an die Zeit vor der Hochzeit, denn mein Glück kam Schritt für Schritt näher. Eines Tages hatten meine Große, ihr Freund, mein neuer Partner und ich beim Kaffee zusammengesessen. Ich war hochschwanger. Und meine Tochter sagte plötzlich, sie würde gern heiraten. Ihr Freund sagte, das sei doch spießig. Mein Partner stimmte ihm zu. Er meinte, nach einer dramatischen Scheidung würde man sich das doch nicht antun wollen. Er war gerade frisch geschieden und hatte auch lange unter der Ehe und der Trennung von seiner ersten Frau gelitten. Ich selbst wartete zu diesem Zeitpunkt ja noch auf meine Scheidung. Trotzdem, ich hätte heulen können. Jetzt hatte ich den Richtigen gefunden und sein Kind im Bauch – und den romantischen Traum, endlich glücklich verheiratet zu sein. Aber er lehnte ab. Ich habe heimlich geweint, nach außen hin sagte ich nichts. Es ist wohl meine Art, dass ich mich nicht beschwere.

Dann passierte etwas, das alles änderte. Ich fuhr nach der

Geburt unserer Tochter zu einer Mutter-Kind-Kur. Mein Liebster war ganz außer sich, weil ich ihm so fehlte. Zwölf Tage war ich weg, da jammerte er am Telefon, ob ich nicht wiederkommen könne. Mir gefiel die Kur nicht besonders, aber ich wollte sie auch nicht abbrechen. Als ich zurückkam, standen rote Rosen auf dem Tisch, und er fragte ganz feierlich: »Willst du mich heiraten?« Da hatte ich meinen Antrag. Und mir liefen die Tränen herunter. Vor Glück. Aber ich war immer noch nicht geschieden! Trotzdem begannen wir mit den Hochzeitsvorbereitungen.

Meine Tochter und ihr Freund wollten inzwischen auch heiraten – das Baby war unterwegs. Umso aufmerksamer schaute ich mir Brautmodenmagazine an. In einer solchen Spezialzeitschrift entdeckte ich einen Wettbewerb: »Wer schickt die schönste Liebesgeschichte ein?« Als ich das las, entschloss ich mich, aufzuschreiben, wie ich meinen Künftigen getroffen hatte. Und ich gewann den Wettbewerb. Der Preis war ein Brautkleid, das man sich in einem Geschäft seiner Wahl aussuchen durfte. Und so kam ich zu meinem weißen Sissi-Kleid.

Ich wollte es so richtig krachen lassen. Also ging ich die Straße meiner Schande entlang, dort, wo viele schlecht über mich redeten. Mein eigener Laden, den ich einst in dieser Straße führte, war Pleite gegangen. In dieser besagten Straße gab es aber auch ein Geschäft für Brautmoden. Alle sollten erfahren, wie gut es mir geht. Ich durfte 1800 Euro für das Kleid ausgeben – das war der Preis für die schönste Liebesgeschichte. Heute hängt das Kleid im Schrank. Wenn meine Tochter eine Freundin aus der Schule mit nach Hause bringt, sagt sie oft: »Dürfen wir bitte das Kleid noch mal sehen?« Es ist zweiteilig, sodass ich das Oberteil auch zu einer Silvesterparty anziehen konnte.

Ich habe das Gefühl, seit ich meinen Ex verließ, läuft alles in meinem Leben richtig. Ich folge nur noch meinen eigenen Vorstellungen. Ein Beispiel dafür ist, wie ich meinen neuen Mann kennenlernte. Es war ein irrer Zufall, aber letztlich doch von mir herbeigeführt.

Nach meinem Aufenthalt im Frauenhaus, als ich wieder in unserem Haus war, fühlte ich mich anfangs sehr einsam, hoffnungslos. Eines Tages sagte ich zu meiner Nachbarin: »Ich werde wohl für immer allein bleiben.« Daraufhin brach sie in ein schallendes Gelächter aus. Sie lachte so sehr, dass sie sich am Zaun festhalten musste, und ich musste mitlachen. Ich verstand erst gar nicht, warum sie so lachte. Schließlich begriff ich: Sie fand es unvorstellbar, dass ich keinen Mann mehr finden sollte. Das hat mich irgendwie aufgerüttelt.

Die Sommersonnenwende nahte, und die Johannisnacht stand vor der Tür. Am 21. Juni stellte ich mir, wie jedes Jahr, ein Teelicht auf eine Wiese, sprang darüber und wünschte mir etwas Schönes. Diesmal war es ein neuer Mann. Ein paar Tage später wurde ich unruhig. Ich fühlte, es muss etwas passieren. Ich sah ein Plakat, das zu einem Mittelalterfest einlud. Ganz allein fuhr ich dorthin. Auf der Veranstaltung traf ich eine Bekannte, und sie berichtete mir stundenlang von ihrer Trennung. Auf diesem Gebiet war ich ja eine große Expertin und Ratgeberin.

Nachdem sie gegangen war, blickte ich mich um und entdeckte einen Mann, der mit dem Rücken zu mir an einem Feuer saß. An seiner Körperhaltung bemerkte ich, dass er traurig war. Ich ließ mich neben ihm nieder, und schon waren wir in ein intensives Gespräch vertieft. Wir erzählten uns unser ganzes Leben, und ich hatte am Ende nur noch eine Frage: Hat er unter seiner Baseballkappe Haare? Glatzen mag ich nämlich nicht. Er hatte Haare. Und als wir uns irgendwann einmal umsahen, stellten wir fest, dass wir die Letzten am Feuer waren. Ich nahm ihn in meinem Auto ein Stück mit. So etwas hatte ich noch nie gemacht. Aber ich hatte volles Vertrauen.

Zu Hause fiel mir ein, dass wir nicht einmal die Namen voneinander kannten, geschweige denn Telefonnummern ausgetauscht hatten. Aber am nächsten Tag stand er vor meinem Laden, den ich damals noch besaß. Ich muss ihn im Gespräch am Feuer erwähnt haben, und es war für ihn nicht schwer gewesen, ihn in unserem Ort ausfindig zu machen. Wir verknallten uns sofort ineinander, erlebten den Ausnahmezustand. Dass er sieben Jahre jünger ist, stört überhaupt nicht. Im Gegenteil, es gefällt mir. Anfangs hatten wir unglaublich viele gute Gespräche miteinander – und keinen Sex. Das ging wochenlang so. Wir schliefen oft nebeneinander, aber ohne Körperkontakt.

Eines Tages hatte ich eine furchtbare Migräne. Ich war im Auto unterwegs und musste noch achtzig Kilometer fahren. Das vor Augen rief ihn an und sagte, ich wüsste nicht, wie ich die Strecke schaffen solle. Er blieb fast die ganze Zeit am Telefon und lotste mich mit aufmunternden Worten zu seiner Wohnung. Als ich bei ihm ankam, hatte er ein Bad für mich vorbereitet, von einem befreundeten Arzt Tabletten und Zäpfchen erhalten und Pizza bestellt. Ich fühlte mich wie auf einem anderen Planeten. Das hatte noch kein Mann für mich getan. Das wurde unsere erste Nacht. Er war sexuell völlig aus der Übung. Aber das war mir total egal. Ich dachte nur: Den lässt du nicht wieder los. Ja, so hat unsere Geschichte angefangen.

Gut war, dass ich den sogenannten Übergangsmann schon hinter mir hatte. Ihm war ich vier Monate nach meiner

Flucht ins Frauenhaus begegnete. Er war mein »Retter«. Er hat mein Selbstbewusstsein wieder aufgebaut, und er musste sich alles anhören, was sich bei mir angestaut hatte, die ganze Scheiße. Bei ihm holte ich mir Bestätigung ohne Pause. Meine ganze Bedürftigkeit bekam er ab. Das konnte nicht funktionieren. Nach einem halben Jahr war dann auch Schluss. Es stellte sich heraus, dass seine Mutter die Nummer eins bei ihm war. Sie lebte bei ihm im Haus und wollte über mich bestimmen. Da ging ich.

In dieser Zeit konnte ich auch wieder in mein eigenes Heim zurück. Zwei Mitarbeiterinnen vom Frauenhaus und ich trafen uns mit meinem Mann, um über die Wohnsituation zu sprechen. Er gab sich ganz weltmännisch und sagte: »Ja, ich werde mir eine eigene Bleibe suchen. Ja, ich gebe dir Zeit.« Ich war furchtbar nervös, doch die beiden Frauen an meiner Seite gaben mir Rückhalt. In diesem Moment wusste ich genau: Zu diesem Mann gehe ich nie wieder zurück.

Als er endlich ausgezogen war, stritten wir uns um unsere jüngste Tochter, sie war damals vier. Er wollte sie zu sich holen, wann er gerade Lust hatte. Und genauso verschwand er wieder für Monate. Ohne Anmeldung tauchte er dann wieder vor unserer Tür auf und sagte: »Ich habe frei, gib sie mir.«

Mein Mann war nach unserer Trennung völlig fertig, ließ sich hängen. Ein paar Wochen zuvor war er noch mit einer Axt durch den Garten gelaufen und hatte wüste Drohungen ausgestoßen. Nun hatte er keine feste Wohnung, arbeitete nicht mehr, besaß nicht einmal Geld, um sich etwas zum Essen zu kaufen – so einem gebe ich doch nicht meine vierjährige Tochter! Für mich war er verwahrlost.

Bei Gericht wollte ich das alleinige Aufenthaltsbestimmungsrecht für die Kleine durchsetzen. Aber die Richterin sagte: »Ich entscheide hier nichts.« Den Satz werde ich nie vergessen. Mein Kind musste ich nun selbst beschützen. Ich wechselte die Kita, erteilte ihm dort keine Abholberechtigung für seine Tochter. Zeitweise zog ich sogar woanders hin, um uns zu verstecken. Durch diese Maßnahmen verlor er ganz schnell das Interesse an dem Kind. Erst als er wieder arbeitete und eine Wohnung hatte, ging es mit der Kontaktaufnahme wieder los. Es war schwierig, denn er schüttete seinen ganzen Seelenschmerz über die Tochter aus. Er sagte: »Ich hab die Mama noch so lieb, warum musst du denn jetzt ohne Papa leben?« Ich konnte nichts dagegen tun. Nicht nur ich habe ihm gesagt, er solle das unterlassen.

Schließlich war ich mit dem Kind bei einer Erziehungsberatung. Dort wurde mir bestätigt, was ich letztlich wusste: Meine Kleine bräuchte die Besuche beim Vater. Sie müsse die Chance haben, stolz auf ihn sein zu können.

Wenn meine Tochter jetzt von ihrem Vater zurückkommt, achte ich darauf, dass sie in Ruhe ihre Erlebnisse mit ihm erzählen kann. Ich mache ihn ihr nicht madig, und ich passe auf, dass auch mein Mann nicht schlecht über ihren Papa redet. Wir hatten schon einige Diskussionen zu diesem Thema. Er darf sich in ihrem Beisein ebenfalls nicht abfällig über meinen Ex-Mann äußern. Auch wenn es seiner Ansicht nach noch so viele Gründe dafür gibt.

Mein früherer Mann hat jetzt alle vierzehn Tage unser jüngstes Kind. Die Tochter meines neuen Mannes kommt uns öfter besuchen. Mir sind also beide Seiten bekannt: Ich bin eine Mutter, die ihr Kind abgeben muss. Und ich kümmere mich um ein Stiefkind. Wir sprechen oft darüber, mein jetziger Mann und ich. Es ist nicht einfach, aber wir verstehen uns gut und reden so lange, bis wir für alles eine Lösung haben. Mit Reden hat es ja bei uns angefangen, es ist unsere Stärke.

Die beiden großen Kinder sind erwachsen, die entscheiden selbst, wie sie sich zu ihrem Vater stellen. Augenblicklich haben sie ein relativ gutes Verhältnis zu ihm. Auch wenn er immer noch erzählt, er hätte sich damals bei unserer Heirat für ein ganzes Leben mit mir entschieden. Und das wäre auch so gekommen, wenn ich nicht gesponnen hätte. Ich denke, meine Großen wissen, was sie davon zu halten haben.

Damals, als ich ins Frauenhaus floh, rannte er panisch zu unserer Ältesten. Heulend stand er vor ihrer Tür, hat getobt und gejammert: »Ich bring mich um. Meine Frau, wie kann sie mir das antun?« Meine Tochter kümmerte sich um ihn, so wie sie sich auch um ihren Bruder kümmerte, der bei ihr ja untergekommen war. Seinetwegen habe ich mich überhaupt getraut, wegzulaufen – weil er genau wie ich unter den Attacken seines Vaters litt.

Ich muss es noch einmal von Anfang an erzählen, sonst versteht kein Außenstehender, wie dramatisch alles war: Eines Tages hatte mich mein Mann mal wieder fertig gemacht, hatte mich rückwärts in einen Playmobil-Bauernhof im Zimmer unserer Jüngsten geschubst und mich übel beschimpft. Es war ein Sonntag, und die Sonntage waren bei uns immer die schlimmsten Tage. Bei meinem Mann hatte nur derjenige eine Daseinsberechtigung, der arbeitete. Ich hatte mir stets Bügelwäsche aufgehoben, damit ich sonntags in seinem Beisein beschäftigt war. Und wenn er zu stänkern begann, habe ich gekocht und geputzt wie eine Verrückte, damit ich aus dem Schussfeld kam. An diesem Sonntag aber klappte meine Taktik nicht. Er zeterte herum: »Hast du nichts zu tun, hast du zu viel Geld?« Er packte mich an der Schulter, und ich flog rückwärts, und da es gab ein Handgemenge zwischen Vater und Sohn. Es war das erste Mal, dass mein Sohn sich auf diese Weise einmischte. Die Dreijährige schrie, weil wir alle schrien und ich gefallen war. Mein Mann brüllte meinen Sohn an: »Geh mir aus dem Weg, du Arschgesicht.« Hinterher kam mein Siebzehnjähriger zu mir und sagte leise: »Ich halte es nicht mehr aus. Ich haue ab.« Da wusste ich, jetzt muss was passieren. So geht es nicht weiter. Ich bat meinen Jungen inständig, erst einmal zu bleiben, denn sonst hätte mich wieder die ganze Schuld getroffen. Ich dachte, mein Mann schlägt mich tot, wenn der Junge weg ist. Aber ich versprach ihm, zusammen mit ihm wegzugehen, sobald sich eine günstige Gelegenheit bieten würde.

Mein Sohn und ich planten gemeinsam unsere Flucht. Wir hatten einen Tag verabredet, an dem er seine Sachen packen sollte. Angstvoll rief er mich im Laden an, fragte, ob ich mich auch an unsere Abmachung halten würde. Ich hatte in meinem Portemonnaie schon lange – ganz klein gefaltet – den Zettel mit der Nummer vom Frauenhaus. Auf der Rückseite war eine Anzeige von einem Dachdecker. Hätte mein Mann diesen Zeitungsausschnitt gefunden, ich hätte sagen können: »Wir wollten doch das Dach decken lassen.« Ich rief also im Frauenhaus an und schlug einen Treffpunkt vor, an dem man mich abholen konnte. Die Adressen von diesen Institutionen sind ja geheim. Danach ging ich nach Hause, habe einige Dinge zusammengesucht, meine kleine Tochter geschnappt und bin mit ihr und meinem Sohn ins Taxi gestiegen. Immer in der Angst, dass mein Mann vorzeitig nach Hause kommt, weil er etwas vergessen hat.

Die Nachbarn standen an der Tür und sahen uns abfahren. So erfuhr mein Mann, dass ich weg war, bevor ich im Frauenhaus ankam. Da er jede Stunde bei mir anrief, um mich zu kontrollieren, war das möglich. Wenn ich mich nicht meldete, telefonierte er mit den Nachbarn, sagte ihnen, sie sollten nach mir schauen. Und als sie nun erwiderten: »Die sind mit dem Taxi weg«, wusste er, was los war.

Zum Glück hatte mein Sohn das alles nicht mehr ausgehalten, allein hätte ich nicht die Kraft gehabt, diesen Schritt zu gehen. Ich war schon viel zu fertig. Und ich hatte auch Angst vor dem Frauenhaus. Ich dachte, das wären dreckige Löcher. Aber so war es nicht. Ich habe mich dort gleich sehr wohlgefühlt, habe mit meiner Kleinen ein eigenes Zimmer bekommen. Man kümmerte sich sehr um sie, denn ich lag mit über 41 Grad Fieber im Bett. Die Mitarbeiterinnen brachten mir andauernd frischen Tee. Weil ich sehr nett betreut wurde, erholte ich mich schnell. Ich habe nie wieder daran gezweifelt, ob es richtig war, meinen Mann zu verlassen.

In dieser Zeit besetzte er meinen Laden. Er jagte die Verkäuferin fort, veräußerte alles, was in den Regalen war, hat sich das Geld in die Tasche gesteckt und die Rechnungen für die neuen Waren nicht bezahlt. Nur mit einem Gerichtsvollzieher konnte ich meinen Laden später wieder betreten. Er war komplett leer. Insgesamt fehlten 45 000 Euro. Ich musste Insolvenz anmelden, eine andere Chance gab es nicht. Doch ich wusste: Mir fällt schon wieder etwas ein, was ich beruflich machen kann.

Vor Kurzem habe ich ein Patent angemeldet. So bin ich darauf gekommen: Mein jetziger Mann und ich renovierten die Wohnung seiner Großmutter. Nachdem alles fertig war, wollte sie ihre alten Bilder nicht wieder aufhängen, sie mochte sie nicht mehr. Ich sagte: »Oma, ich male dir ein neues Bild.« Ich nahm ein Foto von der Familie und malte drumherum eine wunderschöne Landschaft. Man sah danach nicht, wo das Foto aufhörte und die Malerei anfing. Die Großmutter meines Mannes war begeistert, dieses Bild durfte aufgehängt werden. Alle, die es sahen, wollten auf einmal auch ein solches Foto-Gemälde. Bis dahin hatte ich noch gar nicht gewusst, dass ich malen kann.

Mit meinen Bildern unter dem Arm suchte ich daraufhin eine Beratung für Existenzgründer auf. Als ich den gläsernen Fahrstuhl betrat, dachte ich, o Gott, gleich werden sie dich auslachen. Aber auch: Beate, da musst du jetzt durch. In einem sehr schicken Büro saß ich einer nicht minder schicken Anwältin gegenüber, und als die meine Bilder sah, sagte sie: »So etwas will ich auch haben. Ich helfe Ihnen, Sie können mich mit Bildern bezahlen.« Inzwischen war ich auf einer Hochzeitsmesse und habe für mich geworben: »Aus Ihrem Hochzeitsfoto wird ein Gemälde!« Es gibt von mir eine Website im Internet, ständig habe ich neue Aufträge. Es macht solchen Spaß, und ich werde immer besser.

Aber mein Meisterstück gelang mir, als ich es schaffte, uns mein Haus zu sichern. Es gehörte ja eigentlich zur Insolvenzmasse und sollte demzufolge zwangsversteigert werden. Ich ging zur Insolvenzverwaltung und sagte: »Ich hätte einen Käufer für 65 000 Euro, mehr hat er nicht. Wenn Sie es versteigern, erhalten Sie vielleicht 20 000 Euro.« Es war noch nicht fertig gebaut, hatte Mängel hier und da, deshalb dieser niedrige Preis. Ich redete, als ginge es um mein Leben: »Der Käufer ist der Mann, von dem ich ein Kind erwarte.« Kaum zu glauben, aber die Verwalter hatten tatsächlich ein Herz. Sie gaben das Haus frei, und ich durfte entscheiden, wer es kauft. Mein Freund hatte gerade sein altes Heim veräußert, so konnte er das notwendige Geld auf den Tisch legen. Wir richteten es uns danach neu ein und fühlen uns dort wohl.

Natürlich ist es ungerecht, dass ich die Schulden aus meiner Ehe allein abtragen muss. Ich muss jetzt noch ein paar Jahre lang alles, was ich über einen bestimmten Betrag hinaus verdiene, abgeben. Ich hätte die Hälfte der Schulden bei meinem Ex-Mann einklagen können. Aber ewig klagen und deswegen ständig zum Gericht gehen zu müssen? Er hat ja auch nichts. Ich empfinde das so: Ich habe gewonnen. Auf der ganzen Linie. Ich habe mein Leben im Griff. Ich bin glücklich. Mein Ex konnte dagegen seine Probleme immer noch nicht lösen. Nach unserer Scheidung hatte er schon mehrere Freundinnen, aber alle liefen ihm wieder davon. Sie haben wohl schneller gemerkt als ich, was mit ihm los ist.

Erste-Hilfe-Tipps von Beate

■ Wenn in der Ehe Gewalt vorkommt: entschlossen handeln.
■ Auf die eigene Kraft vertrauen.
■ Hilfe suchen.
■ Den eigenen Ideen eine Chance geben.
■ An sich glauben.
■ Die Liebe wieder zulassen.

15 Eigenes Geld

Träumen ist gut, planen ist besser«

Ein Gespräch mit Helma Sick, unabhängige Finanzberaterin in
München, über die Frage der eigenen ökonomischen Sicherheit
während und nach der Ehe, darüber, warum Frauen sich mit Geldfragen so schwer tun, und warum eigene finanzielle Verantwortung kein Angriff auf die Ehe ist.

Helma Sick liebt Geld. Sie ist eine Frau, die Zahlen mag.
Und Renditen. Aber zu ihrem Job als Finanzberaterin
von Frauen kam sie nicht übers Zählen und Sparen, sondern
über einen Herzenswunsch: andere Frauen auf dem Weg zur
Eigenständigkeit zu unterstützen. Der Wunsch entstand, als
sie, noch sehr jung, Mitarbeiterin im Haus für misshandelte
Frauen in München war. Keine von ihnen wusste, was sie für
Rechte hatte. Keine von ihnen hatte Geld. Das konnte kein
Zufall sein. Kein eigenes Geld haben, nicht gut für sich selbst
sorgen, nicht für sich eintreten können, missachtet und sogar
misshandelt werden – irgendwo gab es da einen fatalen Zusammenhang.

Helma Sicks Lebensthema war seitdem klar: Sie wollte
Frauen und Geld zusammenbringen, wollte Frauen die Angst
davor nehmen, sich mit Geldfragen eigenverantwortlich zu
beschäftigen. Heute berät sie Frauen nicht nur in ihrem Büro, sondern auch in Büchern und in der Zeitschrift BRIGIT-
TE, und zwar über Möglichkeiten, eigenes Geld zu verwalten

und zu vermehren, sich in der Ehe und für das Alter abzusichern, Vermögen sinnvoll anzulegen.

Bei ihrer eigenen Scheidung ist sie selbst noch einmal fast auf die Nase gefallen. Sie besaß keinen Ehevertrag und musste aus diesem Grund bei der Vermögensauseinandersetzung ihr gut gehendes Beratungsgeschäft mit dem Ehemann teilen. Männer, sagt sie, sichern sich gegen solche Risiken weitaus häufiger ab als Frauen. Sie weiß also genau, wovon sie spricht, wenn sie meint: »Frauen, seid nicht zu vertrauensselig, kümmert euch rechtzeitig um eure Finanzen. Bevor es zu einer Scheidung kommt.« Unser Gespräch ist ein langes, anregendes Telefonat am frühen Abend.

Sie sind selbst geschieden. Was haben Sie aus Ihrer Scheidung gelernt?

Eine Menge. Vor allem, dass Vertrauensseligkeit sich nicht lohnt. Wenn eine andere Frau im Spiel ist, ändert sich die Basis, die man mit dem Mann zu haben glaubte, fundamental. Ich sage immer wieder zu meinen Klientinnen: »Diese Illusion, dass Ihr Mann fair sein will, die möchte ich Ihnen nehmen. Der Mann braucht jetzt alles Geld für sein neues Leben. Das alte ist ihm oft ziemlich egal.« Deshalb sollte man schon am Anfang der Ehe an eine mögliche Scheidung denken. Jede dritte Ehe, das ist bekannt, wird geschieden. In Großstädten sogar jede zweite. Warum sollte es da ausgerechnet mich nicht treffen? Darum muss man von Anfang an rational denken. Und man kann auch nach achtundzwanzig Jahren Ehe eine Ehevereinbarung treffen. Am besten, bevor es kriselt. Dann ist die gutwillige Basis auf beiden Seiten noch da. Wenn in der Ehe ein Betrieb aufgebaut wurde, dann muss man rechtzeitig daran denken, das Unternehmen aus dem Zugewinnausgleich herauszunehmen, um die Firma vor einer Pleite zu schützen. Männer tun das in der Regel, Frauen denken an so etwas nicht. Sie vertrauen, dass alles so bleibt, wie es bislang war. Man soll sich also rechtzeitig von Expertinnen beraten lassen.

Und was raten Sie einer Frau, die sich scheiden lassen will, die von ihrem Mann verlassen wird, als Erstes in finanzieller Hinsicht zu tun?

Wenn die Krise beginnt, sollten sofort alle Geldunterlagen kopiert werden. Depots, Gehaltszettel, Bankauszüge, Lebensversicherungen, Bausparverträge. Es ist nie zu spät, sich um die Finanzen zu sorgen. Wenn man es jahrelang versäumt hat, ist es natürlich schwieriger. Und man sollte nicht denken, dass dies männerfeindlich ist.

Wieso sollte das auch männerfeindlich sein, wenn man sich selbst schützt?

Eben. Aber oft wird es so hingestellt. Frauen dürfen sich hierbei keineswegs verwirren lassen. Es ist doch so: Wenn der Mann eine andere hat, wird die Frau das nicht sofort wissen. Er kann sich in Ruhe auf alles vorbereiten. Und daher kommt es, dass auf einmal alles Geld weg ist und das bislang gut gehende Geschäft rote Zahlen schreibt. Aus diesem Grund ist es besser, während der Ehe sämtliche Vermögensdinge zu regeln, sich immer mit um die Finanzen zu kümmern, immer Bescheid zu wissen, was läuft. Wie häufig stehen Frauen, wenn die Scheidung eingereicht wird, vor dem Dilemma: Im Mai war eine Menge Geld da, im September ist es weg.

Tricks für ein gutes Leben danach

■ Unterlagen zusammensuchen, wenn eine Scheidung ansteht: Gehaltszettel, Einkommensteuerbescheide der letzten Jahre.
■ Sich die Übersicht über das gemeinsame Vermögen oder das des Mannes verschaffen. Dazu zählen Wertpapierdepots, Spar- und Tagesgeldkonten, Kapital-Lebens- und Rentenversicherungspolicen, Bausparverträge.
■ Wer eine oder mehrere Immobilien besitzt, braucht Kopien des Grundbuchauszugs und der Darlehensverträge – die sind wichtig für die Teilung des Vermögens.

Passiert es oft, dass Männer einfach die Konten abräumen, Geld vor der Scheidung verstecken?

Das ist leider gar nicht so selten der Fall. Wer das Geld verwaltet, hat eine Menge Möglichkeiten. Aber es ist schwieriger, wenn die Frau Unterlagen oder zumindest Kopien davon hat. Dann muss er nämlich beweisen, wo das Geld plötzlich hingekommen ist.

Warum wird bei vielen Scheidungen so erbittert über Geld gestritten?

Das liegt daran, dass Gefühle häufig übers Geld ausgetragen werden. Man streitet übers Finanzielle – und meint etwas ganz anderes. Rache, Groll, Enttäuschung. Darum ist es mir lieber, die Frauen erscheinen rechtzeitig zu einer Beratung, wenn es noch gute Gefühle zwischen beiden gibt. In einer solchen Situation kann man über alles sprechen. Hinterher wird es sehr schwer.

Sie meinen: unfair?

Ja. Leider. Mit Geld können Männer Frauen treffen. Darum wird es verheimlicht, wird getrickst und gemauert. Viele Männer drücken sich auch um den Unterhalt. Etwa ein Drittel der Ehepartner, die dafür aufkommen müssen, überweist keinen Cent. Manche werden auch wirklich arbeitslos, können nicht zahlen, das ist etwas anderes. Aber wie oft gibt es dieses Muster: Sie hat sein Studium mitfinanziert, die Kinder großgezogen; er hat Karriere gemacht, ein Geschäft aufgebaut. Schließlich hat sie in seiner Firma auf 400-Euro-Basis mitgearbeitet, sich aber keinen weiteren Einblick in die Finanzlage verschafft. Männersache, dachte man. Das ist keine gute Ausgangssituation bei einer Scheidung. Kein Mann würde mit dem Job aufhören, um die Kinder zu betreuen, ohne irgendeine Absicherung.

Macht es finanziell einen Unterschied, wer von beiden geht?

Nein. Bei einer Zugewinngemeinschaft gilt: Jedem gehört, was er vor der Ehe besaß. Und was am Ende darüber hinaus angeschafft und angespart wurde, wird geteilt.

Ihr wichtigster Tipp für Frauen in Finanzdingen?

Bewahren Sie Ihre finanzielle Unabhängigkeit. Immer! Auch in der Ehe. Sparen Sie für sich, bilden Sie Vermögen. Viele Frauen bekommen ein Kind und hören für einige Jahre mit ihrem Job auf. Sie wollen dann auch ihre Rentenversicherung und ihren Sparplan aussetzen, weil sie ja nichts mehr verdienen. Die Männer zahlen aber weiter in die gesetzliche Rentenversicherung ein, haben oft noch eine betriebliche Altersversorgung und private Sparverträge. Die Frauen könnten aber ebenso gut sagen: »Kannst du einen deiner Sparverträge stilllegen und dafür einen zu meinen Gunsten abschließen oder übernehmen?« Die wirtschaftlichen Nachteile beim Ausstieg aus der Erwerbstätigkeit hat einzig die Frau. Dabei ist Familienplanung eine gemeinsame Sache und von beiden gewollt. Aber dieses Zurückstecken ist leider noch in vielen Frauenköpfen drin. Wenn ich den Frauen dies klarmache, schauen sie mich an und sagen: »Sie haben ja recht. Aber ich kann doch meinem Mann nicht in den Rücken fallen.« Doch darum geht es überhaupt nicht. Es geht darum, die eigene Person in der Ehe, in der Familie nicht zu vergessen, sich selbst ernst zu nehmen. Wenn die Frauen auf Gehalt, auf Karriere, auf Rente verzichten, dann können die Männer wenigstens deren Sparpläne weiterführen. Es muss doch ein bisschen Gerechtigkeit geben, auch in der Ehe.

Warum werden Gefühle vielfach mit Geldangelegenheiten vermischt?

Wenn wir lieben, machen wir uns vollkommen abhängig. Mehr Risiko geht nicht, aber normal ist das nicht. Und was ich auch erfahren habe: Frauen gehen in der Partnerschaft häufig emotional mit Geld um, nur sehr wenig rational. Niemand denkt am Anfang einer Ehe daran, dass sie einmal scheitern könnte. Das ist verständlich, vernünftig ist es nicht. Bei der Aufteilung der Vermögen ziehen fast immer die Frauen den Kürzeren, wenn sie während der Ehe nicht rechtzeitig finanzielle Regelungen getroffen haben.

Wenn dies der Fall ist, was kann eine Frau noch während der Scheidung tun?

Das, was man in Krisen immer macht: eine Bestandsaufnahme. Was steht mir zu? Wie sieht es beruflich aus? Wann kann ich etwas verdienen? Was will ich erreichen? Wie kann ich meinen Ruhestand finanzieren? Die Männer kooperieren dann meistens kaum noch. Wenn er eine andere hat, hat er wenig Interesse an seiner früheren Frau. Und wenn sie ihn verlassen hat, ist er sauer. Auch dann kann sie nicht mehr mit seiner Güte rechnen. Alle Männer denken an später. Nur Frauen vertrauen darauf, dass es gut gehen wird. Es ist schon schmerzhaft, zu sehen, dass es immer noch so ist.

Warum sind Frauen derart wenig engagiert in Gelddingen, ob-wohl sie es oft besonders nötig hätten, an ihre Absicherung zu denken?

Frauen sind den Umgang mit Geld als Vermögensanlage nicht gewohnt. Dieses Bild ist historisch gewachsen, hieß es doch einst: Gute Frauen interessieren sich nicht für Geld. Bis in die Sechzigerjahre hinein konnten Frauen nicht einmal ein eigenes Konto eröffnen, und Anfang der Siebzigerjahre war es noch möglich, dass der Mann die Arbeit seiner Frau kündigen konnte. Die Welt des Geldes ist immer Männerdomäne gewesen. Selbst in heutigen Telenovelas wird das altbekannte Muster erzählt: armes Mädchen lernt reichen Mann kennen. Der Arzt, Reeder oder Fabrikant hat sein Vermögen durch Tatkraft, Mut und Intelligenz gemacht, die Friseurin, Arzthelferin, Verkäuferin ist lieb und hübsch und überlässt ihm das harte Geschäft. Ich weiß aus Untersuchungen von Banken und Versicherungen, dass Frauen im Durchschnitt viel weniger über Geld wissen als Männer. Sie glauben immer noch, sie bräuchten sich nicht darüber zu informieren. Und seitdem ich mein eigenes Unternehmen frau&geld gegründet habe, höre ich auch immer wieder von Frauen: »Geld interessiert mich nicht. Ich bekomme schlechte Laune, wenn ich mich mit Gelddingen beschäftige. Sehe bei diesem Thema nur Nebel.« Die Verknüpfung von Weiblichkeit und Zurückhaltung beim Geld ist fatal. Dabei ist es ein Vergnügen, sich mit Finanzen zu beschäftigen. Wenn man den Nebel durchwandert hat, dann wird es licht. Und vielleicht ändert sich dadurch einmal, dass die Durchschnittsrente von Frauen nicht mehr bei rund 500 Euro liegt (die von Männern beträgt ungefähr 1000 Euro).

Was können Frauen tun, um sich eine bessere finanzielle Situation zu sichern?

Früh anfangen, sich um Geld zu kümmern, nicht das Interesse aufgeben, wenn ein Mann dazukommt. Frauen müssen sich klarmachen: Wer das Geld in der Hand hat, ist der Stärkere. Wenn sie nach Geldregelungen fragt, sagt er vielleicht: »Vertraust du mir denn nicht, Schatz?« Doch darum geht es nicht. Ich würde mir wünschen, dass jeder seine eigenen finanziellen Dinge regelt. Auch in der Ehe.

Es kam zum Beispiel einmal eine Frau zu mir in die Beratung, die sehr viel Geld von ihren Eltern geerbt und es ihrem Mann zur Verwaltung überlassen hatte. Sie wusste nicht, was er damit gemacht hat, ob es gut angelegt ist, wie es sich entwickelt. Aber sie sagte zu mir: »Er macht es gut.« Ich fragte: »Woher wissen Sie das?« Sie antwortete: »Weil er es sagt.« Als sie ihm erzählte, dass sie sich von mir beraten lässt, hat er kein Wort mehr mit ihr gesprochen, so wütend war er. Beim nächsten Termin gab mir diese Frau schließlich zu verstehen, dass sie doch lieber nichts Eigenständiges machen möchte. Das war traurig. Eine studierte Frau, und sie machte sich so klein.

Mit welchen Sorgen kommen Frauen zu Ihnen? Und wie können Sie helfen?

Das ist sehr unterschiedlich. Manche fragen, was sie mit dem Geld machen sollen, das sie nach der Scheidung erhalten werden, durch den Verkauf einer Immobilie zum Beispiel. Oder: »Ich will mich jetzt selbstständig machen, wie geht das?« Oder: »Was kann ich tun, um eine Rentenversicherung anzusparen?« Ein Tipp: Fünf bis zehn Prozent vom Nettoeinkommen sollten für die Rente zurückgelegt werden. Manche kommen auch und sagen: »Ich muss mein Leben neu sortieren.« In solchen Fällen müssen alle Möglichkeiten durchdacht werden.

Sind Frauen in den letzten Jahren selbstbewusster und eigenverantwortlicher in ökonomischen Belangen geworden?

Heute fangen die Frauen früher an zu sparen, schon mit dreißig. Damals dachte man erst mit vierzig daran, etwas zurückzulegen. Zu dieser Entwicklung trägt mit Sicherheit auch die öffentliche Diskussion über die Altersvorsorge bei.

Was sind die größten Fehler, die Frauen im Scheidungsfall machen?

Auf alles zu verzichten, um keinen Streit anzuzetteln. Viele Frauen sind zu harmoniesüchtig. Nur Ruhe haben zu wollen, bringt gar nichts. Diese Bescheidenheitstour macht keinen Sinn. Verdrängung hat noch nie geholfen, auch bei diesem Thema nicht. Spätestens bei der Rente taucht das Problem wieder auf. Der Verzicht, der im Moment vielleicht Frieden schafft, dauert dann nämlich ein Leben lang. Ich bin nicht dafür, einen Riesenreibach zu machen. Aber man soll einfordern, was einem zusteht. Es geht dabei nicht nur um Zahlen und Konten, es geht auch um die eigene Wertschätzung.

 Erste-Hilfe-Tipps von Helma Sick

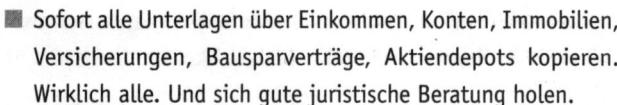 Sofort alle Unterlagen über Einkommen, Konten, Immobilien, Versicherungen, Bausparverträge, Aktiendepots kopieren. Wirklich alle. Und sich gute juristische Beratung holen.

Anhang

Hilfreiche Adressen und Websites

Kostenloses Elterntelefon bei Konflikten mit Scheidungskindern: 0800/111 05 50

Tipps, Märchen und andere nützliche Utensilien für Trennungsfamilien enthält das Erste-Hilfe-Package der Kölner Heilpädagogin Corinna Knauff, Tel. 0221/222 39 81. Und: gipfelstuermer@netcologne.de.

Tipps und Adressen für Elternvereinbahrungen und Konfliktlösungen rund ums Kind während und nach der Scheidung: www.bafm-mediation.de

Infos über Selbsthilfegruppen in Ihrer Nähe bei der Dachorganisation Tel. 030/31 01 89 60 und unter www.nakos.de.

Mehr Rat zum Trennungskind beim Verband alleinerziehender Mütter und Väter: www.vamv-bundesverband.de. Hier gibt es einen Mustervertrag für eine Sorgevereinbarung.

Infos zum Kinderanwalt: Institut für Gericht und Familie, Stephanstr. 25, 10559 Berlin; Tel.: 030/390 63 19-0

Wenn Sie Gewalt gegen sich oder das Kind befürchten, hilft die Bundesarbeitsgemeinschaft Begleitender Umgang, Tel. 089/238 85 66. Und: info@familinenotruf.de.

Wenn Ihr Mann Ausländer ist, hilft der Verband binationaler Familien und Partnerschaften, Tel. 069/713 75 60. Und: www.verband-binationaler.de.

Wenn eine neue Partnerschaft sich anbahnt: Tipps und Infos über Patchworkfamilien unter Tel. 06104/40 79 70 oder unter www.stieffamilien.de.

Literatur

Clasen-Holzberg, Claudia: Wege aus dem Single-Leben zu einer glücklichen Beziehung. München 2005

Gottman, John M.: Die 7 Geheimnisse der glücklichen Ehe. München 2002

Holzberg, Oskar: Liebe kennt keine Regeln. Eine Beziehung schon. Freiburg 2008

Keil, Annelie: Wenn Körper und Seele streiken. München 2004

–: Dem Leben begegnen. Vom biologischen »Überraschungsei« zur eigenen Biografie. München 2006

Sick, Helma: Wenn ich einmal reich wär. München 2007

Wlodarek, Eva: Weil du es dir wert bist. Sicherheit und Stärke gewinnen. Frankfurt am Main 2008